世界の文化シリーズ

世界の無形文化遺産事典

2022年版

JN119170

《 目　次 》

世界無形文化遺産の用語の定義

世界無形文化遺産
ユネスコの「人類の無形文化遺産の代表的なリスト」（略称：「代表リスト」）、「緊急に保護する必要がある無形文化遺産のリスト」（略称：「緊急保護リスト」）、及び、「無形文化遺産保護条約の目的に適った好ましい実践事例」（略称：「グッド・プラクティス」）に登録・選定されている世界的に認められたユネスコの無形文化遺産のことをいう。2022 年 3 月現在、629 件（140 か国）

無形文化遺産の領域

- (a) 口承及び表現（伝達手段としての言語を含む。）
- (b) 芸能
- (c) 社会的慣習、儀式及び祭礼行事
- (d) 自然及び万物に関する知識及び慣習
- (e) 伝統工芸技術

緊急保護リスト
無形文化遺産委員会は、適当な保護のための措置をとるため、「緊急に保護する必要がある無形文化遺産のリスト」（List of Intangible Cultural Heritage in Need of Urgent Safeguarding）のことである。緊急保護リストへの登録は、2022 年 3 月現在、71 件（38 か国）

代表リスト
無形文化遺産委員会は、無形文化遺産の一層の認知及びその重要性についての意識の向上を確保するため並びに文化の多様性を尊重する対話を奨励するため、関係する締約国の提案に基づき、「人類の無形文化遺産の代表的なリスト」（Representative List of the Intangible Cultural Heritage of Humanity）のことである。代表リストへの登録は、2022 年 3 月現在、529 件（135 か国）

　「代表リスト」への登録申請にあたっては、次の R.1〜R.5 までの 5 つの登録基準を全て満たさなければならない。
- R.1 要素は、無形文化遺産保護条約第 2 条で定義された無形文化遺産を構成すること。
- R.2 要素の登録は、無形文化遺産の認知と重要性の意識の向上が確保され、世界の文化の多様性を反映し、人類の創造性を示す対話が奨励されること。
- R.3 要素を保護し促進する保護措置が図られていること。
- R.4 要素は、関係するコミュニティー、集団、或は、場合によっては、個人の可能な限り幅広い参加、そして、彼らの自由な、事前説明を受けた上での同意をもって申請されたものであること。
- R.5 要素は、無形文化遺産保護条約第 11 条と第 12 条で定義された、締約国の領域内にある無形文化遺産の提出目録（インベントリー）に含まれていること。

グッド・プラクティス（好ましい実践事例）
無形文化遺産を保護する為の国家的、小地域的及び地域的な計画、事業及び活動であって、ユネスコの無形文化遺産保護条約の原則及び目的を最も反映する無形文化保護のための好ましい計画、事業及び活動の実践事例
グッド・プラクティスへの選定は、2022 年 3 月現在、29 件（26 か国）

「緊急保護リスト」に登録されている世界無形文化遺産

スーマ地方の丸木舟の建造と使用
（Building and use of expanded dugout boats in the Soomaa region）
2021年登録
エストニア

「緊急保護リスト」に登録されている世界無形文化遺産の概要

〈アフリカ〉

ウガンダ共和国

①ビグワーラ、ウガンダのブソガ王国の瓜型トランペットの音楽と舞踊
（Bigwala, gourd trumpet music and dance of the Busoga Kingdom in Uganda）

ビグワーラ、ウガンダのブソガ王国の瓜型トランペットの音楽と舞踊は、ウガンダの東南部、ブソガ王国の王室の戴冠式などの祝事や葬儀などの社会的な行事で演じられる、バソガ族の文化的慣習である。ブソガ王国は、民族的には、バントゥー系のバソガ族で、11の首長国からなり、ブガンダなどとの対抗上選ばれた文化的指導者としての伝統的王として、20世紀初頭にキャバジンガが置かれたビグワーラは、バソガ族の結束に貢献するのに重要な役割を果たしている。歌の歌詞は、バソガ族の歴史、特に、彼らの王様のことを中心に物語る。この様に彼らのアイデンティティと彼らの過去との繋がりを再確認する。ビグワーラは、楽器をつくり演奏し踊れる技量のある老練が数少ないこと、また、継承の試みも財政事情もあって、めったに演じられなくなり、存続の脅威にさらされている。2012年

②ウガンダ西部のバトーロ、バンヨロ、バトゥク、バタグウエンダ、バンヤビンディのエンパーコの伝統
（Empaako tradition of the Batooro, Banyoro, Batuku, Batagwenda and Banyabindi of western Uganda）

エンパーコは、ウガンダ西部のホイマ県、マシンディ県、キバレ県からなるブニョロ・キタラ王国のバトーロ、バンヨロ、バトゥク、バタグウエンダ、バンヤビンディの地域社会で実践されている命名の仕組みで、子供たちは、コミュニティで共有する12の称号の一つを与えられ、姓名に加える。エンパーコは、家庭で命名の儀式が行われ、一族の長が主宰する。父方の叔母が、赤ん坊を受け取り、特徴を調べ、親戚に似ている人を見つけたら、一族の長が名前を宣言する。皆でキビの食物、燻製の牛肉を食べて、贈物が赤ん坊に与えられ、植樹が行われる。エンパーコの名前は、日常の挨拶、愛情、尊敬、名誉、恋愛の意思を表明する時に使用され、社会

的なアイデンティティ、結束、平和につながっている。命名の儀式を通じてのエンパーコの継承は、伝統文化の斜陽化とエンパーコに関連する言葉が使用されなくなっている為、存続が危ぶまれている。　2013年

③ウガンダ中北部のランゴ地方の男子の清浄の儀式
（Male-child cleansing ceremony of the Lango of central northern Uganda）

ウガンダ中北部のランゴ地方の男子の清浄の儀式は、ウガンダの中北部にある8つの県（ドコロ県、リラ県、アモラタル県、アパッチ県、アレブトング県、オヤム県、オツケ県、コレ県）に住む半農半牧のナイル系の民族であるランゴ族の男子の清浄の儀式で、儀式の間は赤ん坊として扱われるが、一人前の男子になることを促進すると共に子供の社会的な地位を取り戻している。多くの担い手達の高齢化と破門を恐れて秘密裡に行うことが増えており存続が危ぶまれている。2014年

④バソンゴラ人、バニャビンディ人、バトロ人に伝わるコオゲレの口承
（Koogere oral tradition of the Basongora, Banyabindi and Batooro peoples）

コオゲレの口承の伝統は、ウガンダの西部、カセセ県、カバロ県、キエンジョジョ県、キエゲグワ県の原住民族バソンゴラ人、バニャビンディ人、バトロ人に伝わる、サハラ以南ではアフリカ最大であったブニョロ・キタラ帝国（紀元前200年～紀元後1700年）の偉大な女性の指導者であったバソンゴラ族の酋長であったコオゲレの口承による伝統及び表現である。一連の語り、歌、詩は、彼女の類いない知恵と哲学を描写している。コオゲレの口承による伝統及び表現は、語り部によって若い参加者に継承されてきたが、コオゲレの口承に関する情報や知識の集積がないこと、また、語り部の数も減少していることなどから、存続の危機に直面している。2015年

⑤マディ・ボウル・ライルの音楽・舞踊
（Ma'di bowl lyre music and dance）

マディ・ボウル・ライルの音楽・舞踊は、ウガンダの北西部、ウエスト・ナイルのモヨ県とアジュマニ県のマディ族の最古の文化的な慣習の一つである。伝統的な歌と踊りが、結婚式、政治集会、収穫祭、子供の教育、紛争の解決、愛

する人の逝去などの様々な機会に演じられ、家族の絆の強化や地域社会の歴史や文化を若い世代に教育する学ぶツールになっている。関連知識やスキルは年長の担い手から若者へと継承される。しかしながら、担い手達の減少、楽器をつくる植物や動物などの材料不足により消滅の危機にさらされている。　2016年

ケニア共和国

①ミジケンダ族の神聖な森林群のカヤに関連した伝統と慣習
（Traditions and practices associated to the kayas in the sacred forests of the Mijikenda）

ミジケンダ族は、ケニアの海岸部のカヤの森林群に住む9つのバンツーを話す異民族を含む。ミジケンダ族のアイデンティティは、貴重な薬用植物の源である神聖な森林群に関連した口承と芸能を通じて、表現される。これらの伝統と慣習は、倫理と統治システムの規約を構成し、祈り、誓い、埋葬の儀式、イニシエーション、結婚、戴冠式などを含む。カヤは、要塞化された集落で、その文化的空間は、ミジケンダ族のコミュニティの伝統的な生活には欠かせないものである。カヤの集落群内での天然資源の使用は、生物多様性の保全に貢献してきた伝統的な知識と慣行によって決められている。長老の評議会のカムビは、カヤの集落群と関連した文化的表現の保持者として機能している。今日では、ミジケンダ族のコミュニティ群は、伝統的なカヤの集落から都市的な集落に変貌しつつある。土地資源、都市化と社会の変容、カヤの集落群に関連したミジケンダ族の伝統や慣行は、消滅しつつある。　2009年

②西ケニアのイスハ族とイダホ族のイスクティ（太鼓）・ダンス
（Isukuti dance of Isukha and Idakho communities of Western Kenya）

西ケニアのイスハ族とイダホ族のイスクティ（太鼓）・ダンスは、ケニアの西部、首都ナイロビから約395km、カカメガ県、特に、カカメガ東のシンヤル自治区、カカメガ南のイコロマニ自治区で行われている太鼓と歌の伴奏によるエネルギッシュで情熱的なダンスである。2つの自治区には、ルイヤ族系のイスハ族とイダホ族の少数民族が住んでおり、農業や牧畜を営んでいる。イスクティとは、ルイヤ語で、太鼓の意味である。イスクティ（太鼓）・ダンスの継承は、現在では、あまり活発ではなく、見かける

ことも少なくなっている。多くの担い手達の高齢化と後継者不足、それに、資金や道具の不足もあって、伝統的なイスクティ（太鼓）・ダンスは、消滅の危機にある。　2014年

②エンキパアタ、エウノトそれにオルング・エシェル、マサイ族の地域社会の3つの男性通過儀礼
（Enkipaata, Eunoto and Olng'esherr, three male rites of passage of the Maasai community）

エンキパアタ、エウノトそれにオルング・エシェル、マサイ族の地域社会の3つの男性通過儀礼は、ケニアの西部、グレート・リフト・バレー沿いのリフトバレー州のカジアド県やナロク県など、野生動物が多く生息するサバンナで、牛、ヤギ、羊などの家畜を財産とし生きる牧畜民であるマサイ族の男性は人生の中で数々の通過儀礼を行いながら成長していく。エンキパアタは、12〜13歳ころになる男子が割礼を受けて戦士になる為の儀式、エウノトは、成人式ともいえる戦士時代の象徴だった長い髪を剃り落とし大人になる為の儀式、それに、オルング・エシェルは、戦士の終わりと年長者の始まりを示す肉を食べる儀式。しかしながら、主たる収入源の農業の脱却、土地制度の改革、気候変動の影響による家畜の生存などの理由から消滅の危機にさらされており「緊急保護リスト」に登録された。
2018年

③キトゥ・ミカイの聖地に関する儀式と慣習　*New*
（Rituals and practices associated with Kit Mikayi shrine）

キトゥ・ミカイの聖地に関する儀式と慣習は、ケニアの南西部、西ケニア地域のキスム県のルオ族に関するものである。ルオ族の人々は、祈祷などの為に巨岩の社(やしろ)を訪ねる。病気の時に、ルオ族の年長者は雨乞いや豊作を祈って、動物の屠殺、歌、歌などの儀式を取り仕切る。何世代にもわたって、コミュニティは、聖地としての社に依存している。しかしながら、キトゥ・ミカイの神域に関する儀式と慣習は、不法侵入、実践者の高齢化、頻度の減少などが存続の脅威になっており緊急保護が必要である。
2019年

ナミビア共和国

①アイハンズガナゾブザンス・ツィ・ズカシグ：先祖から受け継いだ楽音の知識と技術

（Aixan/Gana/Ob#ANS TSI //Khasigu、ancestral musical sound knowledge and skills）

アイハンズガナゾブザンス・ツィ・ズカシグ：先祖から受け継いだ楽音の知識と技術は、ナミビアの南部、カラス州とハルダプ州にすむ少数民族のナマ人の伝統的な音楽で、自然及び万物に関する知識及び慣習、口承及び表現、芸能、社会的慣習、儀式及び祭礼行事、それに、伝統工芸技術である。アイハンズガナゾブザンス・ツィ・ズカシグは、伝統的な楽弓、伝統的なギター、ハーモニカなどの楽器を使用し、男性或は女性によって演じられる。ナマ人の先祖から受け継いだ楽音は、特有の音、テクスチュア、リズムを有する。音楽家は楽器を演じる技術だけではなく楽器を調律する知識を要求される。音楽は、ナマ人のダンスのステップを意味する「ナマ・スタップ」のダンスによって補完される。過去には、この音楽は地域社会や村々を結束させたが、近年は、知識と技術を有する年長者の数が少なくなるなど、多くの脅威にさらされている。
2020年

ボツワナ共和国

①ボツワナのカトレン地区の製陶技術

（Earthenware pottery-making skills in Botswana's Kgatleng District）

ボツワナのカトレン地区の土器の製陶技術は、ボツワナ南東部のカトレン地区のコミュニティで伝統的に受け継がれてきた土器の製造技術。カトレン地区は、州都は南西部のモチュディで、ツワナ系のカトラ族の根拠地である。陶器の原料には、粘土、風化砂岩、酸化鉄、牛糞、水、木、草などを使用し、コミュニティの伝統的な慣習や信仰に関連した異なった型、デザイン、形の陶器をつくる。陶器は、ビールの貯蔵、飼料作物の発酵、水汲み、調理、先祖崇拝、伝統的な治療の儀式に用いられる。製陶技術は、観察と実践を通じて娘や孫娘に継承されてきた。しかし、製陶技術は、陶芸家の数の減少、完成品の低価格化、大量生産された容器の使用の増加等の為、消滅の危機にある。
2012年

②カトレン地区のバクガトラ・バ・クガフェラ文化における民俗音楽ディコペロ

（Dikopelo folk music of Bakgatla ba Kgafela in Kgatleng District）

カトレン地区のバクガトラ・バ・クガフェラ文化における民俗音楽ディコペロは、ボツワナの南東部、ツワナ系のカトラ族の根拠地であるカトレン地区で広く普及している。ディコペロ音楽は、楽器のない振り付けの歌と踊りで、男性、女性、子供で行われ、年長者が若い世代に伝承している。州都のモチュディに集中しているが、ボカアなどの他のカトレン地区でも行われ、他の地区、クウェネン地区とカラハリ地区、またカラハリ地区の州都であるツァボンでも見られる。しかし、農業従事者、民俗音楽ディコペロの重要性を説明できる有識者の減少などから消滅の危機にあり緊急保護リストへ登録された。
2017年

③セペルの民族舞踊と関連の慣習

（Seperu folkdance and associated practices）

セペルの民族舞踊と関連の慣習は、ボツワナの北部、ノースウェスト地区のパラカルングからカズングラにわたって展開する。スビヤ人（ベクハネ）によって演じられる歌、踊り、聖なる儀式である。演技中に女性のダンサーは整列し、終りには男性のダンサーと組する。女性のダンサー が着る「ムシシ」と呼ばれる多層状のドレスは 、彼女の踊りの技術を披露する為に選ばれる。彼女は孔雀の尻尾を真似する為、彼女のドレスを使う一方、鳩の鳴き声を真似る。セペルの民族舞踊と関連の習慣は、スビヤ人（ベクハネ）のアイデンティティであり、その慣習は、実演者の数の著しい減少、近代化、学校の履修での認識不足などによって、脅威にさらされており緊急保護が必要である。
2019年

マリ共和国

①サンケ・モン：サンケにおける合同魚釣りの儀式

（ The Sanke mon: collective fishing rite of the Sanke）

サンケ・モン：サンケにおける合同魚釣りの儀式は、セグー地方のサンで、町の創設を記念して、旧暦7月の毎第二木曜日に行われる集魚の儀式である。儀式は、住民によって、鶏とヤギを、サンケ池の水の精霊に供えることから始ま

緊急保護リスト

る。合同魚釣りの儀式は、大きい小さな漁網を使用して、15時間以上にわたって行われる。続いて、公共広場で、貝殻や羽根で飾られた伝統的な衣装や帽子を身に着けたサンの町と近隣の村からの踊り子達による仮面舞踊が行われる。伝統的に、サンケ・モンの儀式は、雨季の始まりを示す。また、芸術、工芸品、漁業や水資源の両分野での知識やノウハウを通じての地域文化の表現でもある。それは、地域社会間の社会的結束、連帯、平和の集団的価値観を強化する。近年、儀式の人気には翳りが見られ、出席者も減少傾向にあり、その存在が危ぶまれている。その原因としては、イベントの歴史や重要性のを軽視、イベント中の偶発的な事故、降雨量の減少によるサンケ池への影響、都市開発などが挙げられる。
2009年

②コレデュガーの秘密結社、知恵の儀式
（Secret society of the Koredugaw, the rite of wisdom）
コレデュガーの秘密結社、知恵の儀式は、アフリカの北西部、マリのバンバラ族、マリンケ族、セヌホ族、サモゴ族の文化のアイデンティティである知恵の儀式である。関係者は、赤い豆のネックレスなどで装飾されたごつごつのコートで着飾る。彼等は、大食、辛辣なユーモア、機知で、人々の笑いを誘うが、大変な知恵を有している。秘密結社は、子供達の人生や社会問題への処世術を教育し訓練する。コレデュガーは、また、薬草学者であり伝統的な治療専門家であり、彼等の植物の知識は、病気を癒し、悪運を近づかせず、子供ができない女性の治療をする。コレデュガーのメンバーは、民族、性、宗教を問わず、すべての社会、職業グループからなる。コレデュガーの知識、ノウハウは、例年イニシエーションの儀式で、伝承される。しかしながら、コレデュガーの秘密結社、賢人の儀式は、流儀を知っている数の減少、若者間のライフスタイルの変化、儀式の開催が不定期なことから伝統的な継承の慣行が消滅しつつある。　2011年

③伝統的な打楽器ボロンに関連した文化的慣習と表現 *New*
（Cultural practices and expressions linked to the 'M'Bolon', a traditional musical percussion instrument）
伝統的な打楽器ボロンに関連した文化的慣習と表現は、マリの南部、カイェ州、クリコロ州、シカソ州のセヌフォ族、バンバラ族、ミニアンカ族、マリンケ族の間で行われている。ボロンは、弦楽器と打楽器が一体になった伝統的なハープで、音響胴はヒョウタンで、上部に毛の付いたままの獣皮を張り付けてある。木の棒には3本或は4本の弦が張られており、先端には金属製の「ジャラジャラ」を取り付けることもある。脚の間に丸い胴を挟んで胴を「ポコポコ」と叩き、叩くのと同時に弦を親指ではじく。音色は大地を揺るがすような低音で、木琴、話し太鼓、リュートと共に演奏されることもある。特に狩猟式や戦闘前に、戦士の勇気を奮い立たせるために演奏されていたが、現在は、王様や族長の祝祭、宗教的な儀式などで演奏される。都市化、若者の間での興味の減少などから消滅する危惧があり緊急保護リストに登録された。　2021年

モーリシャス

①セガ・タンブール・チャゴス
（Sega tambour Chagos）
セガ・タンブール・チャゴスは、モーリシャスの主島であるモーリシャス島、アフリカ大陸に近いインド洋上の島々に伝わる魂の歌をセガという。アメリカの黒人ブルース誕生と同様の背景を持つこの民俗歌謡の原点と20世紀の生活の中で様々に変化したそのヴァリエーションの数々を、洋上の楽園モーリシャスで採録した貴重な1枚である。セガ・タンブール・チャゴスは、チャゴス諸島が発祥の、モーリシャスのセガ音楽のジャンルの一つである。他のセガと同様、セガ・タンブール・チャゴスは奴隷から生まれ、チャゴス・クリオール人に歌われている。セガ・タンブール・チャゴスは、毎日の体験に関する抒情詩と共に「ドラム」がベースのリズミカルな演奏の音楽、歌、踊りである。セガ・タンブール・チャゴスは、年長者の死去、若者の他の音楽分野への転向、記憶の喪失などその存続に数多くの脅威があり、緊急保護が必要である。
2019年

〈アラブ諸国〉

アラブ首長国連邦

①アル・サドゥ、アラブ首長国連邦の伝統的な織物技術
（Al Sadu, traditional weaving skills in the United Arab Emirates）

アル・サドゥは、アラブ首長国連邦の砂漠に暮らす遊牧民族ベドウィンの女性たちによって行われている伝統的な織物技術である。アル・サドゥは、ベドウィンの男性たちが飼育した羊、ラクダ、山羊から毛を刈り取り、糸に紡いで、染織して、織って織物にして、装身具やラクダや馬の装飾品として使用する。伝統的な色合いは、黒、白、ブラウン、ベージュ、赤で、幾何学的なデザイン、形、模様が独特である。織り手は、小グループで集まり、それぞれの家族のことを話し合ったり、時折、歌を歌ったり、詩を朗唱したりする。こうした寄り合いが伝統的なアル・サドゥの継承の場になっている。しかしながら、アラブ首長国連邦の石油の恩恵にもたらされた急速な経済の発展と社会の変容によって、アル・サドゥの風習は、急激に翳りを見せている。また、ベドウィンのコミュニティは、都市に定住する人が増えて分散し、若い女性も外部で働く人が多くなっている。現在、アル・サドゥに従事している人の多くは高齢の女性で、その数も減少しており、消滅の危機にある。　2011年

②アル・アジ、賞賛、誇り、不屈の精神の詩を演じる芸術
（Al Azi, art of performing praise, pride and fortitude poetry）

アル・アジ、賞賛、誇り、不屈の精神の詩を演じる芸術は、アラブ首長国連邦の東部、オーマンと国境を接するアブダビ首長国の東部地域で主に行われている。詩人や歌手の多くは、アル・アイン市などで知られており、アラブ首長国連邦の文化と社会を反映する重要な無形文化遺産である。アル・アジの芸術は、音楽、或は、リズム楽器のない詩の繰り返しである。アル・アジは、誇り、忠誠、国民的な価値を植え付ける為の国家的、社会的なイベントで行われ、多くの大衆が参加し楽しむ重要な芸能で、その深長な歴史は、アラブ首長国連邦の真の遺産のなかでもきわめて大切である。人々の砂漠から都会への移住、伝統的な文化・芸術活動から経済ブームによる職種転換などから過去20年以上にわたってアル・アジを演じる詩人の数が大きく減少していることなどから緊急保護リストへ登録された。
2017年

②トゥアトとティディケルト地域のフォガラの水の測量士或は水の管理人の知識と技能
（Knowledge and skills of the water measurers of the foggaras or water bailiffs of Touat and Tidikelt）

トゥアトとティディケルト地域のフォガラの水の測量士或は水の管理人の知識と技能は、アルジェリアの南部、サハラ砂漠のオアシスにある異なる環境下での生存の手段であり、住民にとっての帰属意識そのものである。フォガラ（foggara）とは、アルジェリアなど北アフリカの乾燥地域に見られる地下用水路のこと。同様のものをイランではカナート（qanat）、アフガニスタン、パキスタン、ウズベキスタン、新疆ウイグル自治区などではカレーズ（karez）という。当事者間、関係者間のコミュニケーションの不足、都市化など時代の変化による知識の継承への配慮不足や新規参入者の不足などから存続の危機が危ぶまれ「緊急保護リスト」に登録された。
2018年

エジプト・アラブ共和国

①伝統的な指人形劇
（Traditional hand puppetry）

伝統的な指人形劇は、エジプトの北東部、首都カイロのエジプト国立劇場などで上演される大人にも子供にも愛されている娯楽である。アラゴーズは伝統的な指人形を使うエジプト劇の古い形態のものである。アラゴーズの名前は、声に特色があるその主な操り人形からのもので、イスラム、ヨーロッパ、エジプトの文化の風変わりなミックスで15〜17世紀に旅行者によって導入されたものである。伝統的な指人形劇は、社会、政治、法律、文化、テレビ番組の普及などの環境の変化、若者の関心の低下、指人形を操る人の数の減少・消滅により消滅の危機にさらされていることから「緊急保護リスト」に登録された。　2018年

②上エジプト（サイード）地域の手織り
（Handmade weaving in Upper Egypt (Sa'eed)）

上エジプト（サイード）地域の手織りは、エジプトの南部の上エジプトのケナ県、アスワン県、ソハーグ県の古くから行われてきた自然及び万物に関する知識及び慣習、口承及び表現、伝統工芸技術である。サイード人の伝統工芸である手織りは、時間、努力、根気、実習を求められる家内制手工業による繊維産業である。サイードとは、アラビア語で、上エジプトという意味である。最終製品にするには、織機の準備、糸、織りなど多くの段階と技術など精密で複雑な技量を必要とする手工芸である。上エジプト（サイード）地域の手織りは、現在、多くの脅威に直面しており、もはや儲かるものでもない。家庭での織りは織機を収容する未使用空間を必要とし、また原材料も高価であるが、芸術性のみならず収益性など経済的な価値も見出され新世代の若者が職人として定着するような持続可能な発展が求められている。
2020年

シリア・アラブ共和国

①影絵芝居（Shadow play）

影絵芝居は、シリアの南西部、現在は、主に首都ダマスカスの暗い劇場内で、薄い半透明のカーテン、或は、スクリーンの背後で動く手作りの操り人形からなる伝統的な芸能である。演目の内容は、主として二人の主要登場人物が繰り広げる風刺を通したユーモア溢れる社会批評で、女性のキャラクターや喋る動物が登場することもある。影絵芝居は、以前は、多様なシリアの行政区域、それに、アレッポ、ホムス、ダマスカスなどの主要都市、それに、タルトゥースなどのシリアの海岸やアルワード島で行われていた。影絵芝居は、シリア内戦、大量の移住、コミュニティの移転、演者の移動による減少、電子機器を用いたエンターテイメントの出現などから「緊急保護リスト」に登録された。
2018年

モーリタニア・イスラム共和国

①ムーア人の叙事詩ティディン
（Moorish epic T' heydinn）

ムーア人の叙事詩ティディンは、アフリカの北西部に住むイスラム教徒でアラビア語を話すムーア人の叙事詩である。ムーア人は、もともと、マグレブの先住民族のベルベル人をさしたが、15世紀頃からは、イスラム教徒全般をさす様になった。ティディンは、モーリタニアのムーア人の首長やスルタンの偉業を伝えるハッサニア語（アラビア語の一種）の叙事詩で、伝承者であるグリオが伝統的な弦楽器のリュートやハープなどの演奏と共にこの叙事詩を歌う。ムーア人の部族の心をひとつにする伝統芸能であり、迫力がある。しかしながら、ムーア人の叙事詩ティディンは、斜陽化しつつある。叙事詩ティディンについて十分な知識を有する人の数はきわめて少なく高齢化している。更に、ティディンを演じる機会が減少していること、若者も簡略化したものや知っている特定のものしか演じない傾向にあることなどがティディンの存続を危ういものにしている。
2011年

モロッコ王国

①タスキウィン、高アトラス山脈の西部の武道ダンス
（Taskiwin, martial dance of the western High Atlas）

タスキウィン、高アトラス山脈の西部の武道ダンスは、モロッコの中南部、タルーダント地方やアガディール地方にまたがるアトラス山脈に住む民族が、主に集会や多様な儀式で行うタンバリンやフルートのリズムにあわせて踊る勇ましい腰振りダンスである。なかでも、ダンスの為に必要な衣装、短剣、楽器などのアクセサリーを作る職人のグループや個人によって行われている。若者などの後継者難、楽器やアクセサリーなどに関連した職人技の低下などから消滅の危機にあることから緊急保護リストへ登録された。
2017年

〈アジア・太平洋〉

イラン・イスラム共和国

①**ナッガーリー、イランの劇的物語り**
（Naqqali, Iranian dramatic story-telling）

ナッガーリー、イランの劇的物語りは、イランの全域で演じられる寓話、神話、英雄叙事詩に取材した説話の伝統的な語り聞かせの劇で、サファヴィー朝の時代以降は一般化し、イランの文化において重要な位置を占めた。ナッガーリーは、1人の演者であるナッガール（「物語を語る人」の意）が、特別な調子、感情、表現で、異なる役柄など全役柄をこなす。楽器の伴奏を伴うものと、ジェスチャーと歌、或は、背景のスクロールだけのものがあり、通常、英雄叙事詩や神話の語りをコーヒー・ハウスで行う。ナッガールには、あらゆる種類の話を語る者とシャー・ナーメ（「王書」）からの話のみを語る者の2グループがある。しかし、娯楽の新形態であったコーヒー・ハウスの人気が衰退し、結果的に、ナッガーリーへの関心が薄れてきたこと、達人の高齢化、若者世代の間での人気に翳りが出てきたことなどがナッガーリーの達人の数の急速な落ち込みの原因となり、劇的な芸術の存続が危ぶまれている。「ナッガーリー」は、「ナコリー」という表記もある。
2011年

②**ペルシャ湾でイランのレンジュ船を建造し航行させる伝統技術**
（Traditional skills of building and sailing Iranian Lenj boats in the Persian Gulf）

ペルシャ湾でイランのレンジュ船を建造し航行させる伝統技術は、ペルシャ湾の北岸の住民によって、航海、貿易、漁業、真珠採りなどに利用されてきた。レンジュ船は、伝統的に、木と布を材料にした手造りの帆船の造船技術であり、海水の色、波の高さなどによる天候予測、太陽、月、星の位置による地点確認などの航海技術のほかに、このレンジュ船に関する伝統的な知識は、口承文学、伝統芸能、お祭等を通じて、伝承されてきた。なかでも、ペルシャ湾の航海では、乗組員が作業をしながら、特有の歌を歌うのが慣習で、音楽とリズムは欠かせない。しかしながら、最近では、従事者のコミュニティは小さく、高齢化が進んでいる。木造の

レンジュは、安価な硝子繊維の代替品になり、建造の為の作業場は、老朽化したレンジュの修理店に変わりつつある。ペルシャ湾での航海の考え方、儀式的な背景、文化、伝統的な知識は、ごく少数の場所で継続されているものの、次第に色褪せており、消滅の危機にさらされている。
2011年

インドネシア共和国

①**サマン・ダンス**（Saman dance）

サマン・ダンスは、インドネシアのスマトラ島の最西端、アチェ州バンダアチェのガヨ族の間で、13世紀以降、伝承されてきた芸術性の高い伝統舞踊である。サマン・ダンスは、刺繍が施された黒色の伝統的な民族衣装に身を包んだ少年や若者が一列になって、足を組むか膝をついた座った姿勢で、体の一部を前後左右に揺り動かし、頭を上下左右に捻ったり回転させたり、両手を動かして、躍動的なリズムに合わせて踊る。サマン・ダンスの動きは、自然、環境、ガヨ族の日常生活を表現する。サマン・ダンスは、一切楽器を使わず、列の中央に座るリーダーが叙情詩を歌いながら踊りをリードする。しかしながら、2004年のスマトラ沖地震による津波で、アチェは壊滅的な被害を受け、サマン・ダンスが演じられるイベントが激減したこと、それに、サマンの知識がある多くの指導者は、現在、高齢となり後継者もいない状況である。また、娯楽の形態や新しいゲームの出現、多くの若者が教育の為に移住していることなどが、サマンの継承を危ういものにしている。これに拍車をかけて、サマンの衣装などにもお金がかかるなど、資金不足も深刻である。
2011年

②**パプア人の手工芸、ノケンの多機能編みバッグ**
（Noken multifunctional knotted or woven bag, handcraft of the people of Papua）

パプア人の手工芸、ノケンの多機能編みバッグは、インドネシアのニューギニア島西部、パプア州と西パプア州からなるパプア地域の伝統的な木や葉、植物の繊維で作られた鞄で、パプアの生き様を反映し、パプア人の象徴でもある。パプアにいる280以上の民族ごとに独自の模様や形があり、女性が作り手となり、母から娘へと継

承されてきた。目的別に様々な大きさや形があり、赤ん坊や動物、収穫物、生活必需品の持ち運びや、貴重品や食料を収納する袋として日常的に使われてきた。しかし、1970年ごろから代替品となる工場生産のかばんが普及し、ノケンは日常生活の場から徐々に姿を消した。パプア州の首長選挙などでは投票箱の代わりにノケンを使う自治体もあるが、通常は伝統儀式で使われるのみ。作り手も激減し消滅の危機にある。
2012年

ヴェトナム社会主義共和国

①カー・チューの歌（Ca tru singing）
カー・チューの歌は、ヴェトナム北部で、11世紀に歌われ始めた歌で、王宮などで結婚式、葬式、宴会などの儀式のために歌われた歌で、現在では、北部では、バクニン、ハノイ、ハイズオン、中部では、タインホア、ゲアン、南部では、ホーチミン市などで見られる。カー・チューは、伝統的なヴェトナムの詩の形式で書かれた歌詞を使用する詩歌である。カー・チューのグループは、3人の演奏者からなる。一人の女性歌手は、呼吸の技術を使って、ユニークな声音を、二人の楽器奏者は、三弦のリュートの深いトーンとドラムの強い音を奏でる。幾つかのカー・チューの演奏には、舞踊も含まれる。カー・チューは、礼拝、娯楽、王宮など異なる社会目的を果たしている。民俗芸術家達は、カー・チューの曲の音楽や詩を口頭で語り継いでいる。20世紀には、戦争や不十分な認識が、カー・チューを廃れさせた。芸術家達が古いレパートリーを若い世代に伝える為の多大な努力をしたにもかかわらず、カー・チューは、数の減少と施術者の高齢化の為、脅威にさらされている。 2009年

カンボジア王国

①チャペイ・ダン・ヴェン（Chapei Dang Veng）
チャペイ・ダン・ヴェンは、カンボジアの古くからの伝統音楽で、カンボジア人の生活、慣習、信仰などと密接に関連しており、古クメール語の歌の伴奏で、文化祭などでよく演奏される。チャペイ・ダン・ヴェンのアーティストや教師などの演奏家は、首都のプノンペン特別

市、バンテイメンチェイ州、プレイベン州、カンポット州、タケオ州、カンダル州に集中している。カンボジアの伝統楽器であるチャペイは、二弦の弦楽器の首の長いギターであるが、ポル・ポトのクメール・ルージュの大虐殺などで途絶えた。ユネスコは、演奏家の高齢化、若者の後継者難などの為、失われゆくチャペイ・ダン・ヴェンの保護の為、23万ドルを供与した。 2016年

②ワット・スヴァイ・アンデットの仮面舞踊劇ラコーン・コル
（Lkhon Khol Wat Svay Andet）
ワット・スヴァイ・アンデットの仮面舞踊劇ラコーン・コルは、カンボジアの南部、カンダル州、メコン川が流れる首都プノン・ペンの東、約10kmのところにある仏教の僧院のワット・スヴァイ・アンデットの周辺のコミュニティで行われる伝統舞踊。ラコーン・コルは、伝統的なオーケストラと 音楽的な朗唱を伴った独特の仮面をかぶった男性によって演じられる。ラコーン・コルは、9世紀のアンコール時代に始められたものと見られており、アンコールワットの壁画等にも描かれており、古代インドの長編叙事詩「ラーマーヤナ」の物語等をダンスで伝える。ラコーン・コルは、経済的な理由でコミュニティからの移住、不十分な財源など、戦争やクメール・ルージュによる1970年から1984年までの14年間の継承の中断などの理由から「緊急保護リスト」に登録された。 2018年

キルギス共和国

①アラ・キーズとシルダック、キルギスの伝統的なフェルト絨毯芸術
（Ala-kiyiz and Shyrdak, art of Kyrgyz traditional felt carpets）
アラ・キーズとシルダック、キルギスの伝統的なフェルト絨毯芸術は、キルギス人の主要な芸術の一つであり、文化遺産である。キルギスでは、伝統的にアラ・キーズとシルダックの2つのタイプのフェルト絨毯を生産する。アラ・キーズは風合いは柔らかく、模様は、ぼやけている。シルダックは厚いフェルトで作られ、鮮明な色が使用されている。これらのフェルト絨毯は、室内の主な装飾、それに、屋外では、キルギスの伝統的な遊牧民の家屋であるユルトなどに用いられる。キルギスの伝統的なフェルト絨毯の創造

は、コミュニティの間での結束が必要であり、地域や家庭での伝統的な知識の継承が求められている。アラ・キーズとシルダックは、織手の数が高齢化と共に減少していること、若い世代の無関心、原材料不足、合成繊維のカーペットの出現等で、消滅の危機にさらされている。現に、アラ・キーズは、キルギスの家庭では見られなくなり、シルダックは、消滅しかねない深刻な脅威にさらされている為、緊急保護リストに登録された。2012年

中華人民共和国

①羌年節（Qiang New Year festival）
羌年節は、四川省アバ蔵族羌族自治州の茂県、理県、文川県、北川羌族自治県に住む羌族（チャン族）が、毎年、羌暦新年の10月1日に開催する天上の神、山の神、村の神などを祀るお祭りである。羌族は、もともとは、チベット高原で羊の放牧をしていたが戦火を逃れて四川省に移ってきた長い歴史をもつ少数民族で、中国最古の民族とも言われている。羌年節は、繁栄への天への崇拝、自然との調和と尊重する関係の再確認、社会と家族との調和を促す機会である。山に山羊の生贄を捧げる厳粛な儀式は、最高の儀式用のドレスに身を包んだ村人達によって、「釈比」と呼ばれるシャーマンの注意深い指導の下で行われる。羌年節は、釈比が率いる羊皮の太鼓と踊りが続く。お祭りは、釈比による伝統的な羌族の叙事詩の詠唱、歌、ワインと興に入る。お祭りを通じて、羌族の集落は、全ての生き物、祖国、自分達の祖先に対して、尊重と崇拝を表わす。近年、祭りへの参加者は、移住、若者の間での羌族の遺産への関心が薄らいでいること、それに外部の文化の影響で減少している。しかも2008年の四川省文川県地震が羌族の村落群の多くを破壊、地域が廃墟と化し、新年の祝賀行事どころではない深刻な状況下にある。2009年

②中国の木造アーチ橋建造の伝統的なデザインと慣習
（Traditional design and practices for building Chinese wooden arch bridges）
中国の木造アーチ橋は、南東海岸沿いの福建省、浙江省で見られる。木造アーチ橋の建造には、木材の使用、伝統的な建築道具類、職人、

製織、接続などの中心技術、異なる諸環境の経験豊富な木工の理解、必要な構造力学が結びついたものである。木造アーチ橋の建造、維持、保護には、氏族が欠かせない役割を果たす。伝統的な中国のアーチ橋によって創出された文化的空間は、人間の間での交流や理解を深める環境を提供した。しかしながら、近年、急速な都市化、木材の欠乏、建設場所の不足などが重なって、その継承や存続が危ぶまれている。2009年

③伝統的な黎（リー）族の繊維技術：紡績、染色、製織、刺繍
（Traditional Li textile techniques:spinning, dyeing, weaving and embroidering）
伝統的な黎族の繊維技術：紡績、染色、製織、刺繍は、海南省の黎族の女性によって、綿、麻などの繊維を衣類やその他の日常の必需品を作る為に用いられている。絣、刺繍、ジャガード織などの技術は、幼い頃から、母親から娘に、口頭で個人的に伝承されている。黎族の女性は、自分の想像力と伝統的なスタイルの知識を使って、繊維の文様をデザインする。文語が無い中で、これらの文様は、黎文化の歴史や伝説を記録している。文様は、また、海南島の5つの主要な方言を区別している。繊維は、宗教的な儀式、祭り、特に、結婚式など重要な社会的、文化的な機会に欠かせない。伝統的な黎族の繊維技術は、黎族の文化遺産に欠かせない。しかしながら、最近の数十年間に、製織や刺繍のできる女性の数が減少しており、伝統的な黎族の繊維技術は、絶滅の危険にさらされ、緊急の保護の必要性がある。　2009年

④メシュレプ（Meshrep）
メシュレプは、中国の北西部、新疆ウイグル自治区、カシュガル地区のメキト県、アクス地区のアワト県などタクラマカン砂漠の周縁のオアシスの集落で演じられるウイグル族の伝統的な民俗歌舞である。中国語では、麦蓋提、漢字では、麦西莱甫と表記する。メシュレプは、毎年の秋ころから始まり、翌年春のノールズ祭りまでに行われる伝統的で地方的特長をもっている。メシュレプは、お祭り、お祝い、送別会、歓迎パーティなどの時に、村の人々が一堂に集まって、楽器や歌にあわせて踊ったり、歌ったりする。メキトのメシュレプは、ドゥラン（刀朗）・メシュレプ、または、ドゥラン・ムカームと

もいわれる。メシュレプは、都市化や近代化によるライフスタイルの変化、華麗なメシュレプの主役や民俗芸術家の死去や高齢化により略式でしか行われなくなったこと、メシュレプの果たす文化的な機能が社会的に失せていること、また、若者の伝統文化に参加する関心が薄らいでいること、それに、精巧な技を習得する機会もなくなっていることなどから遺産の継承が危ぶまれ緊急の保護が求められている。　2010年

⑤中国帆船の水密隔壁技術

（The watertight-bulkhead technology of Chinese junks）

中国帆船の水密隔壁技術は、中国の南部、福建省で、樟脳、松、樅の木材を使用して造られる中国の船舶の建造技術の一つ。漢字では「戎克」と表記するが、中国語では、「大民船」、または、単に「帆船」という。中国帆船は、船体中央を支える構造材である竜骨が無く、船体が多数の水密隔壁で区切られている。また、横方向に多数の割り竹が挿入された帆によって、風上への切り上り性に優れ、一枚の帆全体を帆柱頂部から吊り下げることによって突風が近づいた時などに素早く帆を下ろすことを可能にしているのが大きな特徴である。中国帆船による海洋交易網は、13世紀の宋代以降に発展し、天津、福建などを中核に、東シナ海、南シナ海、インド洋にまで張り巡らされ、中国の経済発展に大いに貢献したが、19世紀以降、蒸気船が普及したことにより衰退した。独特のスタイルは、絵画や写真の題材として好まれており、今日では観光用として用いられている。中国帆船の水密隔壁技術は、近代的な遠洋漁業の発展で、木造船から鉄装船に切り替わったこと、木材不足と価格高騰の為、帆船の建造がビジネスとして成り立たなくなっている為、新造船の発注が激減していること、帆船の建造は、専門知識と熟練技術が必要で、かつ重労働であるにもかかわらず低収入である為、相次ぐり離職や転職などから後継者が育たず緊急の保護が求められている。2010年

⑥中国の木版印刷

（Wooden movable-type printing of China）

中国の木版印刷は、世界最古の印刷技術の一つで、浙江省瑞安県では、一族の家系図の編集・印刷をするのに使用され継承されている。中国の木版印刷は、唐の時代に始まり、中国最古の

ものは、新疆ウイグル自治区のトルファン（吐魯番）で出土した「妙法蓮華経」とされている。唐代の木版印刷物としては、「金剛般若波羅密経」や「大般若経」などがある。宋の時代に盛んとなり、代表作に「大蔵経」、「太平御覧」などがある。以後、銅活字、木活字、陶活字も登場するものの、清の時代に、西洋式の活字印刷技術が伝えられるまでの間、木版印刷が主流となっていた。中国の木版印刷は、職人技術の複雑さ、中国史や中国語の文法など深い知識が必要である為、従事者が急速に減少していること、また、現代の若者や中年には、これらの知識や技術を保有している人が少ないこと、デジタル印刷技術の普及により、伝統文化や家系の考え方が非常に弱体化しており、保護措置を講じなければ早晩、途絶えてしまうことから緊急の保護が求められている。　2010年

⑦ホジェン族のイマカンの物語り

（Hezhen Yimakan storytelling）

ホジェン族のイマカンの物語りは、中国東北部、黒竜江省の少数民族であるホジェン（赫哲）族の英雄叙事詩の物語りである。イマカン（伊瑪堪）は、ホジェン族の民族の歴史を綴った叙事詩に関する演芸で、シャーマニズムの儀式、釣り、狩猟などの伝統文化を伝えるもので、アイヌの英雄叙事詩ユーカラに似ている。しかしながら、漢語教育の普及など学校教育の近代化と標準化、それに、経済基盤の激変によって、ホジェン族の言語と文化は、現在、消滅の危機にさらされており、年長者しか生粋の言葉を話せない。このことが、イマカンの伝統の保持していく上での主な障害になっており、多くのベテランの語り部が亡くなり、また、若手が職探しの為に都会に流出したことから、現在は、5人の達人の語り部しか演じることができず、存続が危ぶまれている。　2011年

パキスタン・イスラム共和国

①スリ・ジャゲク（太陽観測）、太陽・月・星の局地観測に基づく伝統的な気象および天文の運行術

（Suri Jagek（observing the sun）, traditional meteorological and astronomical practice based on the observation of the sun, moon and stars in reference to the local topography）

スリ・ジャゲク（太陽観測）、太陽・月・星の

右端縦書き：

局地観測に基づく伝統的な気象および天文の運行術は、パキスタンの北西部、アフガニスタン国境に近いハイバル・パフトゥーンホア州北部のチトラル県の原住民族カラーシャ人によって行われている慣習。スリ・ジャゲクは、「太陽観測」と訳され、主にはヒンドゥークシュ山脈で行われており、カラーシャの3つの谷 - ブンブレット谷、ビリール谷、ランブール谷の各村にある観測所から観察できる。しかしながら、デジタル時代の先進技術による天候の予測の進化、一方、その文化的な重要性などについての若者の認識不足などから存続が危ぶまれており、「緊急保護リスト」に登録された。
2018年

フィリピン共和国

①ブクログ、スバネン族の感謝祭の儀式の仕組み

（Buklog, thanksgiving ritual system of the Subanen）
ブクログ、スバネン族の感謝祭の儀式の仕組みは、フィリピンの南部、西ミンダナオ島のサンボアンガ半島の北サンボアンガ州、ブクログは、幾つかの構成資産からなる先住民族のスバネン族の感謝の儀式の仕組みである。スバネンは、もともと「川に住む人」を意味する。舞踊は、「ブクログ」と呼ばれる高い木構造の上で行われ、心を喜ばせる音が鳴り響く。そして、社会的な結束を新たにするコミュニティの舞踊が続く。人間、自然、精神の世界に関連した儀式は、また、感謝の意を表しコミュニティ内の調和をはかった。スバネン族は、ブクログを保護する為のメカニズムを発展させているにもかかわらず、厳しい相互関係の脅威や制約に直面しており、緊急保護が必要である。
2019年

東ティモール民主共和国

①タイス、伝統的な繊維 New

（Tais, traditional textile）
タイス、伝統的な繊維は、東ティモールの全土、アイレウ県などで行われている現地語（テトゥン語）で「着る」という意味をもつ布製品の工芸織物である。主に来客を迎える時に歓迎や尊敬などおもてなしの意を表するために、客人の首に掛けてプレゼントする。また、現地の人が、冠婚葬祭など特別な時に着る伝統的衣装でもある。タイスは女性が手織りで織るが、昔は、エシャロット、ウコン、木の皮などで染料にした木綿糸を原料にしていたが、重いので、現在は、化学繊維を使っているものが多い。代々受け継がれる模様は、男性用と女性用で異なり、ロスパロス地方、スアイ地方、オエクシ地方など地方によって模様は異なり特徴的である。大変身近な存在であるヤモリや神聖な生き物とされているワニをモチーフにしたものもある。タイスの大きさもネクタイを太くしたような細さから畳一畳分の大きさまで多様である。首都のディリ市内にはタイス市場がある。若い世代間での現代的な衣類の好み、不十分な収入、減少し続ける織り手の数などから消滅する危惧があり、緊急保護リストに登録された。
2021年

ミクロネシア連邦

①カロリン人の航法とカヌー製作 New

（Carolinian wayfinding and canoe making）
カロリン人の航法とカヌー制作は、ミクロネシアの西部、ヤップ州の島々で行われている。カロリン人は、カロリン諸島に居住するオーストロネシア語族系の先住民族である。ミクロネシアは、カヌー文化が生活文化と密着している。「ウェイファインディング」は、一般に、ポリネシア航法とも呼ばれ、広義にはオセアニア諸地域で用いられているGPS、羅針盤、海図などの機器を用いない航海術のことである。狭義には、1980年に、チャールズ・ナイノア・トンプソン（1953年～）が考案し命名した航法技術のことで、「スター・ナヴィゲーション」とも呼ばれることもある。ポリネシア、ミクロネシアの先住民たちは極めて広大な海域に点在する島々で生活していたため、航海カヌーによる遠洋航海を行う必要があったが、その際には陸地が一切見えなくなることも多かった。そこで彼らは天体観測、海流や波浪の観測、生物相の観察、風向の観測などから自らの現在位置と方向を推測する航法技術を発達させた。これが広義の、星を使った伝統的航海術である「スター・ナヴィゲーション」である。核家族の減少や移住の為、カヌーの操縦や製作の知識や技術の伝達機会が少ないこと、より速い交通手段へのシフト、環境劣化などから緊急保護リストに登録された。
2021年

モンゴル国

①モンゴル・ビエルゲー：モンゴルの
伝統的民族舞踊
（Mongol Biyelgee:Mongolian traditional folk dance）

モンゴル・ビエルゲー：モンゴルの伝統的民族舞踊は、ホヴド県とオヴス県の異民族の踊り子によって、演じられる。ビエルゲー舞踊は、モンゴルの舞踊の元祖ともいえ、遊牧民の生活様式が発祥である。ビエルゲー舞踊は、通常、遊牧民の住居であるゲルの中の小さなスペースに限られ、半分座ったり足を組んで行われる。手、肩、脚の動きは、家事労働、慣習、伝統などモンゴルのライフスタイルの側面を表現する。ビエルゲーの踊り子は、民族グループやコミュニティー固有の衣類やアクセサリーを身に着ける。色の組み合わせ、芸術的な文様、刺繍、編み物、キルト、皮革、金と銀の宝石などが特徴である。舞踊は、お祭り、お祝い、ウェディングなど家族やコミュニティのイベント、異民族のアイデンティティ、家族の結束、他のモンゴルの異民族間の相互理解に重要な役割を果たす。伝統的に、モンゴル・ビエルゲーは、家族、一族、或は、近所付き合いを通じて、若い世代に継承されている。今日では、ビエルゲー舞踊の継承者の大多数は、高齢化し、減少している。モンゴル・ビエルゲー固有の多様性も、異なる民族とのビエルゲーの形態の代表的者が非常に少数しか残っていない為、危機にさらされている。2009年

②モンゴル・トゥーリ：モンゴルの叙事詩
（Mongol Tuuli:Mongolian epic）

モンゴル・トゥーリは、モンゴルの西部地域、特に、ホブド県、オブス県、それにウランバートル市で見られる数百から数千の詩が登場する英雄叙事詩から構成される口承で、弔辞、綴り、慣用句、童話、神話、民謡が組み合わせられる。彼らは、モンゴルの口承の生きた百科事典とみなされ、モンゴル人の英雄の歴史を不滅にしている。叙事詩の歌手達は、驚異的な記憶と演技力をもっており、歌唱、即興、作曲、演劇の要素を結合する。壮大な歌詞は、モリン・ホール(馬の楽器)やトフシュール(弦楽器)の様な楽器の演奏で、演じられる。叙事詩は、国家行事、結婚式、ナーダムなど多くの社会的、公共の行事などで、演じられる。叙事詩は、何世紀にもわたって進化し、遊牧民の生活、社会、宗教などを反映している。演技する芸術家は、世代から世代へと叙事詩の伝統を培い、父から息子へと、学習、演技の技術を継承する。叙事詩を通じて、モンゴル人は、歴史的な知識や価値を若い世代に継承し、国家のアイデンティティ、誇り、団結の意識を強化する。今日では、叙事詩の訓練者や学習者が減少している。モンゴルの叙事詩が徐々に消失すると、歴史的、文化的な知識の伝達の仕組みが低下する。　2009年

③ツォールの伝統的な音楽
（Traditional music of the Tsuur）

ツォールの伝統的な音楽は、楽器と声楽の演技の組み合わせで、楽器と人間の喉の両方によって、同時に創られる混成である。ツォールの音楽は、アルタイ地方のウリヤンハイのモンゴル人に不可分の結び付きをもっており、日常生活の不可欠な一部として、残っている。その起源は、自然崇拝の古代の慣習にある。ツォールは、3つの指の穴がある垂直方向のパイプ状の木管楽器である。ツォールは、伝統的に、狩猟、安全な旅行、結婚式などの成功を願って演奏される。音楽は、一人旅の時の自分の内面の感情を反映し、人間と自然を結び付ける。音楽、自分の内面の感情が一人旅を反映して接続して自然に、人間と芸能の役割を果たします。ツォールの伝統は、民俗や信仰の軽視、ツォールの演奏者の減少などで、最近の数十年間、色褪せている。ウリヤンハイのモンゴル人の間で保持されてきた40の既知の作品は、記憶で継承されているが消滅の危機にある。　2009年

④リンベの民謡長唄演奏技法−循環呼吸
（Folk long song performance technique
of Limbe performances - circular breathing）

リンベの民謡長唄演奏技法−循環呼吸は、モンゴルにつたわる伝統楽器「リンベ」による演奏、楽曲である。リンベは、六つの指孔をもつ横笛で、竹、硬木、金属などで作られている。リンベは、縦笛のツォールよりも音域が高く、華やかな音色である。モンゴルの民族音楽は、動物を題材にしたものが多いが、このリンベでは、小鳥を表すことが多い。リンベの民謡長唄演奏技法は、鼻、口、頬を巧みに動かして、空気を吸いながら吹くという循環呼吸法によって、途切れることなく民謡長唄の演奏を行う、独特な雰囲気をもつ民俗音楽である。長唄は、一節は、約4

右側余白縦書き：緊急保護リスト

〜5分で、3〜5節からなる。しかしながら、リンべの演奏者は、グループ、個人を問わず、減少し、14程度の不安定な状況にあり、消滅することが危惧されている。　2011年

⑤モンゴル書道（Mongolian calligraphy）

モンゴル書道は、モンゴル文字を用いて行われる書道のこと。モンゴル書道は、中国、韓国、日本で行われている書道と同じく、毛筆を用いて行われるが、アラビア文字のように連続した筆致で描き上げるのが特徴である。モンゴル文字は、モンゴル民族がモンゴル諸語を書写するために古くから現在まで使用されてきた文字で、蒙古文字とも呼ばれ、公文書、招待状、外交文書から恋文に至るまで、また、速記文字として、それに、紋章、ロゴ、硬貨などにも使用されている。モンゴル書道は、伝統的に、指導教師が最善の学生を選んで弟子とし、5〜8年の歳月をかけて書道家に育てる。モンゴル書道は、社会の変容、都市化、グローバリゼーションの進展などで、若手の書道家の数が激減している。現在は、中年の3人の学者達が20人ばかりの若い書道家を育成しているだけで、生活費の高騰が、若い世代に無報酬で教える余裕をなくしている。それ故に、若者が伝統的な書道に魅力を持つ工夫、それに、モンゴル文字や書道の伝統を守り活性化していく方策が求められている。2013年

⑥ラクダを宥める儀式

（Coaxing ritual for camels）

ラクダを宥める儀式は、モンゴルの南部のゴビ地域の牧畜民が、新生子ラクダに親ラクダの乳を飲ませる儀式である。親ラクダは子ラクダを自分の生んだ子ラクダと判断するのに時間がかかり、生まれたばかりの子ラクダに乳を飲ませるのは至難の技で、生まれたばかりの子ラクダは乳を飲めず衰弱してしまう恐れがある。遊牧民家族はモンゴル民族楽器である馬頭琴の音色のもとに特別な歌を披露し、親ラクダを慰めるのである。その歌を聞いて、親ラクダは生まれたばかりの子ラクダをようやく自分の子と認識し、乳を飲ませる。しかしながら、ラクダを宥める儀式は、輸送手段のラクダから車への変化、ウムヌゴビ県での鉱業の発展による就労の変化、若者の牧畜民の数の減少、ゴビ地域から都会への移住など社会・文化環境の変化などから消滅の危機にさらされている。　2015年

⑦聖地を崇拝するモンゴル人の伝統的な慣習

（Mongolian traditional practices of worshipping the sacred sites）

聖地を崇拝するモンゴル人の伝統的な慣習は、モンゴル人が崇拝している山岳信仰である。トゥブ県のハルハ族によるボグド・ハーン山、ヘンティー県のウリャンカイ族、ハルハ族などによるブルカン山、ザブハン県のハルハ族によるオトゴンテンゲル山、ゴビ・アルタイ県のハルハ族によるスタイ・ハイルハン山、スフバータル県のダリガンガ族によるダリ山など、モンゴルには、古い時代から幾つかの民族、地域社会、地元の人によって崇拝されている山があり、これらの山は、公式には、モンゴル大統領令による国家の崇拝されている山岳信仰の山として認定されている。グローバル化、都市化、遊牧民の聖地域から都会への流出などによる有識者の大幅な減少などから伝統的な山岳信仰の慣習が失われつつあり緊急保護リストへ登録された。尚、「グレート・ブルカン・カルドゥン山と周辺の聖なる景観」は、2015年に世界遺産リストに登録されている。ブルカンとは、モンゴル語で、「神」や「仏」を、カルドゥンとは、「山」や「丘」を意味する。従って、山名のブルカン・カルドゥンは、「神（仏）の山（丘）」を意味する。ブルカン・カルドゥンは、モンゴル帝国の初代皇帝チンギス・ハーン（1162〜1227年）の生誕地にして墓所であるといわれ、中世モンゴルの歴史書「元朝秘史」にも書かれている伝統的な崇拝の場で、神聖視されており、広大な中央アジアの大草原とシベリア・タイガの針葉樹の森林群とが合流する地点でもある。ブルカン・カルドゥンは、聖山群、川群、それに、オボー（モンゴルで建てられる一種のケルン（標柱））の崇拝とも関係づけられており、1990年代から伝統的な山岳信仰の復興の為の公的支援が行われている。ブルカン・カルドゥンは、チンギス・ハーンが存命中に山岳信仰の対象として指定した四聖山の一つであり、モンゴル人の国家の揺り籠であると考えられている。2017年

〈ヨーロッパ・北米〉

アゼルバイジャン共和国

①チョヴガン、伝統的なカラバフ馬に乗ってのゲーム
（Chovqan, a traditional Karabakh horse-riding game）

チョヴガン、伝統的なカラバフ馬に乗ってのゲームは、歴史的にも古くから行われてきた国民的な伝統スポーツで、コーカサス山脈の南部、アゼルバイジャン西部のカラバフ地方で育ったカラバフ馬に乗って行われる。現在は、アゼルバイジャンの西部、北西部、中部、東部地方の諸都市で行われており、なかでも、ギャンジャ・ガザフ地域のギャンジャ、シャキ・ザカタラ地域のシャキ、それに、首都のバクーで盛んである。チョヴガンは、平らかな草原で、カラバフ馬にまたがり、長さが1.5mのチョヴガンと呼ばれる木製のスティックを持った騎手がチームを組み、皮或は木でできた小さなボールを、半径6m、幅3mの相手のゴールに入れた数で勝敗を競うゲームである。騎手やトレーナーは、乗馬に熟達した地方の農夫で、さながら遊牧文化の馬に乗った羊飼いを思い起こさせる。彼らは、伝統的に、大きなアストラカン織の帽子、長いコート、特有のズボン、靴下、靴で、身を包む。チョヴガンのゲーム時間は、前半と後半の各15分間、合計30分間で、各ハーフの合間の10分間の休憩時間には、ジャンギと呼ばれる楽器でのフォーク音楽が競技を盛り上げる。チョヴガンの特有のルール、スキル、技術は、伝統的に、経験を積んだ騎手から初心者に継承されるが、若者の間での人気が失せていること、また、都市化や移住など社会環境の変化で、騎手、トレーナー、カラバフ馬が不足しており、存続が危ぶまれている。　2013年

②ヤッル（コチャリ、タンゼラ）、ナヒチェヴァンの伝統的な集団舞踊
（Yalli (Kochari, Tenzere), traditional group dances of Nakhchivan）

ヤッル（コチャリ、タンゼラ）、ナヒチェヴァンの伝統的な集団舞踊は、アゼルバイジャンの南西部、アゼルバイジャンの飛地であるナヒチェヴァン自治共和国の祭事や祝祭などで行われている。一般的に、ヤッルは、円、鎖或は線で演じられ、ゲーム、パントマイム（鳥、或は他の動物のまね）、運動の要素を含み男女で行われる。ナヒチェヴァン自治共和国は、1991年までは、ナヒチェヴァン自治ソビエト社会主義共和国としてアゼルバイジャン・ソビエト社会主義共和国の一部だった。1980年代後期～1990年代初期の経済危機、移住など社会環境の変化でヤッルの社会的な役割の低下などから継承が危ぶまれ「緊急保護リスト」に登録された。2018年

ウクライナ

①ドニプロペトロウシク州のコサックの歌
（Cossack's songs of Dnipropetrovsk Region）

ドニプロペトロウシク州のコサックの歌は、ウクライナの中央部、ドニプロペトロウシク州のドニプロペトロウシク地区の町、パウロフラード地区の村々などのコミュニティで歌われており、戦争の悲惨さやコサックの兵士との関係などが語られる。コサックとは、ロシア語ではカザークと呼ばれる。「自由な人」「豪胆な者」を意味するトルコ語に由来する。元来は、ドニエプル川の下流域を活躍の舞台とする半独立的タタール人の一団をさした。15世紀になるとロシアとポーランド・リトアニア国家の抑圧、搾取を嫌って、多数の農民、手工業者が南方に逃れ、みずから「自由な人」すなわちコサックと称するようになった。ドニプロペトロウシク州のコサックの歌は、後継者難などの理由から緊急保護リストに登録された。　2016年

エストニア共和国

スーマ地方の丸木舟の建造と使用　*New*
（Building and use of expanded dugout boats in the Soomaa region）

スーマ地方の丸木舟の建造と使用は、エストニアの南西部、ソーマー地域で行われている。スーマ地方は、一帯が国立公園であり、鳥類にとって重要なラムサール条約登録湿地、また、ナチュラ2000地域でもある。エストニアのスーマ地方の丸木舟はカヌーの様な舟である。丸木舟の建造はis a 複雑なプロセス、適当な木の識別から始まり、舟の進水で最高潮に達する。丸木舟の建造は、師匠、弟子、他のコミュニティ・メンバーが参加する社会活動で、徒弟制度や勉強を通じて継承される。丸木舟は、スーマ地方の住民にとって、日常的な文化である。19世紀の半ばまでは、丸木舟は、日常の交通や魚釣りに使用されていた。現代的な安いボートの出現と広範囲の道路網で、丸木舟は、もはや、毎日の生活に欠かせないものではなくなりつつあるが、ネイチャー・トリップと趣味の魚釣りに使用する。スーマ地方の丸木舟の建造と使用は、師匠と弟子間の知識の伝達の欠如、舟の建造と使用の需要薄、原材料の入手難、ソーマー地域の人口減少などが脅威になっており、緊急の保護が必要である。その結果、5人の熟練家しか残らず、過去20年間、建造された丸木舟は、年に1隻か2隻である。2021年

緊急保護リスト

クロアチア共和国

①オイカンイェの歌唱（Ojkanje singing）

オイカンイェの歌唱は、クロアチアの中央部、アドリア海沿岸のダルマチア海岸の後背部のダルマティンスカ・ザゴラ、ラヴニ・コタリ、ブコヴィツァ地域、それに、リカ・コルドゥン地域、カルロヴァツなどの町で見られる喉で作られた独特の声を震わす技術を用いて、男性、或は、女性の複数の歌手が歌う二部合唱である。各曲は、リード・シンガーが息を止めることができるまで続ける。旋律は、ほとんどが半音階の階調で、歌詞は、恋愛から、現在の社会問題や政治まで、多様なテーマからなる。オイカンイェは、クロアチアや世界中のフェスティバルで、その歌唱法や知識を継承し続けている地方伝統の担い手達に存続がかかっている。最近の紛争地域、農村部から都市への移住による人口減少、生活様式などの社会状況の変化が出演者の数の急激な減少、伝統的な口承の中断を引き起こし、結果的に、歌唱法など多くの古風な流儀、独唱のジャンルの喪失、若者たちの間での関心の欠如などの理由で深刻な危機にさらされ、緊急の保護が求められている。　2010年

トルコ共和国

①口笛言語（Whistled language）

口笛言語は、険しい地形の為、交通が不便なトルコの北部の黒海の東部地域、なかでも、ギレスン県のクシュキョイ村などで、広く行われている言葉を発する為に口笛を使う通信方法である。何千年もの間使用されている「口笛言語」は、東黒海地方の深い渓谷の間にこだまして地域の人々が互いに意思の疎通を図れるようにしており、人々の間では「鳥言葉」としても知られている。口笛言語は、現在技術の発達に関連してまさに消滅しようとしている国民のコミュニケーションの伝統である。口笛言語は、公式、非公式を通じての親子関係で世代から世代へと継承されている。携帯電話の使用など技術開発や社会経済の変化などから、口笛言語は消滅の危機にあり、緊急保護リストへ登録された。2017年

フランス共和国

①パディエーッラにおけるカントゥ：コルシカの世俗的な典礼の口承

（The Cantu in paghjella:a secular and liturgical oral tradition of Corsica）

パディエーッラは、コルシカ島の男性の歌の伝統である。いつも同時に歌に入る3つのヴォーカルの音域が結び付く。segondaは、ピッチを提供し主旋律を運ぶ。次に、バッスが続き、同伴し支援、最後に、テルザは、歌を豊かにする。パディエーッラは、実質的には、エコーを利用し、コルシカ語、サルデーニャ語、ラテン語、ギリシャ語など多様な言語で、カペラが歌われる。世俗的な、典礼、口承の伝統として、農業祭や社会・宗教の機会に、バーや村の広場で行われる。レパートリを活性化する施術者の努力にもかかわらず、パディエーッラのカントゥは、若い世代の移民による世代間の伝達が急激に減少している為、次第に活力を失っている。何らかのアクションを起こさなければ、パディエーッラのカントゥは、消滅してしまうだろう。
2009年

ベラルーシ共和国

①カリャディ・ツァルスの儀式（クリスマスのツァルス）

（Rite of the Kalyady Tsars(Chris t mas Tsars)）

カリャディ・ツァルスの儀式（クリスマスのツァルス）は、ミンスク地方のセメザワ村での儀式や祝祭行事である。典型的なベラルーシの新年の祝賀行事は、ユリウス暦で、独特の郷土芸能で行われる。毎年、約500人の人が行事に参加し、その内の7人が、国の歴史的な宗教劇である「マクシミリアン王」の中での「カリャディ・ツァルス」を演じる役に選ばれる。　加えて、若い少年少女によって演じられる老人の男女の漫画のキャラクターは、観客と対話する。劇の間、「ツァルス」は、漫画の公演を行う為、未婚の少女がいる地元を訪問し、願い事や賞を受ける。行列は、懐中電灯の明かりに照らされ、夜まで続く。現在では、儀式は、古い住民には人気があるものの、若い世代の人気は消滅しつつある。これは、無形遺産の行事に関連した衣装、楽器、内装、料理に関する知識の伝達、継承に溝があることである。
2009年

②ジュラウスキ・カラホドの春の儀式

（Spring rite of Juraŭski Karahod）

ジュラウスキ・カラホドの春の儀式は、ベラルーシの南東部、ホメリ州のパホスト村、ゲオルギオスの日にパホスト村の住民によって、多様な儀式的な活動などが演じられる。伝統的に儀式は2つのサイクルがある。最初はafter 冬に中庭で行われる。二番目は多くの儀式で、パン焼

き、儀式用のパン（カラホド）の配給、「黒」パンのいけにえの埋葬などである。その伝統は、歌を歌う全年齢（12歳〜70歳）の女性、音楽家、行進をリードする男性によって守られている。地域社会の一致団結した努力にもかかわらず、ジュラウスキ・カラホドの春の儀式は、実践者の高齢化、失業、地域の社会・経済状況、グロバリゼーションなど多くの要因によって球威にさらされており、緊急保護が必要である。2019年の第14回無形文化遺産委員会ボゴタ（コロンビア）会議で財政援助が要請されUS$87,761 が供与された。2019年

ポルトガル共和国

①カウベルの製造（Manufacture of cowbells）
カウベルとは牛（カウ）などの家畜の首に付ける、金属製の鐘鈴（ベル）工芸のことである。ポルトガルの中南部、アレンテージョ地方のアルカーソバスは、家畜を管理する飼い主によって伝統的に使用されるカウベルの主な製造の中心地である。ベル工房は、町に一軒しか残っていないが、無形文化遺産の登録により技術が保全され、ベルの音色が聞こえる生活が続くことを地元の人たちは期待している。ポルトガルのカウベルは、田園地域に明白な音風景を提供する伝統的な体鳴楽器の打楽器である。カウベルの製造は、父から息子へと継承され、手づくりの鉄片が磨かれ微調整される前に一連のプロセスが必要である。しかし、カウベルの製造は、社会経済環境の変化、工業技術の発達によるより安価なカウベルの製造、カウベルの製造業者の高齢化や減少など、今や伝統は持続不可能になっており、消滅の危機にさらされている。2015年

②ビサルハエス黒陶器の製造工程
（Bisalhães black pottery manufacturing process）
ビサルハエスは、ポルトガルの北部、ヴィラ・レアルの近くにある、鍋釜の生産地、具体的には、黒陶器が造られる地として知られている。ビサルハエス黒陶器の製造工程は、ほとんどが親族の絆を通じて伝承されてきたが、担い手達の数の減少、若い世代からの関心の陰り、工業用の代替品の人気の消滅の為、危機にさらされている。　2016年

北マケドニア共和国
（マケドニア・旧ユーゴスラヴィア共和国）

①グラソエコー：ポロク地方の男性二部合唱
（Glasoechko, male two-part singing in Dolni Polog）
グラソエコーとして知られているポログ地方の男性二部合唱は、マケドニア・旧ユーゴスラビア共和国の北西部、ゼデン山脈とシャル山地との間にあるポログ地方の伝統的な特色のある合唱である。フルートとバグパイプの伴奏での美しい旋律の歌は、祝賀会などで自発的に演じられる。グラソエコーは、担い手の文化のアイデンティティの象徴であり、真似することで継承されてきた。しかしながら、グラソエコーの録音などの記録はなく、また、外部への移住、若者が関心を示さないこともあって、歌われることが少なくなっており、良き伝統は消滅しつつある。　2015年

ラトヴィア共和国

①スイティの文化的空間（Suiti cultural space）
スイティは、ラトヴィア西部の約402km²、約2800人の小さなカトリックのコミュニティである。この地域の居住者は、自身をスイティと呼び、自身の独自性や気質を誇りに思っている。スイティの文化的空間は、スイティの女性によって演じられる唸り声の歌、結婚式の伝統、カラフルな伝統的な衣装、スイティの言語、郷土料理、宗教的伝統、毎年恒例のお祝い、それに、このコミュニティーで記録した、驚くべき数の民謡、舞踊、メロディーなど数多くの特徴が特色である。プレ・キリスタンの伝統や宗教的な儀式の統合は、スイティ・コミュニティでの、無形文化遺産のユニークな混交を生み出した。スイティのアイデンティティの柱-カトリック教会-は、ソビエト時代の迫害から解放され、スイティの文化的空間は、徐々に復興を遂げたが、今日では、少数の老人は、スイティの文化遺産の知識を持っているものの、この知識を普及し、その保護において、より多くの人の協力を得て、文書、フィルムの記録、それに、博物館に寄託することが喫緊の課題である。2009年

〈ラテンアメリカ・カリブ〉

ヴェネズエラ・ボリバル共和国

① マポヨ族の先祖代々の地に伝わる口承と その象徴的な基準点群
（Mapoyo oral tradition and its symbolic reference points within their ancestral territory）

マポヨ族の先祖代々の地に伝わる口承とその象徴的な基準点群は、ヴェネズエラの中央部、北西部は、アプレ川、南西部は、パルグアサ川、西部は、オリノコ川、東は、バラガン山地と接する面積が約2,500km²のマポヨ族の領地で、パロモと呼ばれる共同体に主に定住している。マポヨ族の口承は、現在、主に年長者が保持しているが、若者の就職や就学の為の移住、鉱工業による土地の侵食、マポヨ語の使用を止めさせようとする公教育への若者の不信感などから新世代への継承が危ぶまれている。
2014年

② コロンビア・ヴェネズエラのリャノ地方の 労働歌
（Colombian-Venezuelan llano work songs）

コロンビア・ヴェネズエラのリャノ地方の労働歌は、コロンビアの北東部の東平原、或は、リャノ東部地方、アラウカ県、カサナレ県、メタ県、ヴィチャーダ県、ヴェネズエラの西部の中央西部平原、或は、リャノ中西部地方、コヘデス州、バリナス州、グアリコ州、アプレ州に展開するオリノコ川流域の熱帯サバンナで行われている。もともとは、ヴェネズエラからコロンビアにかけて広がるリャノ地方が発祥である。リャノ地方の労働歌は、ヤギの牧畜や搾乳の時の口頭のコミュニケーションで、リャノ地方の自然の中での伝統的な人間社会と家畜や馬との間の親密な関係をあらわす歌である。子供の時から口頭で継承され、歌は、リャノ地方の物語の宝庫である。しかしながら、リャノ地方の経済、政治、社会など環境の変化から労働歌が歌われる機会が少なくなっていることから緊急保護リストへ登録された。
ヴェネズエラ／コロンビア
2017年

グアテマラ共和国

① パーチの儀式（Paach ceremony）

パーチの儀式は、グアテマラの西部、サン・マルコス県にあるサン・ペドロ・サカテペクスの町で、トウモロコシを尊崇する祝福の儀式である。儀式は、人間と自然との間の親密な結びつきに脚光をあて、豊かな収穫に感謝を捧げる。参加者のほとんどは、コミュニティを束ねる指導者として認められている年長の男女の農業従事者である。4人の祈祷者は、儀式中、4人の補助者に支えられて祈祷する。一方、4人の教母は、儀式用のコーンコブを着用して準備を整え食物を提供する。パーチの儀式は、サン・ペドロの地域社会のアイデンティティで、この儀式の継承は、ワークショップ等で、グループ・リーダーが新メンバーや子供に教える。近年、パーチの儀式は、余り開催されなくなっている。更に、年長者の高齢化などが拍車をかけて、この文化的表現の継承や存続が危ぶまれている。
2013年

コロンビア共和国

① 大マグダレーナ地方の伝統的なバジェナート音楽
（Traditional Vallenato music of the Greater Magdalena region）

大マグダレーナ地方の伝統的なヴァレナート音楽は、カリブ地方として知られる北部コロンビアの文化表現、大マグダレーナ地方の牛飼いの歌、アフリカの奴隷の歌、スペインの詩歌、サンタマルタ山地の原住民の舞踊、それに、ヨーロッパ様式の楽器が融合している音楽である。この音楽は、フェスティバル等で演じられ、友人や家族が通りに集まる地域のアイデンティティである。しかしながら、1960年代からのゲリラ活動などコロンビア内戦、都市化の進行、大マグダレーナ地方の伝統的なヴァレナート音楽が演じられる場所や機会が少なくなっており、存続の危機にさらされている。　2015年

② コロンビア・ヴェネズエラのリャノ地方の労働歌
（Colombian-Venezuelan llano work songs）
ヴェネズエラ／コロンビア
2017年→ヴェネズエラ

③ プトゥマヨ県とナリーニョ県におけるパスト・ワニスのモパ・モパに関する伝統的知識と技術

（Traditional knowledge and techniques associated with Pasto Varnish mopa-mopa of Putumayo and Nariño）

プトゥマヨ県とナリーニョ県におけるパスト・ワニスのモパ・モパに関する伝統的知識と技術は、コロンビアの南西部、特に、アンデス山脈からアマゾン熱帯雨林に至るプトゥマヨ県の県都モコアとアンデス山脈のナリーニョ県の県都サンフアン・デ・パストの間で行われている自然及び万物に関する知識及び慣習並びに伝統的知識と伝統工芸技術である。アマゾンの熱帯雨林にしか生えないモパ・モパという木から採れる樹脂に顔料を混ぜて加熱し薄くのばしたものを器物に貼り付けるパストという地区に住むインディアンに伝わる伝統技法で、「パストのワニス」と言われている。担い手は、口承、観察、経験を通じて、主に家族によって継承されてきたが、若者の後継者不足、気候変動などによるモパ・モパの欠乏など様々な要因で脅威にさらされている。

2020年

ブラジル連邦共和国

① ヤオクワ、社会と宇宙の秩序を維持するエナウェン・ナウェ族の儀式

（Yaokwa, the Enawene Nawe people's ritual for the maintenance of social and cosmic order）

ヤオクワ、社会と宇宙の秩序を維持するエナウェン・ナウェ族の儀式は、ブラジルの西部、マト・グロッソ州のアマゾン熱帯雨林南部のジュルエナ川の盆地に生活するアマゾン・インディオの先住少数民族エナウェン・ナウェ族に伝わる社会や宇宙の平穏を願う伝統儀式で、毎年、雨が降らない7か月間の乾季に行われる。ヤオクワの儀式は、農業、食料の加工や調理、衣装や楽器などの手工芸、家屋や魚を捕る為のダムの建設などの伝統的な知識と結びついており、魚捕り、岩塩などの供え物などの準備、歌や踊りは、一族が手分けして行なう。ヤオクワは、社会、文化、自然は、それぞれ異なったものであるが、身近な生物多様性と生命の循環である生態系とは不可分なものだという、彼らの社会観と宇宙観を象徴している。しかしながら、ヤオ

クワは、森林破壊、侵略的な採鉱、伐木、牛の放牧、大豆プランテーション、道路建設、水路やダム建設、密漁、殺虫剤による水質汚染などによって、現在、深刻な脅威にさらされている。なかでも、新しいダム建設の波が川魚を主食とするエナウェン・ナウェ族の生命存続の脅威になっている。先住民族を支援する国際NGOのサバイバル・インターナショナル(本部ロンドン)も支援に乗り出している。　2011年

ペルー共和国

① エシュヴァ、ペルーの先住民族ウアチパエリの祈祷歌

（Eshuva, Harakmbut sung prayers of Peru's Huachipaire people）

エシュヴァは、ペルーの先住民族ウチアパエリの祈祷歌である。ウチアパエリは、ペルー南部のアマゾンの熱帯雨林に生活するハランブ語を話す先住民族である。エシュヴァ、或は、祈祷歌は、癒しや伝統的な儀式で演じられるウチアパエリの宗教的な神話の表現である。この歌は、病気の治療の際や、キャッサバから作った飲料を用いた伝統儀式において、土着の言語によってアカペラで歌われる。伝説によればこの歌は「森の動物」から教えられたものといわれ、彼らの宗教観を伝えている。しかしながら、エシュヴァは、ウチアパエリの若者の間での興味や関心の欠如、国内移住、外部の文化要素への同化などから継承が危ぶまれている。現在、ウチアパエリの歌手は12人だけである。

2011年

「代表リスト」に登録されている世界無形文化遺産

カンポ・マイオールの地域の祭
（Community festivities in Campo Maior）
2021年登録
ポルトガル

「代表リスト」に登録されている世界無形文化遺産の概要

〈アフリカ〉

ウガンダ共和国

❶ウガンダの樹皮布づくり
（Barkcloth making in Uganda）
ウガンダの樹皮布づくりは、ウガンダの南部、ブガンダ王国に住むバガンダ族によって行われている伝統的な工芸技術である。600年以上もの間、ンゴンゲ一族の職人はバガンダ王室の為に樹皮布を製造してきた。ムピジ県にあるマオコタのンサンガ村に住む工芸長に率いられるコミュニティが残っている。ムツバの木の内皮が雨季に収穫され、長い間のプロセスを経て柔らかい繊維が作られていく。樹皮布は女性の腰の周りの飾り帯のある外衣の様に男女によって着用される。通常の樹皮布はテラコッタ色で、王様と首長の樹皮布は、白或は黒に染められ異なったスタイルで着用される。近年ブガンダ王国では、樹皮布の生産が奨励、促進されているが、工業製品の綿布の輸入などによって樹皮布の需要は落ち込んでいる。
2008年 ← 2005年第3回傑作宣言

エチオピア共和国

❶キリストの真実の聖十字架発見の記念祭
（Commemoration feast of the finding of the True Holy Cross of Christ）
キリストの真実の聖十字架発見の記念祭は、毎年9月26日にエチオピアの各地で行われるエチオピア正教会のお祭りで、マスカル祭とも呼ばれる。マスカルとは十字架を意味し、今から1600年以上前に、イエス・キリストがウェロ地域の山中にあるギッシェン・マリアム修道院のエグザビエル教会にある「真実の聖十字架」（マスカル）を発見したことを祝う行事である。マスカル祭の前夜は、町の広場や村々の市場などに、マスカル・フラワーと呼ばれる黄色い花の苗木を植えることから始まる。人々は、マスカル・フラワーを載せた長い棒を持ち寄り、ピラミッドのように積み上げて燃やす。首都アディスアベバでは、町の南東にあるマスカル広場で祝祭行事が行われ、また各家庭では、家族、親戚が集まって、伝統料理を囲む。　2013年

❷フィチェ・チャンバラーラ、シダマ族の新年のフェスティバル
（Fichee-Chambalaalla, New Year festival of the Sidama people）
フィチェ・チャンバラーラは、エチオピア南部の南部諸民族州のシダマ地方を故郷とする民族シダマ族によって祝福される新年のフェスティバル。フィチェ・チャンバラーラは、一生懸命に働くことが好ましい美徳であることを地域社会に思い起こさせる。フィチェ・チャンバラーラは、家族とお祭りの参加者によって継承され、平和的な共存と良い統治を奨励する。2015年

❸ガダ・システム、先住民族オロモ人の民主主義的な社会・政治システム
（Gada system, an indigenous democratic socio-political system of the Oromo）
ガダ・システム、先住民族オロモ人の民主主義的な社会・政治システムは、エチオピアの中・南部のオロミア州などで行われている。ガダ・システムとは、エチオピア最大の先住民族、オロモ人の独特の年齢階梯制の集団組織で、男性が集団の政治、経済、社会、軍事、宗教儀礼などの役務を担い、8年毎に引き継ぐ伝統的な統治システムのことで、世代を超えて知識が口頭で伝承されてきた。オロモとは、オロモ語で「力ある者」を意味する。　2016年

❹エチオピアの顕現祭
（Ethiopian epiphany）
エチオピアの顕現祭は、エチオピアの全土で行われる、イエス・キリストの洗礼を祝福する為の彩り豊かなエチオピア正教会のお祭りである。エチオピアの顕現祭は、歴史的には、現在、世界遺産地になっているアクスム、ラリベラ、ゴンダルで行われた。祝典は、主祭の前夜に始まり、人々は教区教会の契約の箱のレプリカとされる聖遺物のタッボットを プールや川に運ぶ。祝賀者は、翌日の主祭に出席する前に、夜長の礼拝と賛美歌に出席する。エチオピアの顕現祭は、宗教・文化フェスティバルである。2019年

カーボベルデ共和国

❶モルナ、カーボ・ヴェルデの音楽慣習
（Morna, musical practice of Cabo Verde）
モルナ、カーボ・ヴェルデの音楽慣習は、カーボ・ヴェルデの各地、人が住む9つの島での伝統的なカーボベルデの楽器の伴奏でのミュージカルと舞踏法の慣習で、声、音楽、詩歌、舞踊が組み込まれる。モルナは、歌か、ギター、ヴァイオリン、ウクレレなど主に弦鳴楽器による演奏である。叙情詩は、恋愛、出発、別れ、再会、母国などの話題が即興で作られる。それは、現在、主にカーボベルデのクレオールが演じる。担い手たちや実践者は楽器の演奏者、歌手、詩人、作曲家で、結婚式、洗礼式、家族の親睦会など主要な人生のイベントで演じられる。ダンスの様式としては、ソフトダンスのモルナと、モルナの近代化したパッサーダ（ズーク）、ポルトガルとアフリカのダンスが混合した官能的なフナナー、最高度に官能的なコラデイラ、そしてバトゥーケのダンスが挙げられる。
2019年

ガンビア共和国

❶カンクラング、マンディング族の成人儀式
（Kankurang, manding initiatory rite）
セネガル／ガンビア
2008年 ← 2005年第3回傑作宣言 →セネガル

ギニア共和国

❶ソッソ・バラの文化的空間
（Cultural Space of Sosso-Bala）
ソッソ・バラの文化的空間は、ギニア北東部のギニア高原にあるニアガッソラの村のドゥカラ家によって代々護り伝えられてきた。アフリカの神聖なるバラフォン（木琴）である「ソッソ・バラ」は、13世紀以来、マリンケ族の誇りと自由と団結を象徴している。「ソッソ・バラ」は、イスラムの新年や葬儀など特別の儀式の時にだけ、アフリカ中世にニジェール川流域一帯に繁栄したイスラム文化のマリ王国（1240〜1473年）を建設したマリンケ族の先祖やスースー王国の王子を讃える叙事詩を朗唱する際の伴奏として演奏

されてきた。「ソッソ・バラ」は、かつてのマリ王国の国王スンデイアタの口承伝承を伝える長老のグリオ（楽師、語り部）だけが演奏することが出来、子供が7歳になったら、演奏の仕方を教える慣習も継承されてきた。
2008年 ← 2001年第1回傑作宣言

コートジボワール共和国

❶アフォンカファのグボフェ、タグバナ族の横吹きトランペット音楽
（Gbofe of Afounkaha, the music of the transverse trumpets of the Tagbana community）
アフォンカファのグボフェは、コートジボワールの中央地域の北部のアフォンカファ村に居住するタグバナ族が伝統的な儀式で使用する横吹きの茶色のトランペット。この横吹きの茶色のトランペット楽団は主旋律を担当するトランペット、伝統的なドラム、民族色豊かな衣装で着飾った男性の踊り手によって構成されている。特にユニークなのは、トランペットで「言葉」を伝えられるということ。トランペットの豊かな表現を女性多声合唱団が「翻訳」して人々に伝えられる。これらの歌のテーマは恋愛、悲嘆、教育、日常生活など多様。この地域の工業化、田舎への移住がグボフェ・トランペットを継続的に創ることを危うくし、また、グボフェの伝統に興味をもつ若者も少なくなっている。
2008年 ← 2001年第1回傑作宣言

❷マリ、ブルキナファソ、コートジボワールのセヌフォ族のバラフォンにまつわる文化的な慣習と表現
（Cultural practices and expressions linked to the balafon of the Senufo communities of Mali, Burkina Faso and Cote d'Ivoire）
マリ／ブルキナファソ／コートジボワール
2011年＊／2012年 →ブルキナファソ
＊2011年にマリ、ブルキナファソの2か国で登録、2012年にコートジボワールを加え、新規登録となった。

❸ザオリ、コートジボワールのグロ族の大衆音楽と舞踊
（Zaouli, popular music and dance of the Guro communities in Cote d'Ivoire）
ザオリ、コートジボワールのグロ族の大衆音楽

と舞踊は、コートジボワールの中西部、首都ヤムスクロから45km、アビジャンから322km、マラウェ州のブアフルとズエヌラにまたがるグロ族の集落で行われている。ザオリは、グロ族の仮面と伝統舞踊を意味し、もともとは、お祝いの時に行われていたが、今日では葬儀の時にも行われる。ザオリは、美しさと美的のアイデアと訳す。それは、女性の美への敬意である。ザオリは、一つのイベントで行われ、彫刻（マスク）、織り（衣装）、音楽（楽団と歌）、舞踊からなる。ザオリの仮面は7つのタイプがあり、それぞれに特定の伝説がある。ザオリの音楽は、声、7つの打楽器、それに、3つの横笛で構成される楽団で、舞踊は踊り子の身ぶり・手まねと楽団の音楽とのリズミカルなシンクロである。2017年

コンゴ共和国

❶コンゴのルンバ（Congolese rumba）
コンゴ民主共和国／コンゴ　2021年
→　コンゴ民主共和国（旧ザイール

コンゴ民主共和国（旧ザイール）

❶コンゴのルンバ *New*
（Congolese rumba）
コンゴのルンバは、コンゴ民主共和国並びにコンゴ共和国の全土、なかでも両国の都市部に共通の音楽およびダンスである。キコンゴ（コンゴの言語）でンクンバと呼ばれる伝統的なダンスから派生した音楽スタイルは、お祝い、葬儀、宗教など、公私を問わず日常的に用いられており、コンゴ人のアイデンティティーの象徴としての役割を果たしてきた。また、現代では、オーケストラや芸術家による商業活動にも用いられるようになり、世界中に知られるようになっている。こうした影響力を踏まえて、両国が共同でユネスコに登録申請し無形文化遺産への登録が実現した。これは、音楽の無形文化財としては、中央アフリカの「アカ・ピグミーの多声合唱」（2008年）、ブルンジの「太鼓を用いた儀式舞踊」（2014年）、キューバの「ルンバ、祝祭の音楽、ダンス、すべての関連する慣習の結合」（2016年）などに次ぐものである。ルンバがコンゴのアイデンティティーや共同体の象徴であること、そして地域の社会的、

文化的価値を伝え、世代間の社会的結束や連帯を促進する手段として認識されていることなどが評価された。**コンゴ民主共和国／コンゴ 2021年**

ザンビア共和国

❶マキシの仮面舞踊（Makishi masquerade）
マキシの仮面舞踊は、8〜12歳の少年の為の成人式で、ムカンダと呼ばれる割礼儀式の終わりに行われる。この儀式は、ザンビアの北西州と西部州に住むルヴァレ族、チョクウェ族、ルチャジ族、ンブンダ族に属するヴァカ・チャマ・チャ・ムカマイのコミュニティで祝典である。通常、乾季の始まりに若い少年は彼らの家を離れ、1〜3か月の間村から離れた茂みに住む。ムカンダは、成人になる割礼と勇気のテスト、男と大としての将来の役割に関する教えを含む。それぞれの成人は、全体のプロセスを通じて特有の仮面をかぶった人物を任される。これらの人物は、精神的な影響をもつ権力と富の代表者であるチサルケを含む。この儀式は、実践的な生き残り術、自然、性、宗教的な信仰に関する知識、コミュニティの社会的価値など教育的な機能も持っている。マキシの仮面舞踊は、開催期間が短くなったこと、もともとの精神的、神聖性の喪失、キリスト教の教会からの強い反対などの問題に直面している。
2008年 ← 2005年第3回傑作宣言

❷グーレ・ワムクル（Gule Wamkulu）
グーレ・ワムクルは、マラウイ、モザンビーク、ザンビアに住むバンツー系のチェワ族の間で行われている秘密の宗教であり儀式的な仮面舞踊である。それは、チェワ族の男性が始めた一種の秘密社会であるニャウの同胞のよって演じられている。ニャウの同胞は、若者が成人になる手続きを取り仕切り、最後にグーレ・ワムクルの演技によって、若者の大人社会への仲間入りを祝福する。グーレ・ワムクルは、7月の収穫期に続いて結婚式や葬式などの儀式でも演じられる。グーレ・ワムクルは、17世紀に大チェワ帝国があったことの証拠でもある。
ザンビア／マラウイ／モザンビーク
2008年 ← 2005年第3回傑作宣言

❸ザンビア中央州の少数民族レンジェ族によるムオバ・ダンス

（Mooba dance of the Lenje ethnic group of
  Central Province of Zambia）

ザンビア中央州の少数民族レンジェ族によるムオバ・ダンスは、ザンビアの中部、ザンビア中央州のチボンボ郡、カブエ郡、カピリ・ムポシ郡、チサンバ郡、ムンブワ郡などで行われているムオバ・ダンスは、植民地時代の前から行われているレンジェ族の主なダンスで、カッパーベルト州やルサカ州でも行われている。主要なダンサーは、チミカとして知られる精神的な杖と動物の尻尾で作られた箒を持っており、何人かが祖先の霊にとりつかれると最高潮に達する。伝統的なスカートに彩色したビーズの衣装のダンス、太鼓、歌、男女のダンサー共に祖先の霊をとりつくことができる。ムオバ・ダンスは、娯楽と癒しの両面があり、コミュニティの精神的なアイデンティティであり絆を深めている。2018年

❹ブディマ・ダンス（Budima dance）
ブディマ・ダンスは、ザンビアの南部、南部州とルサカ州の南部のザンベジ・グウェンベ渓谷沿いに住む少数民族によって行われている自然及び万物に関する知識及び慣習、口承及び表現、芸能、社会的慣習、儀式及び祭礼行事、伝統工芸技術である。ブディマ・ダンスは、年中行われる戦士舞踊で、特に、葬送、結婚式、入会式、就任式、感謝、収穫などの伝統的な儀式で行われる。ブディマ・ダンスは、槍、笛、杖、投げ棒、フルート、儀式用の斧、盾、トランペット、太鼓、ガラガラなどの武器や楽器を持って、男女、大人子供を問わず踊られる。男性は長い槍を持った腕利きの兵士或は闘士を、他の人たちはアンテロープの角のフルートやトランペットを吹き歌を大声で歌う。ブディマ・ダンスは、踊りを通じてコミュニティを一つにする。
2020年

ジンバブエ共和国

❶ムベンデ・ジェルサレマの舞踊
（Mbende Jerusarema dance）
ムベンデ・ジェルサレマの舞踊は、ジンバブエ東部のムレワ、ウズンバ、マランバなどに住むゼズル・ショナ族によって行われている大衆的な舞踊である。官能的な舞踊、男性との斉唱で

女性によるアクロバットな動きなどが特色である。ジェルサレマの舞踊は、繁殖、セクシュアリティ、家族のシンボルと考えられているモグラという単語のショナ、或は、ムベンデと呼ばれていたが、性的な舞踊を好ましく思わないキリスト教の宣教師の厳しい影響下で、ジェルサレマに変わった。エルサレムの聖書の市の名前のショナから得ており、本来の含蓄から宗教的なものに変えようとしたのである。ムベンデ、ジェルサレマの舞踊は、ドラム、クラップ、口笛、衣装と舞踊との豊かな文化は、低俗化、変質化し、本来の特質が失われつつある。
2008年 ← 2005年第3回傑作宣言

❷マラウイとジンバブエの伝統的な撥弦楽器
　ムビラ/サンシの製作と演奏の芸術
（Art of crafting and playing Mbira/Sansi、the finger-plucking traditional musical instrument in Malawi and Zimbabwe）
マラウイ／ジンバブエ
2020年　→　マラウイ

セーシェル共和国

❶モウチャ（Moutya）
モウチャは、セイシェルの南西部、マヘ島、プララン島、ラ・ディーグ島、アウター諸島で行われている伝統的な舞踊である。モウチャは、18世紀の初期に、フランス人の入植者と共に到着した奴隷にされたアフリカ人によってもたらされた。彼らは夜に彼らのマスターが住むプランテーションの家から離れた森で行うのが常だった。歴史的に、モウチャは、苦難と貧困に対しての心理的な慰めであり、奴隷と社会的不当に抵抗する手段であった。シンプルな振り付けの官能的なダンスが、伝統的に焚き火の周辺で演じられる。楽器は、ヤギの皮で作られた大きな太鼓が使われ、男性が演奏する。ダンスは焚火をしながら太鼓で始まる。太鼓が暖まると、ドラマーはビートを設定し、群衆の中の男性は、様々なテーマ、普通は社会の出来事など解説などを叫び出し、それに対して女性は、女性ダンサーは甲高い音で応える。男性と女性が腰を揺らしたり、貧乏ゆすりをしたりしながら踊り始めるが、ダンサーたちは近づくが身体には触れない。
2021年

セネガル共和国

❶カンクラング、マンディング族の成人儀式
 （Kankurang, manding Initiatory rite）
カンクラング、マンディング族の成人儀式は、セネガルとガンビアのマンディング族の社会的な慣習である儀式である。伝統的な口承によると、カンクランの起源はハンターの秘密社会であるコモであるとされ、その組織と秘密の慣習がマンディング族の出現に貢献した。儀式の中心人物であるカンクランは、野菜の染料で身体に絵を描き葉っぱで身を纏い、木の皮とダティスカ科のファーラの木の赤い繊維で出来たマスクをかぶる儀式である。カンクランは、社会的な結束に貢献する要因で、この儀礼の経験者によって守られるマンディング族の文化のアイデンティティである。雨不足によるカンクランの衣装の繊維の供給、儀式の基本になる聖なる森の減少、急速な都市化など社会環境の変化が、伝統的なカンクランを単なる娯楽や余暇活動にしかねない状況にある。
セネガル／ガンビア
2008年 ← 2005年第3回傑作宣言

❷エクソーイ、セネガルのセレール族の占いの儀式
 （Xooy, a divination ceremony among the Serer of Senegal）
エクソーイ、セネガルのセレール族の占いの儀式は、セネガルの西部、ファティック州のジャハオで行われる占いの儀式で、雨季の前に行われる。ジャハオは、古代シヌ王国の首都であった。セレール族は、10世紀から13世紀にかけて、北方のスーダン方面からセネガル中央部に移住してきたと考えられており、農業や漁業に従事している。長い夜の集会の間、サルティゲとして知られている預言者は、輪に入って、聴衆の前で預言を伝達する。彼らの色鮮やかな衣類、歌、舞踊の組合せは、多彩で劇的な儀式を演出し、預言者は、夜明けまで聴衆を引き止める。サルティゲは、エクソーイの生きた媒体であり、占いの儀式と通じて生きた知識を伝授する。　2013年

❸チェブジェン、セネガルの調理法 *New*
 （Ceebu Jën, a culinary art of Senegal）
チェブジェン、セネガルの調理法は、セネガルの北西部、セネガル川の河口の港町サン・ルイを発祥とする米と魚をベースとする料理法で、現在は、全土で見られる。ウォロフ語で、「チェブ」は米、「ジェン」は魚を意味する。その名の通り、魚の煮汁で炊いた、ピラフにも似た米料理である。アフリカ料理の中で最も洗練されているといわれるセネガル料理の中でも、最もセネガル人が誇りとする料理である。セネガル料理には一つ鍋のベンナ・チンという分野がある。肉や魚、野菜を炒めて煮込み、その煮汁で飯を炊く一種の炊き込みご飯であるが、チェブジェンはその代表的なものである。サン・ルイの町は、欧米への奴隷積み出し港であったが、ここから連れ去られたセネガルの主要民族・ウォロフ族は北米の農場などで魚の代わりに肉を用いた炊き込み飯チェブ・ヤップを作り、それが北米では、ジョロフライスとして英語で定着した。チェブジェンやチェブヤップに由来するジョロフライスは、アメリカでは最もポピュラーなアフリカ料理である。現在、チェブジェンは、セネガルの家庭で広く食されるほか、首都・ダカールのフランス料理店でも味わうことができる。サン・ルイ島は2000年に世界遺産に登録されている。
2021年

中央アフリカ共和国

❶中央アフリカのアカ・ピグミーの多声合唱
 （Polyphonic singing of the Aka Pygmies of Central Africa）
中央アフリカのアカ・ピグミーの多声合唱は、中央アフリカ南西地域のロバエ川が流れる熱帯森林地帯の集落に現在も約5,000人が住んでいる狩猟・採集民族アカ・ピグミーの口承である。アカ族は、中央アフリカのエフェ、アカ、バヤカの3つのピグミー族（人類学的には平均身長が150cm以下の集団）の一つである。笛などの楽器は身のまわりの物で作り、使い捨てにするが、演奏は毎日行われる。リズミカルに辺りに生えている樹木を叩いたり、笛、手拍子、歌声、強烈なポリフォニーで構成される。アカ族は祖霊信仰に基づいた宇宙論（コスモロジー）を有しており、生活の諸場面で祖霊を表わす精霊が登場する多彩な踊りを繰り広げる。
2008年 ← 2003年第2回傑作宣言

トーゴ共和国

❶ゲレデの口承遺産（Oral heritage of Gelede）
ベナン／ナイジェリア／トーゴ
2008年 ← 2001年第1回傑作宣言　→ベナン

ナイジェリア連邦共和国

❶ゲレデの口承遺産（Oral heritage of Gelede）
ベナン／ナイジェリア／トーゴ
2008年 ← 2001年第1回傑作宣言　→ベナン

❷イファの予言システム（Ifa divination system）
イファの予言システムは、ナイジェリアのヨルバ族の地域社会で行われている社会的な慣習である。イファという言葉は、ヨルバ族によって、知恵と知能の発達の神と見做されている神秘的な人物のイファ或はオルンミラのことである。12世紀にナイジェリア南西部のオスン地方にあったイレ・イフェ市は、このコミュニティの文化と政治の中心地として台頭した。それは、また、アメリカやカリブ諸国のアフリカ人の移住者によっても行われている。オドゥと呼ばれるイファの文献の集大成は、256の部から構成されている。植民地支配の影響で、伝統的な信仰や慣習は差別されたこともあり、ナイジェリアのイファの予言システムの実践者は少なくなると共に、若者の間でも関心が薄れつつある。
2008年 ← 2005年第3回傑作宣言

❸イジェルの仮装行列（Ijele masquerade）
イジェルの仮装行列は、ナイジェリア南東部のアナンブラ州の多くのイボ族（イグボ族）のコミュニティで、祝賀、埋葬の儀式、乾季の季節に行われる豊穣祈願などの機会に演じられるサハラ以南のアフリカで最大規模の仮装行列の伝統芸能である。仮面は、約4mの高さで、製作には100人がかりで6か月の歳月を要し、演じる前に保管する為に屋外に家を建てる。仮装行列は、高くそびえる仮面の人物の踊りで最高潮に達する。イジェルの仮面を運ぶ人は、投票で選ばれるが、仮面を運ぶのに必要な強靭さを鍛える為、3か月間、隔離されて特別な食事をとる。イジェルの仮装行列は、精神的にはお祝いと厳粛な行事として、政治的には族長や王への忠誠、文化的には歌と踊りなどコミュニティで重要な役割を果たしている。
2009年

❹アルグングの国際魚釣り文化フェスティバル（Argungu international fishing and cultural festival）
アルグングの国際魚釣り文化フェスティバルは、ナイジェリアの北西部、マタン・ファーダ川の近くケッビ州のアルグング川で毎年開催される年に一度の魚獲り大会。アルグング魚獲り大会は、2月下旬から3月にかけての4日間、ナイジェリアでは最大級の毎年恒例のイベントで、アルグング川には国内や周辺諸国から約3万人以上が参加し、魚獲りの他にもカヌーレース、ダイビングや水泳なども行われる。
2016年

❺クワグ・ヒルの演劇（Kwagh-Hir theatrical performance）
クワグ・ヒルの演劇は、ナイジェリアの各地、グボコ、マクルディ、ザキ・ビアムなどで演じられている。クワグ・ヒル は複合的で、視覚的には 刺激的で、文化的には、ナイジェリア北部，ベヌエ川流域の住民であるティブ族の読み聞かせの伝統を起源とする演劇であると共に創造的な読み聞かせの演劇である。クワグ・ヒルの演劇は、人形劇、仮面舞踏会、詩、音楽、舞踊、活気に富んだ物語などティブ族の生活などを表現する。クワグ・ヒルの演劇の技や知識は一座の徒弟を通じて継承されている。
2019年

ナミビア共和国

❶マルラ・フルーツ祭り（Oshituthi shomagongo, marula fruit festival）
マルラ・フルーツ祭り（オシワンボ語で、Oshituthiは祭り、shomagongoはマルラ・フルーツという意味）は、ナミビアの北中央部、オムサティ州、オシャナ州、オハングウェナ州、オシコト州、オシコト州で、北部ナミビアからの8つのアワンボ族の集落が、マルラという木の実からつくった地酒を楽しむ為に集まり、3〜4月の2〜3日間にわたって行われる祭りである。アワンボ族の人達は、そのジュースを加工し発酵させる為に若者とフルーツを集める。伝統的な歌が歌われ、詩が吟じられ人生を語り合う。鑑賞と参加を通じて継承され、フルーツ祭りは世代間と集落間を結びつける。
2015年

ニジェール共和国

❶アルジェリア、マリ、ニジェールの トゥアレグ社会でのイムザドに係わる 慣習と知識

（Practices and knowledge linked to the Imzad of the Tuareg communities of Algeria, Mali and Niger）

トゥアレグ族は、アフリカ大陸のサハラ砂漠西部のアルジェリア、マリ、ニジェールにまたがる地域で活動するベルベル人系の遊牧民族である。トゥアレグ族は、青いターバンと民族衣装を着用することから青衣の民としても知られている。イスラム世界では、一般的に、女性が全身や顔を衣装で隠す習慣があるが、トゥアレグ族は、逆に男性が全身そして顔を衣装で覆う。トゥアレグ族は、女系社会であり、上級階級の混血が進まない様に、職業や婚姻を制限する慣習がある。イムザド音楽は、イムザドとして知られる楽器を使い、主に女性が演じるトゥアレグ族特有の民族音楽である。イムザドは、楽器の演奏と詩歌或は流行歌とが結びついたもので、様々な儀式の場で演じられる。イムザド音楽は、悪魔を追い払い、また、病気を治癒する役割もある。イムザド音楽の知識は、伝統的な方法で、口頭で継承される。

アルジェリア／マリ／ニジェール
2013年

❷ニジェールの冗談関係の実践と表現

（Practices and expressions of joking relationships in Niger）

ニジェールの冗談関係の実践と表現は、ニジェールのほぼ全土、アガデス州、ディファ州、ドッソ州、マラディ州、ニアメ首都特別区、タウア州、ティラベリ州、ザンデール州で行われており、ナイジェリア、ブルキナ・ファソ、セネガル、マリ、ギニア、チャド、カメルーンなどの国にも普及している口承による伝統及び表現である。最初の太陰月が、特に、他の関連した儀式と共に関係者に冗談を言うことに専念する。世代から世代へ、非公式に継承されるので、冗談を言い合う関係は、平和の建設の為のツールであり、家族間、異民族のグループとコミュニティの結束と安定を促進する。彼らは、年齢と階級に関して、社会平等を育み、それに世代間の対話を促進する。

2014年

ブルキナファソ

❶マリ、ブルキナファソ、コートジボワールの セヌフォ族のバラフォンにまつわる文化的な 慣習と表現

（Cultural practices and expressions linked to the balafon of the Senufo communities of Mali, Burkina Faso and Cote d'Ivoire）

マリ、ブルキナファソ、コートジボワールのセヌフォ族のバラフォンにまつわる文化的な慣習と表現は、マリとブルキナファソに暮らすセヌフォ族に伝わる木や竹でできた木琴であるバラフォン演奏の音楽にまつわる文化的伝統である。セヌフォ族は、マリの南部からブルキナファソの西端にかけて生活する民族グループで、雑穀、ヤムイモ、ピーナッツ、米などの農耕民族である。セヌフォ族の数は、150〜270万人で、セヌフォ語を話す。セヌフォ族のバラフォンは、リズム、メロディー、音階ともに独特である。2011年にマリとブルキナファソの共同登録を実現、2012年にコートジボワールを登録対象国に加えて3か国での共同登録となった。

マリ／ブルキナファソ／コートジボワール
2011年＊／2012年
＊2011年にマリ、ブルキナファソの2か国で登録、2012年にコートジボワールを加え、新規登録となった。

ブルンディ共和国

❶太鼓を用いた儀式舞踊

（Ritual dance of the royal drum）

太鼓を用いた儀式舞踊は、ブルンディのすべての部族の間で行われており、学校でも教育され、海外でも、ブルンディ人のディアスポラ（離散民）の大きなセンターでは広く行われている。太鼓を用いた儀式舞踊は、踊り、英雄詩、伝統的な歌と共に力強い、シンクロナイズド・ドラムを組み合わせる見せ物である。ブルンディ人のほとんどは、太鼓を用いた儀式舞踊を遺産でありアイデンティティの基本であると認識している。今日、太鼓を用いた儀式舞踊は、文化的、政治的、社会的なメッセージを伝達する機会になっているおり、多様な年齢層や同じ出身地の人々を集める与えられた手段でもあり、それによって結束や社会的なつながりを奨励している。　2014年

ベナン共和国

❶ゲレデの口承遺産 （Oral heritage of Gelede）

ゲレデの口承遺産は、ヨルバ・ナゴ族、フォン族、そして、マヒ族の各部族が収穫の後や干ばつの時などに伝統的な儀式や舞踊のなかで行われてきた。ヨルバ・ナゴ族の特徴的な仮面を付けて行われるその儀式は彼らの歴史や神話を人々に息づかせる役割を果たすものである。通常、彼らのコミュニティーは男性または女性により率いられたグループに分けられている。仮面が用いられる伝統社会にあって、このように女性がその役割を果たしている例は他に見られない。

ベナン／ナイジェリア／トーゴ

2008年 ← 2001年第1回傑作宣言

マダガスカル共和国

❶ザフィマニリの木彫知識

（Woodcrafting Knowledge of the Zafimaniry）

ザフィマニリは、マダガスカル南部の中央高地に700km²にわたって点在する村落に住んでいる民族集団。ザフィマニリのコミュニティは、マダガスカル島に普及したユニークな木工芸文化の宝庫である。18世紀にマダガスカルの多くの地域の森林が伐採され、ザフィマニリは、人里離れた地に隠れ家を探すことを余儀なくされた。今日、25,000人のザフィマニリが住んでいるが、森林労働者、大工、工芸職人が森林の周辺で、木彫りの知識や技術を高め発展させた。生活手段としての木彫品の安易な製造・販売によって伝統工芸の真正性の失墜が懸念されている。

2008年 ← 2003年第2回傑作宣言

❷マダガスカル・カバリー、マダガスカルの講談芸術 *New*

（Malagasy Kabary、the Malagasy oratorical art）マダガスカル・カバリー、マダガスカルの講談芸術は、マダガスカルの全土で演じられている。マダガスカル・カバリーは、聴衆の前で演じられる詩的な演説で、格言、しゃれなどからなる。演説の形式は、16世紀頃に成立し、19世紀末にフランス植民地帝国に併合される形で消滅したマダガスカルの内陸、中央高地の君主制国家であったメリナ王国のアンドゥリアナムプイ

ニメリナ王（1787〜1810年）に先立つもので、もともと、社会生活や管理的なことを国民に知らせる為、使用されていた。時の経過と共に、コミュニティは、お祭り、葬儀、公式式典、民間行事など社会的な行事で使用し始め、マダガスカルの社会生活に欠かせないものになった。実際には、マダガスカル・カバリーは、集会などで、雄弁家などとの対話形式で行われる。通常、数時間続くが、葬儀など特定な状況では、約10分間くらいに短縮化される。マダガスカル・カバリーは、何世紀にもわたってマダガスカル文化の重要な部分を担う高度に様式化された演説の形式となった。マダガスカルの哲学的世界観の簡潔な表現を構成するオハボラナのことわざは特権的な役割を果たしており、人前で話すスキルは高く評価されている。マダガスカル・カバリーのマスターであるトンポンニーカバリーは、より高いレベルの尊敬と権威さえも享受している。

2021年

マラウイ共和国

❶ヴィンブザの癒しの舞

（Vimbuza Healing Dance）

ヴィンブザの癒しの舞は、マラウイの北部に住むトゥンブカ族の間で人気があり、アフリカのバンツー語圏で見られる治療儀礼であるンゴマの重要な典拠である。苦悩の太鼓を意味するンゴマは、原住民の健康管理に役立っている。患者のほとんどは各種の精神的な病を患っている女性である。彼らは、治療家によって数週間から数か月の治療を受ける。ヴィンブザの形態は、歳月と共に変わったが、音楽の慣習は昔のままである。ヴィンブザの治療の儀式は、19世紀の半ばに遡り、抑鬱を克服する手段として発達したが、英国の占領下では、癒しの舞として発展した。ヴィンブザは、トゥンブカ族が住む田舎では、現在でも実践されているが、キリスト教の教会や宣教師、時には、現代の精神医学の治療を進める医者からの厳しい反対に直面している。

2008年 ← 2005年第3回傑作宣言

❷グーレ・ワムクル （Gule Wamkulu）

ザンビア／マラウイ／モザンビーク

2008年 ← 2005年第3回傑作宣言 →ザンビア

❸チョパ、マラウイ南部のロムウェ族の犠牲ダンス
(Tchopa, sacrificial dance of the Lhomwe people of southern Malawi)

チョパ、マラウイ南部のロムウェ族の犠牲ダンスは、マラウイの南東部のパロンベ県やシーレ川の東側のロムウェ族の間で行われている芸能である。ロムウェとは、多くの少数民族グループを包含する用語である。チョパは、通常は、豊作や豊猟後の祝賀会、干ばつ、疫病の流行の様な災難の後の祖霊への奉納中に踊る。チョパは、子供たちによって演じられることが多くなっている。踊りに関しての知識とスキルは、実践の会期と時折の演技の間に継承される。グループ間の他の主な役割は、舞踊の衣装の製作者、太鼓、ドラム奏者、口笛を吹く人や踊子を含む。チョパ・ダンスは、ロムウェ族間の社会的な結束を強固にしている。
2014年

❹シマ、マラウィの伝統料理
(Nsima, culinary tradition of Malaw)

シマ、マラウィの伝統料理は、マラウイの南部州のンサンジェ地区、中部州のムチンジ地区、北部州のチティパ地区とリコマ島地区をはじめとする地域に住むマラウイ人の間での毎日の料理遺産である。シマは、収穫した主にトウモロコシ（メイズ）を乾燥させて粉状にしたシマ粉を沸騰したお湯に入れてかき混ぜ、固粥状にしたものであるが、キャッサバ（木芋）粉で作るシマもある。マラウィでは、古くからシマを主食とする伝統的な食習慣になっており、マラウイ人のソウルフードになっており、シマの作り方が上手な女性が良いお嫁さんの条件だと言われている。シマ、マラウィの伝統料理の地域性は、主な添物の見栄えだけで、南部は肉と豆、中部は肉、魚、豆、北部は魚と肉であることの違いであり国民食ともいえる。
2017年

❺ムウィノゲ、喜びのダンス
(Mwinoghe, joyous dance)

ムウィノゲは、マラウィの北部、北部州のチティパ県の伝統的なAuthority Mwenemisuku で見られるSukwa、Ndali and Bandyaの3つの少数民族の集落で演じられている楽器を用いる伝統舞踊で、歓喜と幸福を表現する。バンツー語のChisukwa方言では、「ムウィノゲ」の言葉の文字は、「楽しみましょう」を意味する。ダンサーは、男性と女性が向き合って2列に並び、体をひねったり、足を巧みに動かす。歌は無く、音は3つのドラムのみ、時には笛を使う。ムウィノゲは、特に学校の子供たちの間で人気があるが、毎年恒例の独立記念日などの祝祭、娯楽などの会合などの機会に演じられる。
2018年

❻マラウイとジンバブエの伝統的な撥弦楽器ムビラ/サンシの製作と演奏の芸術
(Art of crafting and playing Mbira/Sansi, the finger-plucking traditional musical instrument in Malawi and Zimbabwe)

マラウイとジンバブエの伝統的な撥弦楽器ムビラ/サンシの製作と演奏の芸術は、口承及び表現、芸能、社会的慣習、儀式及び祭礼行事、伝統工芸技術である。マラウイのムビラ/サンシ演奏するコミュニティは中部州と南部州のチェワ族、ジンバブエのコミュニティはハラレの中央部に住むショナ人である。両国でムビラ/サンシを演奏できる人は多いが楽器を作れる人は数少ない。ムビラ/サンシの楽器は基本的にスプーンなどから作られる金属の鍵がある木板からなる。楽器は、単独か、或は、グループでの複数の楽器である。伝統的に、継承は家族の内輪での見習いで行われてきたが、今日は正式な指導を通じて行われ学校でも教えられている。歌は過去に起きた出来事など重要なメッセージを含んでいる。ムビラ/サンシの楽器は、いつでもどこでも、暴力や社会問題を非難する「武器」でもある。
マラウイ／ジンバブエ
2020年

マリ共和国

❶ヤーラルとデガルの文化的空間
(Cultural space of the Yaaral et Degal)

ヤーラルとデガルの文化的空間は、ニジェール川の三角洲内にある巨大な牧場であるヤーラルとデガルの牛の群れの横断祭りである。サヘル地域の乾燥地とニジェール川の氾濫平原での異なった生態学的空間が年間を通じて牛の群れを育む。毎年、牛の群れの横断に伴いモプティのフラニー族の村ディアファラベなどで、大規模

なお祭りが行われる。フラニー族の習慣では、若者達が一年間村を離れて牛の群れとともに日常生活を行う。若者達が帰って来る日は、村全体が朝から晩まで一日中お祭り騒ぎで、踊りやご馳走、歌、そして人々の熱気で町は溢れる。この祭りは、フラニー族の若者達が、サヘル横断を終えて故郷に帰還したことを祝う祭礼で、フラニー族の若者達にとって名誉なことであり、一人前の男として認められるための一つの「通過儀礼」である。祝事は川の水位の状況に応じて決められ、縁起の良い土曜日に行われる。ヤーラルとデガルは、現在、牧草地と牛の群れに影響を与える干ばつなどによって、衰退しつつある。
2008年 ← 2005年第3回傑作宣言

❷クルカン・フーガで宣誓されたマンデン憲章
（Manden Charter, proclaimed in Kurukan Fuga）
クルカン・フーガで宣誓したマンデン憲章は、13世紀初期に、マンディンゴ族のマリ帝国の創立者と彼の賢人の会議が、軍事的勝利を祝って、現在のギニアとマリの間のニジェール川上流域にある領土の名前に因んで命名したものである。憲章は、主に、口頭の形式とはいえ、世界で最も古い憲法の一つであり、多様性の中の社会平和、人間の不可侵、教育、母国の統合、食料安全、侵略による奴隷制度の廃止、表現と取引の自由などを説く7章の前文を含んでいる。
2009年

❸カマブロンの7年毎の屋根の葺替え儀式、カンガバの神聖な家
（Septennial re-roofing ceremony of the Kamablon, sacred house of Kangaba）
カマブロンの7年毎の屋根の葺替え儀式、カンガバの神聖な家は、マリの南西部マンデン地方のマリンケ族と他の民族が、カンガバの村のカマブロン（或は、スピーチの家）の上に新しい萱葺き屋根が敷かれるのを祝福する為に7年毎に集まる。カンガバの集落のカマブロンは、1653年に建てられ、コミュニティのシンボル的な価値を有する。 2009年

❹マリ、ブルキナファソ、コートジボワールのセヌフォ族のバラフォンにまつわる文化的な慣習と表現
（Cultural practices and expressions linked to the balafon of the Senufo communities of Mali, Burkina Faso and Cote d'Ivoire）

マリ／ブルキナファソ／コートジボワール
2011年＊／2012年　→ブルキナファソ
＊2011年にマリ、ブルキナファソの2か国で登録、2012年にコートジボワールを加え、新規登録となった。

❺アルジェリア、マリ、ニジェールのトゥアレグ社会でのイムザドに係わる慣習と知識
（Practices and knowledge linked to the Imzad of the Tuareg communities of Algeria, Mali and Niger）
アルジェリア／マリ／ニジェール
2013年　→ニジェール

❻マルカラの仮面と繰り人形の出現
（Coming forth of the masks and puppets in Markala）
マルカラの仮面と繰り人形の出現は、マリの中央部、首都バマコから276km、セグー州の州都セグーの北東35kmの所にある、マルカラのバンバラ族、ボゾ族、マルカ族、ソモノ族の間で行われる儀式的なお祭りで、踊り子や人形使いに特徴がある仮面舞踊、太鼓、歌が特色である。儀式の後に、収穫後の祝宴は、地方の文化の多様な表現の為の舞台を提供し、祈りを通じて、音楽、歌、ダンスを披露する。儀式は、マルカラの地域社会と近隣の村々の複数の文化のアイデンティティの結束、対話、寛容、継続を表わす。祝祭の出会いと交流の為の空間は、コミュニティ内や間の紛争のみならず家族の不和や誤解をも解決する。 2014年

モザンビーク共和国

❶ショビ族のティンビーラ（Chopi Timbila）
ショビ族のティンビーラは、モザンビーク南部のイニャンバネ州の南部に主に住むショビ族の管弦楽団で有名である。彼らの管弦楽団は、大きさや調子が異なるティンビーラと呼ばれる5〜30の木で出来た木琴からなる。ティンビーラの交響楽団によって演奏される音楽は、ティンビーラの名人によって作曲され、次世代へと継承される。毎年、幾つかの新曲が作曲され結婚式や地域社会の行事などの社会的な祭事に演奏される。経験豊かなティンビーラの奏者の多くが高齢化、若者の離れ、ティンビーラの楽器の木の材料不足などが課題になっている。

2008年 ← 2005年第3回傑作宣言

❷グーレ・ワムクル（Gule Wamkulu）
ザンビア／マラウイ／モザンビーク
2008年 ← 2005年第3回傑作宣言 →ザンビア

モーリシャス共和国

❶伝統的なモーリシャスの民族舞踊セガ
（Traditional Mauritian Sega）
伝統的なモーリシャスの民族舞踊セガは、モーリシャスの南部、アフリカ大陸に近いインド洋上の島々に伝わる魂の歌で、クリオール人の活気のある伝統芸能であり象徴でもある。伝統的なモーリシャスの民族舞踊セガは、モーリシャス島の奴隷の間で始められ、やがて、海岸の漁村や他の場所に普及した魅惑的な伝統芸能である。モーリシャスは、インド系の住民が多く、インド文化の影響が強い中で、セガについては、アフリカから連れて来られた奴隷によって伝えられたものである。ラヴァンと呼ばれるヤギの皮でできたタンバリンのような打楽器でリズムを取りながら、陽気な掛け声とともに激しいビートのリズムに乗って踊るのが特徴で、一部扇情的な腰使いの踊りが交じったりするあたりは、ラテンアメリカのサルサ、カリブ海のカリプソに似ている。
2014年

❷モーリシャスのボージプリー民謡、ギート・ガワイ
（Bhojpuri folk songs of Mauritius, Geet-Gawai）
モーリシャスは、インド洋の南西部、マダガスカル島東方約800kmにある島国で、主島のモーリシャス島を中心に、東方550kmのロドリゲス島、北北東約480kmのカルガドスカラジョス諸島、北方約1000kmのアガレガ諸島からなり、ボージプリー民謡、ギート・ガワイは、モーリシャスの各地で行われている。ギート・ガワイは、儀式、祈祷、歌、音楽、舞踊とが結びついた婚前の儀式で、インド人を先祖に持つモーリシャスのボージプリー語族によって主に演じられる。伝統的な慣習は、女性の家族と近隣者とで、花婿、或は、花嫁の家庭で行われている。
2016年

❸ロドリゲス島のセガ太鼓
（Sega tambour of Rodrigues Island）

ロドリゲス島は、インド洋のモーリシャス島の北東部約560kmに位置する火山島で、西側は広大なサンゴ礁で囲まれている。ロドリゲス島の名前は、1528年もしくは1597年に、ポルトガル人のディエゴ・ロドリゲスが発見したことに因むものである。セガ太鼓は、ロドリゲス島の北部と西部、特に、スーピール、ヴァンクール、ラタニエール、シトロン・ドニス、それに、マンゲが発祥のロドリゲス島の島民あげての、また、ロドリゲス島ゆかりの人々にとって、活気に満ちた、明るい気分にさせる、リズミカルな音楽、歌、踊りである。口承によると、これらは、逃亡奴隷の隠れ家だった場所で、彼らは、抵抗、反抗、通信の表現として、セガ太鼓を演じたと言われている。現在、セガ太鼓の教える公式の研修マニュアルやコースは無いが、芸術・文化委員会（CACO）で検討中である。
2017年

〈アラブ諸国〉

アラブ首長国連邦

❶鷹狩り、生きた人間の遺産
（Falconry, a living human heritage）

鷹狩り、生きた人間の遺産は、アラブ首長国連邦アブダビ首長国、ベルギーのフランダース地方、チェコのモラヴィア地方、フランスのブルターニュ地方イレヴィレーヌ県、韓国の大田広域市東区、全羅北道鎮安郡、モンゴルのバヤンウルギー県の少数民族のカザフ族、モロッコのドゥカラ・アブダ地域のカセム・ウラド・フラ二族、カタール北部のアル・ホール、サウジアラビア北部のサカカ・ジャウフ地域、スペインのカスティーリャ・イ・レオン州、シリア中央部のホムス県などで、鷹を訓練し、野生の餌を捕まえる伝統的な狩猟の方法をいう。鷹狩りは、コミュニティやクラブに支えられ伝統的な衣装、食物、歌、音楽、詩、舞踊などより広い文化遺産の基礎を形成する。韓国の場合、主に寒露（10月8日頃）と冬至の間に行われた。鷹狩りに対する登録申請は、アラブ首長国連邦、カタール、サウジアラビア、シリア、モロッコ、モンゴル、韓国、スペイン、フランス、ベルギー、チェコの11か国が賛同し、アラブ首長国連邦が代表して登録申請、2010年に実現、2012年にはオーストリアとハンガリーを、2016年にはカザフスタン、パキスタン、イタリア、ポルトガル、ドイツ、2021年にはクロアチア、アイルランド、キルギス、オランダ、ポーランド、スロヴァキアを登録対象国に加え、24か国での共同登録となった。

アラブ首長国連邦／オーストリア／ベルギー／クロアチア／チェコ／フランス／ドイツ／ハンガリー／アイルランド／イタリア／カザフスタン／韓国／キルギス／モンゴル／モロッコ／オランダ／パキスタン／ポーランド／ポルトガル／カタール／サウジアラビア／スロヴァキア／スペイン／シリア

2010年＊／2012年＊／2016年／2021年
＊2010年にアラブ首長国連邦など11か国で登録、2012年にオーストリア、ハンガリー、2016年にカザフスタン、パキスタン、イタリア、ポルトガル、ドイツ、2021年にクロアチア、アイルランド、キルギス、オランダ、ポーランド、スロヴァキアを加え、新規登録となった。

❷アル・タグルーダ、アラブ首長国連邦とオマーンの伝統的なベドウィン族の詠唱詩
（Al-Taghrooda, traditional Bedouin chanted poetry in the United Arab Emirates and the Sultanate of Oman）

アル・タグルーダは、アラブ首長国連邦とオマーンのアラビア湾の砂漠地域の生きた人間の遺産である伝統的なベドウィン族の詠唱詩。ベドウィン族は、アラブの遊牧民族で、「砂漠や荒野に住む人」の意で、アル・タグルーダは、ドファール、バティナ、シャルキーヤ、ウスタなどの地方を舞台に、楽器は使うことなくラクダの背中に乗って旅をする男達によって演じられる。ベドウィン族は、詠唱は、ラクダの乗り手、それに、歩行するラクダなどの動物を楽しませると信じている。詩は、結婚式、祭り、特にラクダ・レースにキャンプ・ファイアの周辺でも吟じられる。アル・タグルーダの最も重要な側面は、詩歌を口頭で交換することを通じての社会的な絆である。

アラブ首長国連邦／オマーン　2012年

❸アル・アヤラ、オマーン－アラブ首長国連邦の伝統芸能
（Al-Ayyala, a traditional performing art of the Sultanate of Oman and the United Arab Emirates）

アル・アヤラ、オマーン－アラブ首長国連邦の伝統芸能は、オマーンの北西部のダーヒリーヤー地方、バーティナ地方、ブライミ特別行政区、アラブ首長国連邦は、アル・アイン・オアシスと周辺が発祥とされ、今日では、7つの首長国で演じられる人気のある文化的な演技である。アル・アヤラは、詩歌、太鼓音楽、舞踊などを含む。アル・アヤラは、オマーンやアラブ首長国連邦での結婚式や他のお祭りの機会に演じられる。アル・アヤラの担い手は、背景と年齢層からなる。リーダーは、普通、継承の役割と他の担い手達を鍛える責任を有する。アル・アヤラは、老若男女、あらゆる社会階級を含んでいる。

アラブ首長国連邦／オマーン　2014年

❹アラビア・コーヒー、寛容のシンボル
（Arabic coffee, a symbol of generosity）

アラビア・コーヒー、寛容のシンボルは、アラブ首長国連邦のアブダビの東西地域のベドウィン地域、サウジアラビアの砂漠地域を含む全土、オマーンやカタールの全土などアラブ諸国でのコーヒー文化である。アラビア・コーヒーを出

すことは、アラブ社会でのもてなしの重要な側面である。伝統的に来客の前で準備され、部族の長老や首長によっても出される。コーヒー豆は、煎られ、粉砕機で粉にされ、それからポットで入れられる。最も重要な、或は、年長の、或は、長老のゲストは、最初に出される。アラビア・コーヒーの伝統作法は、家族内で言い伝えられ、コーヒー豆の選び方を学ぶ為に年長者と一緒にマーケットを訪問する。
アラブ首長国連邦／オマーン／カタール／
サウジ・アラビア　2015年

❺マジリス、文化的・社会的な空間
（Majlis, a cultural and social space）
マジリス、文化的・社会的な空間は、アラブ首長国連邦、サウジアラビア、オマーン、カタールの口承遺産である。マジリスとは、アラビア語で、会議、集合、会議場といった意味である。その地域は、通常、大きく、快適で、飲み物をつくる設備が備えられている。広範な地元の知識を有する年長者が主な担い手である。マジリスの継承は、子供が年長のコミュニティ・メンバーと共に出席する時に行われる。しっとりとした曲調のアラブ・ポップスや、アラブの叙情的な旋律のダウン・テンポの曲で選曲されたリラックスした雰囲気のコンピレーション、つまり部屋でまったりと聴けて、癒されることをコンセプトにしているようで、いずれの曲もオリエンタルなメロディ、リズムが心地よく響くものばかりである。
アラブ首長国連邦／オマーン／カタール／
サウジ・アラビア　2015年

❻アル・ラズファ、伝統芸能
（Al-Razfa, a traditional performing art）
アル・ラズファは、アラブ首長国連邦の中心部のアブダビ首長国の西部地方の砂漠地域と、オマーンの北部、北バーティナ地方、ダーヒリーヤ行政区、ブライミ特別行政区、ムサンダム特別行政区で行われている伝統芸能で、主に戦勝行事で行われた。現在は、お祭り行事で見られる人気のある娯楽の一つで、伝統的な「砂漠の詩」として広く知られる砂漠の遊牧民ベドウィンの詩歌ナバティなどを歌う、木のレプリカのライフルを持った男性グループや、時々、音楽に合わせて髪を振る少女たちが参加する。若い聴衆にアピールする為に、楽器と音楽が適合したスキルSの継承は、通常、家族内で行われる。
アラブ首長国連邦／オマーン　2015年

❼ナツメヤシの知識、技術、伝統及び慣習 *New*
（Date palm, knowledge, skills, traditions and practices）
バーレン／エジプト／イラク／ヨルダン／クウェート／モーリタニア／モロッコ／オマーン／パレスチナ／サウジアラビア／スーダン／チュニジア／アラブ首長国連邦／イエメン
2019年　→バーレン

❽アル・アフラジ：アラブ首長国連邦の伝統的な灌漑システムおよびその建設・メンテナンスと公平な配水に関する口承・知識と技術
（Al Aflaj、traditional irrigation network system in the UAE、oral traditions、knowledge and skills of construction、maintenance and equitable water distribution）
アル・アフラジ：アラブ首長国連邦の伝統的な灌漑システムおよびその建設・メンテナンスと公平な配水に関する口承・知識と技術は、アラブ首長国連邦の東部、ハジャル山地の山麓に分布しており、そのほとんどがアル・アイン・オアシスとアル・マダム平原にある伝統的な灌漑システムである。アラブ首長国連邦には約300のアフラジがあり、アラブ首長国連邦周辺にある地下水路を利用する灌漑システムで自然及び万物に関する知識及び慣習、口承及び表現、社会的慣習、儀式及び祭礼行事、伝統工芸技術にかかわるものである。アラブ首長国連邦のアフラジやその遺跡はアル・アインの文化的遺跡群（ハフィート、ヒーリー、ビダー・ビント・サウドとオアシス群）の一部として、世界遺産リストに登録されている。アフラジがいつから用いられていたのかは明らかになっていないが、紀元前にはすでに使われていたとされる。アフラジは何を水源とし、どのような供給路で水を運ぶのかによって3つに分類される。ワジを水源とするガイリ、山中の涌き水を水源とするアイニ、地下水を水源とするダウディである。この知識と経験は、3,000年間が受け継がれてきた。アル・アフラジは、人間と動物に飲料水、乾燥環境の農場の灌漑など砂漠社会に命の水を供給してきた。
2020年

❾競駝：ラクダにまつわる社会的慣習と祭りの資産
（Camel racing、a social practice and a festive heritage associated with camels）
競駝（けいだ）：ラクダにまつわる社会的慣習と祭りの資産は、アラビア半島の南東部、アラ

ブ首長国連邦とオマーンの2か国にまたがる自然及び万物に関する知識及び慣習、口承及び表現、芸能、社会的慣習、儀式及び祭礼行事、伝統工芸技術で、ヒトコブラクダによる競走、ラクダ競走ともいう。ラクダは、砂漠での生活で、交通手段、食物、祭事だけではなく娯楽など重要な役割を担ってきた。娯楽での象徴がラクダレースで、アラブの伝統的な競技になっている。競駝には古い伝統があり、砂漠に暮らす遊牧民族ベドウィンは、人生折々の節目にラクダのレースを開いては、部族全員でこれを楽しんでいた。レースの規模が大きくなり、半ば観光化した現在のような形で開かれるようになったのは、オイルマネー以後の話である。ラクダを所有するには費用がかかることから、レースの現場に参加できるのは、族長、調教師、ラクダのオーナーなどに限られている。騎手は人間だけでなく、ロボットも認められている。大きなレースともなると、オーナーや見物人が四駆やマイクロバスに分乗して疾走中のラクダに伴走し、大声の応援合戦をくりひろげる。車に乗ってラクダに並走するのは、リモコンで騎手ロボットを操作してラクダを追いたてるためでもある。競駝では勝者が賞金を獲得できる仕組みになっている。
アラブ首長国連邦／オマーン　2020年

⑩アラビア書道：知識、技術及び慣習
（Arabic calligraphy, knowledge, skills
　and practices）　2021年
　　→サウジアラビア

アルジェリア民主人民共和国

❶グララのアヘリル（Ahellil of Gourara）
グララのアヘリルは、北アフリカ、アルジェリア南西部のグララ地方の伝統的な詩、音楽のジャンルの芸能である。グララ地方は、50,000人以上のベルベル諸語を母語とするアフロ・アジア語族のベルベル人が住む約100のオアシスがある地域である。アヘリルは、グララ地方のベルベル語圏で、宗教的な祝事、巡礼、結婚式や地域社会のイベントなどで演じられる。アヘリルは、ゼネト人の生活様式やオアシス農業に密接に関連し、厳しい環境で生活するコミュニティの団結を象徴している。グララのアヘリルは、若い世代への継承が困難になりつつあり消失の脅威にさらされている。
2008年　←　2005年第3回傑作宣言

❷トレムセンの結婚衣装の伝統にまつわる
　　儀式と工芸技術
（Rites and craftsmanship associated with
　the wedding costume tradition of Tlemcen）
トレムセンの結婚衣装の伝統にまつわる儀式と工芸技術は、アルジェリア北西部のトレムセンの結婚儀式。トレムセンの結婚の儀式は、伝統的な金のシルクの衣装をまとった花嫁の両親の家庭で、彼女の友人や既婚の女性に囲まれて始まる。トレムセンの女性は、早くから、代々引き継がれてきた結婚衣装づくりなどの衣装の伝統を教えられる。この儀式は、家族間の連携と世代間の継続性を象徴するものであり、結婚衣装づくりは、トレムセンのコミュニティの創造性とアイデンティティを永続させる役割を果たす。
2012年

❸シディ・アブデル・カデル・ベン・モハメッド
　　（シディ・シェイク）霊廟への年次巡礼
（Annual pilgrimage to the mausoleum of
　Sid'Abd el-Qader Ben Mohammed (Sidi Cheikh)）
シディ・アブデル・カデル・ベン・モハメッド（シディ・シェイク）霊廟への年次巡礼は、アルジェリアの北部、エル・バヤード県エル・アビオド・シディ・シェイクにあるイスラム神秘主義のスーフィーのコミュニティが引き受け、毎年6月の最終の木曜日から3日間、宗教的な儀式と創始者を称える祭事が行われる。巡礼は、スーフィーの聖職者間の結束を新たにすると共に、コミュニティ間の平和と安定を守る。宗教とは関係のない祭典では、剣術、舞踊、異なるコミュニティから馬に乗った300人以上が参加する馬術のコンペなどが行われる。こうした慣習は、家族内で継承される一方、男女の舞踊などは、仲間内で教えたり実践を通じて継承される。
2013年

❹アルジェリア、マリ、ニジェールの
　　トゥアレグ社会でのイムザドに係わる
　　慣習と知識
（Practices and knowledge linked to the Imzad
　of the Tuareg communities of
　Algeria, Mali and Niger）
アルジェリア／マリ／ニジェール
2013年　→ニジェール

❺アルジェリアのジャネット・オアシスでのスビーバの儀礼と儀式
（Ritual and ceremonies of Sebeiba in the oasis
of Djanet, Algeria）
アルジェリアのジャネット・オアシスでのスビーバの儀礼と儀式は、アルジェリアの南東部、イリジ県のオアシスにあるジャネット地区は、トゥアレグ族が多く居住しており、世界遺産に登録されている先史時代の岩絵で知られるタッシリ・ナジェールへの観光拠点としても知られている。スビーバの儀礼と儀式は、毎年、イスラムの大陰暦の最初の月の10日間のアシューラに開催され、鎧を着た男性の踊子とタンバリンのリズムに合わせて伝統的な歌を歌う女性の歌手が、9日間のコンテストの間、彼らの部族を代表する権利を競い、選ばれた勝者は、翌日のスビーバの儀礼と儀式に参加することができる。スビーバの儀礼と儀式は、アルジェリアのサハラ砂漠に住むトゥアレグ族の人々にとって、文化アイデンティティの重要な儀礼と儀式である。
2014年

❻スビィバ、グゥララ地域のシディ・エル・ハッジ・ベルカサンのザウィヤへの年次巡礼
（Sbuâ, pilgrimage to the zawiya of Sidi El Hadj
Belkacem in Gourara）
スビィバは、アルジェリアの南西部、グゥララ地域のシディ・エル・ハッジ・ベルカサンのザウィヤへの年次巡礼で、サハラ砂漠のゼナタ族の巡礼者が、預言者ムハンマドの誕生を祝福する聖人の霊廟を訪問する。7日目に巡礼者は、シディ・エル・ハッジ・ベルカサンの霊廟に到着する。スビィバは、彼らの歴史と彼らを拘束する繋がりを表現する巡礼中に上演される信仰と儀式の団体に与えられる部族によって考慮される。
2015年

❼クスクスの生産と消費に関する知識・ノウハウと実践
（Knowledge, know-how and practices pertaining to
the production and consumption of couscous）
クスクスの生産と消費に関する知識・ノウハウと実践は、アルジェリア、モーリタニア、モロッコ、チュニジアの4か国にまたがる自然及び万物に関する知識及び慣習、口承及び表現、社会的慣習、儀式及び祭礼行事、伝統工芸技術の共同遺産である。クスクスは、北アフリカのマグレブ地方のベルベル人の伝統料理である。クスクスはあらゆる社会・文化イベントで食されており、普通であると同時に特別である。さらに、家庭で頻繁に登場するため普通で、食事を共にする共同体の集まりでは場をまとめ雰囲気を和らげる役割を果たしているため特別である。クスクスは、肉や魚、クミン、シナモン、パプリカ、サフラン、カルダモンなどのスパイスが利いたシチュー、ひよこ豆、野菜などのさまざまな料理と一緒に食べられる主食で、アジア料理における米や麺のような役割を果たしており、食卓に欠かせない一品である。クスクスは、連帯、陽気さ、食事の共有、一体感に関連するシンボル、意味、社会的および文化的側面が豊富な料理である。
2020年
アルジェリア／モーリタニア／モロッコ／チュニジア

❽アラビア書道：知識、技術及び慣習
（Arabic calligraphy, knowledge, skills
and practices） 2021年
→サウジアラビア

イエメン共和国

❶サナアの歌（Songs of Sanaa）
サナアの歌は、イエメンの伝統芸術である。14世紀からの様々な詩的な伝統から受け継がれ、このジャンルは、結婚の礼拝サムラ（samra）などの儀式や、日常の習慣である午後に友人や仲間が集まるマヤル（magyal）で行われる。サナアの歌は、リュート系の弦楽器であるカンブース、伝統的なイエメンの銅盆サーン・ミーミーイェなどの古代楽器に伴われ独唱される。イエメン語と古典アラビア語で書かれた詩歌は、優雅な言い回しと深い情感に溢れている。トレモロ音形の多い奏法と少し喉を絞る様な歌い方が特徴。サナアの歌は、イエメンの歴史的な首都サナアだけではなく、田舎の農村地域を含めた町でも聞くことができる。
2008年 ← 2003年第2回傑作宣言

❷ナツメヤシの知識、技術、伝統及び慣習
（Date palm, knowledge, skills, traditions and practices）
バーレン／エジプト／イラク／ヨルダン／クウェート／モーリタニア／モロッコ／オマーン／パレスチナ／サウジアラビア／スーダン／チュニジア／アラブ首長国連邦／イエメン
2019年 →バーレン

❸アラビア書道：知識、技術及び慣習
（Arabic calligraphy, knowledge, skills and practices）　2021年
→サウジアラビア

イラク共和国

❶イラクのマカーム（Iraqi Maqam）
イラクのマカームは、声楽および小編成の器楽合奏で、アッバース朝（首都バグダッド）を中心にの黄金時代に最高潮に達し400年の歴史を誇る。マカームは、アラビア語で、「留まる所」という意味で、アラブ音楽では、「旋法」（モード）のことをいう。イラクのマカームは、ヴォーカル、それに、サントゥール、ジョーザ、ドゥフ、ダラブッカなどの楽器で演奏される。イラクのマカームは、世紀を越えた、中央アジア、トルコ、それに他のアラブ諸国との交流の歴史を物語っており、イラン、アゼルバイジャン、ウズベキスタンにも同様の伝統音楽が見られる。マカームは、ムスリムやスーフィの儀式、それに、私的な集まりやコーヒー・ハウス、劇場で演奏されている。
2008年 ← 2003年第2回傑作宣言

❷ノウルーズ（Nowrouz）
アフガニスタン／アゼルバイジャン／インド／イラン／イラク／カザフスタン／キルギス／パキスタン／タジキスタン／トルコ／トルクメニスタン／ウズベキスタン
2009年＊／2016年　→イラン
＊2009年にアゼルバイジャンなど7か国で登録、2016年にアフガニスタン、イラク、カザフスタン、タジキスタン、トルクメニスタンを加え、12か国で新規登録となった。

❸ヒドル・エリアスの祭礼とその誓願
（Khidr Elias feast and its vows）
古代の信仰によると、イラクの地域社会では、毎年2月に、聖人アル・ヒドルが信者の願いを叶えてくれるといわれている。イラクの北部では、2月の最後の3日間に祝われるというヒドル・エリアス祭で、家族や近所の人々が連れ立ってアル・ヒドルの聖域と思われる丘の上に集まる。伝統的な衣服を着て、特別に用意した食事と「ダブッカ」と呼ばれる大衆ダンスを踊って楽しむ。イラクの中央部では、コミュニティのメンバーはチグリス川の河岸に行き、砂糖、塩、ヘンナ、お菓子、ミルテの葉を配る。夜には、川沿いの木材にキャンドルを点灯して水面に浮かべ願い事をする。向こう岸に到達する前にキャンドルの灯が消えなければ、願いは実現すると言われている。イラクの南部のムサンナ州の北部の都市では、ギンバイカの葉は、たった一本のキャンドルの点灯でもたらされる。向こう岸に到達する前にキャンドルが消えてしまえば、信者は、金曜日に貧しい人たちに喜捨をするように勧められる。若い世代は、家族や学校で、これらの慣習を学ぶ。これらの伝統を分かち合うことは、コミュニティ内の社会的結束を強めるのに役立つ。　2016年

❹アルバイン巡礼期のおもてなし
（Provision of services and hospitality during the Arba'in visitation）
アルバイン巡礼期のおもてなしは、イラクの中南部で行われている社会的慣行で、何百万もの訪問者がシーア派の第3代イマームとされるフサインが殉教した場所にある墓廟を訪問する為、イスラム教シーア派の人々の巡礼が絶えない聖地カルバラーに向けて巡礼を始める。非常に多くの人々が、礼拝堂、ゲスト・ハウス、宿泊施設を訪れる巡礼者に時間と手助けを捧げる。アルバイン巡礼期のサービスとおもてなしは、イラクが発祥のアラブの伝統であり、イラクの文化のアイデンティティである。
2019年

❺ナツメヤシの知識、技術、伝統及び慣習
（Date palm, knowledge, skills, traditions and practices）
バーレン／エジプト／イラク／ヨルダン／クウェート／モーリタニア／モロッコ／オマーン／パレスチナ／サウジアラビア／スーダン／チュニジア／アラブ首長国連邦／イエメン
2019年　→バーレン

❻アル・ナオールの伝統工芸の技術と芸術 *New*
（Traditional craft skills and arts of Al-Naoor）
アル・ナオールの伝統工芸の技術と芸術は、イラクの西部、アンバル県のユーフラテス川の上流の住民の多くで行われている。アル・ナオールは、木製の円形の回転するホイールで、イラクのユーフラテス川の流れを利用して使用されている。田畑へ川の水を引く為、コミュニティは、アル・ナオールの車輪を考案した。車輪は、桑と柳の木で作った24の支柱で造られており、ヤシの葉のロープで外周を取り付けてい

代表リスト

る。車輪の直径は8〜12 mで、2つの石の台座の間に垂直に取り付ける。車輪の水差しは川からの水を集めて、最上部に水を運び、田畑への水路へ注がれる。　アル・ナオールには、職人の大工、陶器の製造者と建造者、農民、果樹園の所有者、若者や子供など多くの人が関わっている。女性は、また、アル・ナオールのパーツを縛るロープや、ブレードの製作に効果的に 参加しているほか、建設期には、参加者の為の毎日の食事を用意する。アル・ナオールを稼働させる祝祭日には、伝統的な詩を歌ったり、フォーク・ダンスを踊りを見ることができる。最近では、アル・ナオールの動作によるエネルギーは、近隣の地域の関係の電力として使われている。
2021年

❼アラビア書道：知識、技術及び慣習
（Arabic calligraphy、knowledge、skills and practices）　2021年
→サウジアラビア

エジプト・アラブ共和国

❶アル・シーラフ　アル・ヒラーリーヤの叙事詩
（Al-Sirah al-Hilaliyya epic）
アル・シーラフ　アル・ヒラーリーヤの叙事詩は、13〜19世紀にかけて発展した数あるアラブ叙事詩のなかで、今日まで700年間、口伝えで伝承されてきた最後のものである。シラーは、アラビア語で一生、或は、伝記という意味で、英語では、ハリリの寓話として知られているが、かつては10世紀にアラビア半島からシナイを通って上エジプトに移住した砂漠の住民ベドウィンのバニ・ヒラル族の伝説、ヒラリ物語として、中東アラブに広く普及したが、現在まで生き残っているのは、エジプトだけである。アル・シーラフ　アル・ヒラーリーヤの叙事詩は、伝統的に、結婚式、割礼式や私的な集まりの際に、50〜100時間にもわたって、楽器のレバーバとタンバリンのリフと共に吟じられる長篇である。アル・ヒラーリーヤの叙事詩は、現代の呼び名では、生命を紡ぐ（Spinning Lives）として再演されている。
2008年 ← 2003年第2回傑作宣言

❷ターティーブ、スティック競技
（Tahteeb, stick game）
ターティーブ、スティック競技は、エジプトの上エジプトのミニヤー県、アシュート県、ソハーグ県、ケナ県、ルクソール県、アスワン県で行われている武術で、古代エジプトでは格闘技の一種であった。民俗音楽を背景に、日常生活の一部に使われていた長い棒を持った老いも若きものの男性が1対１で行い、現在は、祝祭時の対戦ゲーム、演武として演じられているが、そのシンボル性や価値に変わりはない。ターティーブのゲームのルールは、相互の尊重、友情、勇気、強さ、騎士道、誇りなどの価値に基づいており、公私にわたる社会行事で行われ、家族、近隣者、それに有志のなかでと継承されている。
2016年

❸ナツメヤシの知識、技術、伝統及び慣習
（Date palm, knowledge, skills, traditions and practices）
バーレン／エジプト／イラク／ヨルダン／クウェート／モーリタニア／モロッコ／オマーン／パレスチナ／サウジアラビア／スーダン／チュニジア／アラブ首長国連邦／イエメン
2019年　→バーレン

❹アラビア書道：知識、技術及び慣習 *New*
（Arabic calligraphy、knowledge、skills and practices）　2021年
→サウジアラビア

オマーン国

❶アルバラア、オマーンのドファーリ渓谷群の音楽と舞踊
（Al-Bar'ah, music and dance of Oman Dhofari valleys）
アルバラア、オマーンのドファーリ渓谷群の音楽と舞踊は、オマーンの南部、イエメンとの国境のハドラマウト山脈地域の南部、ドファーリ山脈のドファーリ渓谷群で行われているベドウィン族の伝統的な太鼓や部族詩の歌唱などの音楽が背景の戦闘的で活発な舞踊である。詩的な恋愛などをテーマとする舞踊は、結婚、割礼などの際に、10人〜30人の男女が半円状になって屋外で行われる。1980年代以降、アルバラアは、長年、ベドウィン族の遺産や慣習と見なされてきたが、今や、オマーンのドファーリ文化に影響を与えてエンブレムになっている。
2010年

❷アル・アジ、エレジー、行列行進、詩
（Al-Azi, elegy, processional march and poetry）
アル・アジ、エレジー、行列行進、詩は、オマーンの北部地域のバティナ、シャルキーヤ、マスカットなどの地方で演じられる独特の詠唱詩のジャンルで、オマーンの文学と音楽のアイデンティティの主な表現の一つである。詠唱される詩は、持てるものの誇りを表現するものであり、部族、重要人物、歴史的な瞬間を称賛するものである。アル・アジは、刀や小道具のライフルを持ち輪になったグループを伴った一人の詠唱者によって、通常、国家行事、結婚式などの社会行事の時に社会的な誇り、強さ、結束の印として演じられる。
2012年

❸アル・タグルーダ、アラブ首長国連邦とオマーンの伝統的なベドウィン族の詠唱詩
（Al-Taghrooda, traditional Bedouin chanted poetry in the United Arab Emirates and the Sultanate of Oman）
アラブ首長国連邦／オマーン
2012年　→アラブ首長国連邦）

❹アル・アヤラ、オマーン-アラブ首長国連邦の伝統芸能
（Al-Ayyala, a traditional performing art of the Sultanate of Oman and the United Arab Emirates）
アラブ首長国連邦／オマーン
2014年　→アラブ首長国連邦

❺アラビア・コーヒー、寛容のシンボル
（Arabic coffee, a symbol of generosity）
アラブ首長国連邦／オマーン／カタール／サウジ・アラビア2015年　→アラブ首長国連邦）

❻マジリス、文化的・社会的な空間
（Majlis, a cultural and social space）
アラブ首長国連邦／オマーン／カタール／サウジ・アラビア2015年　→アラブ首長国連邦

❼アル・ラズファ、伝統芸能
（Al-Razfa, a traditional performing art）
アラブ首長国連邦／オマーン
2015年　→アラブ首長国連邦

❽馬とラクダのアルダハ
（Horse and camel Ardhah）
馬とラクダのアルダハは、オマーンの北部、イブリーなど多くの地域で行われている伝統的な競技イベント。アルダハは、アラビア語で「行うこと」という意味で、宗教行事や国の祝祭の期間に行われることが多く、オマーンの文化や動物愛護の国であることを象徴するものである。人々は、ショーを見る為、馬で、競馬場の周辺に集まり、ラクダのライダーは、オマーン人の技を反映する、オマーンの社会的文化である。馬とラクダのアルダハの期間中、男女のジョッキーは、馬とラクダを装飾した衣装や銀の装飾品で優美に飾る。
2018年

❾ナツメヤシの知識、技術、伝統及び慣習
（Date palm, knowledge, skills, traditions and practices）
バーレン／エジプト／イラク／ヨルダン／クウェート／モーリタニア／モロッコ／オマーン／パレスチナ／サウジアラビア／スーダン／チュニジア／アラブ首長国連邦／イエメン
2019年　→バーレン

❿競駝：ラクダにまつわる社会的慣習と祭りの資産
（Camel racing、a social practice and a festive heritage associated with camels）
アラブ首長国連邦／オマーン
2020年　→アラブ首長国連邦

⓫アラビア書道：知識、技術及び慣習 *New*
（Arabic calligraphy、knowledge、skills and practices）　2021年
→サウジアラビア

カタール国

❶鷹狩り、生きた人間の遺産
（Falconry, a living human heritage）
アラブ首長国連邦／カタール／サウジ・アラビア／シリア／モロッコ／モンゴル／韓国／スペイン／フランス／ベルギー／チェコ／オーストリア／ハンガリー／カザフスタン／パキスタン／イタリア／ポルトガル／ドイツ
2010年＊／2012年＊／2016年
→アラブ首長国連邦
＊2010年にアラブ首長国連邦など11か国で登録、

2012年にオーストリア、ハンガリー、2016年に
カザフスタン、パキスタン、イタリア、ポルトガル、
ドイツを加え、新規登録となった。

❷アラビア・コーヒー、寛容のシンボル
　（Arabic coffee, a symbol of generosity）
アラブ首長国連邦／オマーン／カタール／サウジ・
アラビア2015年　→アラブ首長国連邦

❸マジリス、文化的・社会的な空間
　（Majlis, a cultural and social space）
アラブ首長国連邦／オマーン／カタール／サウジ・
アラビア 2015年　→アラブ首長国連邦

クウェート国

❶ナツメヤシの知識、技術、伝統及び慣習
　（Date palm, knowledge, skills, traditions and practices）
バーレン／エジプト／イラク／ヨルダン／クウ
ェート／モーリタニア／モロッコ／オマーン／
パレスチナ／サウジアラビア／スーダン／チュ
ニジア／アラブ首長国連邦／イエメン
2019年　→バーレン

❷伝統的な織物、アル・サドゥ
　（Traditional weaving of Al Sadu）
サウジアラビア／クウェート
2020年　→サウジアラビア

❸アラビア書道：知識、技術及び慣習 *New*
　（Arabic calligraphy、knowledge、skills
　 and practices）　2021年
　→サウジアラビア

サウジ・アラビア王国

❶鷹狩り、生きた人間の遺産
　（Falconry, a living human heritage）
アラブ首長国連邦／カタール／サウジ・アラビア／
シリア／モロッコ／モンゴル／韓国／スペイン／
フランス／ベルギー／チェコ／オーストリア／ハ
ンガリー／カザフスタン／パキスタン／イタリ
ア／ポルトガル／ドイツ
2010年＊／2012年＊／2016年
→アラブ首長国連邦
＊2010年にアラブ首長国連邦など11か国で登録、
2012年にオーストリア、ハンガリー、2016年に
カザフスタン、パキスタン、イタリア、ポルトガル、
ドイツを加え、新規登録となった。

❷アラビア・コーヒー、寛容のシンボル
　（Arabic coffee, a symbol of generosity）
アラブ首長国連邦／オマーン／カタール／サウジ・
アラビア2015年　→アラブ首長国連邦

❸マジリス、文化的・社会的な空間
　（Majlis, a cultural and social space）
アラブ首長国連邦／オマーン／カタール／サウジ・
アラビア2015年　→アラブ首長国連邦

❹アラルダ・アルナジャー、サウジアラビアの
　舞踊、太鼓、詩歌
　（Alardah Alnajdiyah, dance, drumming and
　 poetry in Saudi Arabia）
アラルダ・アルナジャーは、サウジアラビアの
中央部のナジュド地域で行われている、踊り、
太鼓、詩、歌を組み合わせた伝統的な文化表現
である。アラルダ・アルナジャーは、詩歌を歌
う詩人、刀を振り回す演技者、太鼓をたたく人
などからなり、家族、地方、国の行事などで演じ
られ、女性が衣装をデザインし男性が演じる。
参加するのに年齢やクラスの障害はなく社会的
な結合を強める。アラルダ・アルナジャーの継
承は、個人、学校、劇団、近隣で行われる。
2015年

❺アル・メスマー、ドラムと棒のダンス
　（Al Mezmar, drumming and dancing with sticks）
アル・メスマー、ドラムと棒のダンスは、サウ
ジアラビアの西部、ヒジャズ地域で行われてい
る。アル・メスマーは、ヒジャジ族のメンバー
によって、家族や国家の祝祭、宗教的な休日、
或は、政府のイベント等の祭事に行われる伝統
的なグループ・パーフォーマンスである。15〜
100人ほどの白い衣装に身をまとった男性が列
になったり大きな輪になって、ドラムの合図と
ともに130cmほどの棒を回しながら踊る。
2016年

❻アル・カト アル・アスィーリ、
　サウジアラビアのアスィール地方の女性の
　伝統的な内壁装飾
　（Al-Qatt Al-Asiri, female traditional interior wall
　 decoration in Asir, Saudi Arabia）
アル・カト アル・アスィーリは、サウジアラビ
アの南部、アスィール地方で広く行われている
女性による伝統的な客間の内壁装飾で、この地
方のアイデンティティの重要な要素として考え
られている古い芸術様式である。女性たちは、

代表リスト

幾何学模様や部族のシンボルを描き、明るく刺激的な色のペンキや絵の具で表面を塗ってお客を歓迎する。また、それらの作業を手伝ってもらう為、様々な年齢層の女性の親戚を招待し若い世代に知識やスキルを継承していく。昔は女性だけだったが最近は男女の芸術家、デザイナー、インテリア・デザイナー、建築家へと広がっている。アル・カトは、主にアスィール州の州都のアブハー市と郊外、ハミース・ムシャイト市と郊外などで行われており、コミュニティでの社会的な結束や絆が強くなっている。保護団体は、サウジ遺産保存会（SHPS）である。
2017年

❸ナツメヤシの知識、技術、伝統及び慣習
（Date palm, knowledge, skills, traditions and practices）
バーレン／エジプト／イラク／ヨルダン／クウェート／モーリタニア／モロッコ／オマーン／パレスチナ／サウジアラビア／スーダン／チュニジア／アラブ首長国連邦／イエメン
2019年　→バーレン

❹アラビア書道：知識、技術、実践 *New*
（Arabic calligraphy, knowledge, skills and practices）
アラビア書道：知識、技術、実践は、サウジアラビア・アルジェリア・バーレン ・エジプト・イラク・ ヨルダン・クウェート ・レバノン ・モーリタニア・モロッコ ・ オマーン ・パレスチナ・ スーダン ・チュニジア・ アラブ首長国連邦・ イエメンなどアラブ諸国の各地で行われているアラビア文字を用いて書かれる文字芸術で、イスラム教の聖典コーランの章句を表したその美しい文字は、千年の歳月をかけて洗練されてきた。アラビア文字とは、北セム系統のアラム系アルファベットで、28の子音を表す文字からなり、他のセム文字と同様に、右から左へと書かれる。宗教的なテキストに使われていることの重要性に加え、アラビア書道は、歴史を通してアラビア語が進歩する上で極めて重要な役割を果たしてきた。アラビア書道は、何世紀もの間、アラブ人に誇りと帰属意識が生じさせ、アラブの文化や習慣、宗教的な価値観の伝達と普及に貢献した。また、芸術家やデザイナーが絵画や彫刻、「カリグラフィティ」と呼ばれるグラフィティなど、様々なメディアに取り入れるなど、高い人気を誇っている。イスラム教の各地への広がりと共に、アラビア書道の書体も各地域、年代で多様な形のも

のが現れ、独自の発展を遂げた。伝統的なアラビア書道は、師匠が弟子を取り、直接伝えるという形で継承されている。サウジアラビア主導で、アラブ教育文化学術機構の監督のもとでアラブ15か国が協力した結果、代表リストへの登録が実現した。わが国にも日本アラビア書道協会がある。
サウジアラビア／アルジェリア／バーレン／エジプト／イラク／ヨルダン／クウェート／レバノン／モーリタニア／モロッコ／オーマン／パレスチナ／スーダン／チュニジア／アラブ首長国連邦／イエメン
2021年

シリア・アラブ共和国

❶鷹狩り、生きた人間の遺産
（Falconry, a living human heritage）
アラブ首長国連邦／カタール／サウジ・アラビア／シリア／モロッコ／モンゴル／韓国／スペイン／フランス／ベルギー／チェコ／オーストリア／ハンガリー／カザフスタン／パキスタン／イタリア／ポルトガル／ドイツ
2010年＊／2012年＊／2016年
→アラブ首長国連邦
＊2010年にアラブ首長国連邦など11か国で登録、2012年にオーストリア、ハンガリー、2016年にカザフスタン、パキスタン、イタリア、ポルトガル、ドイツを加え、新規登録となった。

❷アル・マラフのダマスク・ローズに関する慣習と職人芸
（Practices and craftsmanship associated with the Damascene rose in Al-Mrah）
アル・マラフのダマスク・ローズに関する慣習と職人芸は、シリアの南西部、ダマスカスの東60km、カラマウン山脈にあるアル・マラフ村 で行われている医療、栄養、化粧に活用されている。ダマスク・ローズ は5月に花が咲き、摘み取りが始まる時に毎年のフェスティバルが始まる。農夫とその家族バラを手で摘んで、茶の為の蕾を収集する。村の女性たちはバラのシロップ、ジャム、ペストリーを作り、薬剤師は数多くの薬効がある乾燥したダマスク・ローズを売る。フェスティバルには多くの人が参加する。
2019年

代表リスト

❸アル・クドゥッド、アル・ハラビヤ *New*
（Al-Qudoud al-Halabiya）
アル・クドゥッド、アル・ハラビヤは、シリア
の北西部、アレッポの伝統音楽である。宗教
的、娯楽的な目的で歌われるが、歌詞はイベン
トによって多様である。精通した歌手は、周り
で起こっていることを歌詞に即興で歌う。彼ら
は、低い太い声で、同じ言い回しを繰り返した
りする。聴衆は演者の創造性を鼓舞させるのに
主要な役割を果たす。彼らは、伝統的に、音楽
に合わせ、腕を組み上半身を動かして踊る。ク
ドゥッド音楽は、一般的には室内楽団である
が、アレッポ人は、旧市街の路地やスーク（市
場）で演奏する。クドゥッド音楽は、伝統的な
要素を保持するも、社会の変化に影響される。
非宗教的な性質の歌詞に加え、人生、恋愛、伝
統、名誉、時には、有名な詩の歌を歌う。クド
ゥッド音楽は、アレッポの文化には不可欠で、
知識的なことは、非公式には、メンターと若
者の間で、正式には、教科課程やメディアの放
送と番組を通じて継承されている。尚、古代都
市アレッポ（Ancient City of Aleppo）は、
1986年に世界遺産に登録されている。2013年の
第37回世界遺産委員会プノンペン会議で、国家
の内戦状況が直面する危険への注意を喚起する
為に、「危機にさらされている世界遺産リス
ト」に登録された。過激派組織ISによって円形
劇場などが破壊されている。
2021年

スーダン共和国

❶ナツメヤシの知識、技術、伝統及び慣習
（Date palm, knowledge, skills, traditions and practices）
バーレン／エジプト／イラク／ヨルダン／クウ
ェート／モーリタニア／モロッコ／オマーン／
パレスチナ／サウジアラビア／スーダン／チュ
ニジア／アラブ首長国連邦／イエメン
2019年　→バーレン

❷アラビア書道：知識、技術及び慣習
（Arabic calligraphy, knowledge, skills
and practices）　2021年
→サウジアラビア

チュニジア共和国

❶セジュナンの女性による陶器術
（Pottery skills of the women of Sejnane）
セジュナンの女性による陶器術は、チュニジア
の北西部、首都チュニスの北西約100km、
ビゼルト県のセジュナンはベルベル人の伝統的
な陶器の産地である。セジュナン女性による陶
器セジュナン焼きは、新石器時代から伝わる原
始的な土焼きで、多少の焼きムラがあるが、手
描きのため一つ一つが微妙に形や表情が異なる
素朴なかわらしい陶器として有名で魅力的であ
る。ベルベル独自の文様と自然な色合いや存在
感あふれるフォルムが独創的で、チュニジア中
のお土産ショップに並んでいる。チュニジア初
のユネスコ無形文化遺産である。2018年

❷ナツメヤシの知識、技術、伝統及び慣習
（Date palm, knowledge, skills, traditions and practices）
バーレン／エジプト／イラク／ヨルダン／クウ
ェート／モーリタニア／モロッコ／オマーン／
パレスチナ／サウジアラビア／スーダン／チュ
ニジア／アラブ首長国連邦／イエメン
2019年　→バーレン

❸ケルケナ諸島のシャルフィア漁法
（Charfia fishing in the Kerkennah Islands）
ケルケナ諸島のシャルフィア漁法は、チュニジ
アの東部、ケルケナ諸島は水深1〜2mの極端に
浅い海に囲まれており、漁業資源も限られてい
る。この地形的条件が、シャルフィアのような
特殊な漁労技術を生むに至った。シャルフィア
とは、海岸の一部分がプロットに区画され、そ
の借地権が毎年漁のシーズン開始前に競売にか
けられるもので、18世紀から続く、自然及び万
物に関する知識及び慣習、社会的慣習、儀式及
び祭礼行事、伝統工芸技術である。主要な海産
物は魚のほか、海綿や二枚貝などの貝類がある
が、何より島を象徴する動物はタコである。タ
コの漁期は10月末から翌4月末の間で、瓶や陶
器、コンクリートブロックなどの容器を置いて
行われる。捕らえられたタコは叩き、洗ってか
ら数週間天日干しにされ、チュニジア本土や近
隣諸国に輸出されている。漁師たちは一般には
フェラッカとして知られるラテン式の帆船を用
いるが、徐々にモーターボートも増えている。
地域社会の全体が何らかの形でシャルフィアに
参加し、すべてのケルケナ人を結束させる。
2020年

❹**クスクスの生産と消費に関する知識・ノウハウと実践**（Knowledge, know-how and practices pertaining to the production and consumption of couscous）
アルジェリア／モーリタニア／モロッコ／チュニジア
2020年　→アルジェリア

❺**アラビア書道：知識、技術及び慣習**
（Arabic calligraphy, knowledge, skills and practices）　2021年
　→サウジアラビア

パレスチナ

❶**パレスチナのヒカイェ**（Palestinian Hikaye）
パレスチナのヒカイェは、女性によって他の女性や子供に語る口承による伝統である。話は作り話であるが、中東のアラブ社会に関することや家族のことを話題にする。この様に、ヒカイェは、女性の視点からの社会風刺や女性の生活に直接的に抵触する社会構造を投影する。話の中で語られる葛藤の多くは、義務と願望の間で苦悩する女性を描写する。ヒカイェは、通常、冬の夜に母親と子供の小グループの出席のもとに家庭で語られる。話は、パレスチナの方言、すなわち、田舎の方言ではファラヒ、都会ではマダニで語られる。70歳を越えるパレスチナの女性のほとんどがヒカイェであり、この伝統は、年長の女性から引き継がれてきた。パレスチナのヒカイェは、パレスチナの置かれている現在の政治的な状況、テレビなどマスメディアによる古い慣習だとする報道などが存続の脅威になっている。　2008年 ← 2005年第3回傑作宣言

❷**ナツメヤシの知識、技術、伝統及び慣習**
（Date palm, knowledge, skills, traditions and practices）
バーレン／エジプト／イラク／ヨルダン／クウェート／モーリタニア／モロッコ／オマーン／パレスチナ／サウジアラビア／スーダン／チュニジア／アラブ首長国連邦／イエメン
2019年　→バーレン

❸**パレスチナの刺繍芸術とその慣習・技術・知識及び儀式** *New*
（ The art of embroidery in Palestine, practices, skills, knowledge and rituals）
パレスチナの刺繍芸術とその慣習・技術・知識及び儀式は、パレスチナの全土の都市や村、難民キャンプなどで行われている。もともと、農村部で作られ織られていたが、現在は、離散して故郷パレスチナ以外の地に住むユダヤ人の間でも行われている。女性の村の衣類は、通常、ロングドレス、ズボン、ジャケット、バッグ、頭飾り、ベール、インテリア・グッズからなる。これらの服装には、鳥、木、花など多様なシンボルが刺繍されている。色とデザインの選択は、女性の地域的なアイデンティティ、結婚、経済的なステイタスを示すものである。刺繍は、羊毛、亜麻布、綿の上に、絹糸で縫われる。多くの女性は趣味としての刺繍であるが、貴重な収入源として、家族の収入を補足する為につくり売る人たちもいる。パレスチナの刺繍芸術は彼らの伝統と誇りを受け継ぐ象徴として大切にされている。パレスチナの民族衣装は見事な手刺繍で世界的にも有名であり、ロンドンの大英博物館にも多くのコレクションが収蔵されている。2021年

❹**アラビア書道：知識、技術及び慣習**
（Arabic calligraphy, knowledge, skills and practices）　2021年
　→サウジアラビア

バーレーン王国

❶**ナツメヤシの知識、技術、伝統及び慣習**
（Date palm, knowledge, skills, traditions and practices）
ナツメヤシの知識、技術、伝統及び慣習は、バーレン、エジプト、イラク、ヨルダン、クウェート、モーリタニア、モロッコ、オマーン、パレスチナ、サウジアラビア、スーダン、チュニジア、アラブ首長国連邦、イエメンのアラブ諸国の各地で行われている。ナツメヤシは、何世紀にもわたって、数多くの関連の工芸、職業、伝統を起こしてきた。担い手たちや従事者は、ナツメヤシ農場のオーナー、植物を育てる農夫、伝統的な関連製品を生産する工芸人たち、ナツメヤシの商人、芸術家、関連した民話や詩の演者などである。ナツメヤシは、厳しい砂漠の環境での生活に直面する人々を助けるのに重要な役割を果たした。ナツメヤシの知識、技術、伝統及び慣習は、何世紀にもわたって、その保護に、地域社会と関わってきた。
バーレン／エジプト／イラク／ヨルダン／クウェート／モーリタニア／モロッコ／オマーン／パレスチナ／サウジアラビア／スーダン／チュニジア／アラブ首長国連邦／イエメン
2019年

❷フィジーリ（Fjiri） *New*

フィジェリは、バーレンの北東部のムハッラク島を中心にもともと行われていたが、現在は全土に広がっている、真珠採りの男たちによって歌われている伝統音楽である。フィジェリのリードシンガーは、伴奏者と拍手の合唱で支えられている。フィジェリ・アンサンブルに付属する楽器は、小さな両面ドラムである。1930年代に石油が発掘されるまで、真珠産業はバーレンの経済を支える重要な産業であった。長期間、家族と離れて働く真珠採りの男たちが海上で歌っていた歌が、フィジェリと呼ばれる伝統歌なのである。簡単な打楽器だけを伴奏に、ソロイストと大人数の男声合唱との掛け合いで歌われる郷愁の想いが伝わってくる歌である。フィジェリは、すべての男性グループによって演奏されるが、コミュニティのすべてのメンバーが楽しむ。言葉、リズム、楽器は、忍耐力、力、機知を伝える。2012年には、「真珠採り、島の経済を物語るもの」（Pearling, Testimony of an Island Economy）の名前でムハッラク島にある真珠で富を得た豪商の住居、店舗群、倉庫群、モスクなどの17の建造物群、アラビア湾の沖合い20kmにあるハイル・ブイ・タマなど3つの真珠貝の棚、ムハーラク島の南端にある木造小型帆船の管理などを行った海岸とブー・マヘル要塞を構成資産にして、ユネスコの世界遺産に登録されている。
2021年

❸アラビア書道：知識、技術及び慣習 *New*
（Arabic calligraphy、 knowledge、 skills and practices） 2021年
→サウジアラビア

モーリタニア・イスラム共和国

❶ナツメヤシの知識、技術、伝統及び慣習
（Date palm, knowledge, skills, traditions and practices）
バーレン／エジプト／イラク／ヨルダン／クウェート／モーリタニア／モロッコ／オマーン／パレスチナ／サウジアラビア／スーダン／チュニジア／アラブ首長国連邦／イエメン
2019年 →バーレン

❷クスクスの生産と消費に関する知識・ノウハウと実践（Knowledge、 know-how and practices pertaining to the production and consumption of couscous）

アルジェリア／モーリタニア／モロッコ／チュニジア
2020年 →アルジェリア

❸アラビア書道：知識、技術及び慣習 *New*
（Arabic calligraphy、 knowledge、 skills and practices） 2021年
→サウジアラビア

モロッコ王国

❶ジャマ・エル・フナ広場の文化的空間
（Cultural space of Jemaa el-Fna Square）
ジャマ・エル・フナ広場の文化的空間は、1985年に世界遺産に登録されているマラケシュのメディナ（旧市街）の近くにあり、古くからマラケシュの町のシンボルであり、また、見せしめとしての公開処刑も行われた場所。ジャマ・エル・フナ広場は、人々の出会いの場所であり、各地からの文化、娯楽、交易の十字路でもある。内外から占い師、動物使い、蛇使い、音楽家、曲芸師、魔術師、舞踊家、講談師、コメディアンなどの大道芸人が地元の人や世界各地からの観光者の目を楽しませている。また、果物、パンなどの取引も行われる。
2008年 ← 2005年第3回傑作宣言

❷タン・タンのお祭り（Moussem of Tan-Tan）
タン・タンのお祭りは、モロッコ南部の種族やアフリカの北西部の遊牧民族の間で1963年から社会的な慣習として行われている祭事である。もともとは、これらの人達が5月頃の1週間、一堂に会する定期的な会合であった。お祭りは、農作物などの収穫物の販売や購入、交換の場だけではなく、音楽の演奏、流行歌、詩のコンテスト、それに伝統的な口承、遊戯の場になった。お祭りは、スペインの占領に抵抗したモハメド・ラグダフと連携したと言われている。1979～2004年の間は、地域の治安上の問題からお祭りを開催することは出来なかったが、新・お祭りが9月に開かれ恒例化しつつある。社会環境の変化により遊牧民族のライフ・スタイルも変わり、伝統的なお祭りの開催も脅威にされている。 2008年 ← 2005年第3回傑作宣言

❸鷹狩り、生きた人間の遺産
（Falconry, a living human heritage）
アラブ首長国連邦／カタール／サウジ・アラビア／シリア／モロッコ／モンゴル／韓国／スペイン／

フランス／ベルギー／チェコ／オーストリア／ハンガリー／カザフスタン／パキスタン／イタリア／ポルトガル／ドイツ
2010年＊／2012年＊／2016年
→アラブ首長国連邦
＊2010年にアラブ首長国連邦など11か国で登録、2012年にオーストリア、ハンガリー、2016年にカザフスタン、パキスタン、イタリア、ポルトガル、ドイツを加え、新規登録となった。

❹地中海料理（Mediterranean diet）
ギリシャ／イタリア／スペイン／モロッコ／キプロス／クロアチア／ポルトガル
2010年＊／2013年　→スペイン
＊2010年にスペインなど4か国で登録、2013年にポルトガル、キプロス、クロアチアを加え、7か国で新規登録となった。

❺スフル市のさくらんぼ祭り
（Cherry festival in Sefro）
スフル市のさくらんぼ祭りは、モロッコの中央部、フェズ・ボーマン地方のスフル市で、毎年6月の3日間、さくらんぼの収穫期に開催される。モロッコ全域から選ばれた「さくらんぼの女王」を中心にパレードが展開し、大道芸や各種音楽が観光客を魅了する。さくらんぼの女王の衣装には伝統手芸によるシルク細工が施され、農家はさくらんぼを提供し、スポーツや伝統競技も行われ、スフル市だけではなくモロッコ全体の伝統文化を尊重しながら祭りを盛り上げる。
2012年

❻アルガン、アルガンの樹に関する慣習とノウハウ
（Argan, Practices and know-how concerning the argan tree）
アルガン、アルガンの樹に関する慣習とノウハウは、モロッコの南西部、サハラ砂漠の南端、灼熱の太陽と乾いた大地に驚異的な生命力で生育する低木、アルガンの樹に関する慣習とノウハウである。アルガンの樹は、アカテツ科の低木常緑樹で、節の多い幹、枝には短いとげがあり、オリーブより少し小さめな硬い葉を持っており、その果実は3〜4cmの卵形の硬い緑色で熟すとそれは黄色味を帯びてくるが、その実の種の中にある小さな仁からつくられるオイルが魔法の一滴とも呼ばれるアルガン・オイルである。数百年前から過酷な自然環境で生き抜いてきたこの樹は、数年間一滴の雨が降らなくて

も、まるで枯れてしまったかのように葉を落とし乾燥気候に耐え、地中深く15mとも30mとも言われる長く伸ばした根が水を求め、砂漠化を防ぐ地球環境資源としても重要である。アルガン・オイルは、結婚式の贈り物として贈られ、祭りの料理の準備に広く使われる。伝統的なノウハウ、特に油の抽出やその多様な用途は、体系的に「アルガン女性」によって、若い時から彼らの娘たちに継承される。
2014年

❼グナワ（Gnawa）
グナワは、モロッコの各地、モロッコのオアシス、サハラ砂漠の南の地域、アトラス山脈とその南部地域で行われている儀式である。楽曲は「サウンド」以上の存在となり、楽曲は聖霊と化し、その聖霊は聴き手の肉体を支配し、トランス状態へと誘う。グナワ音楽のルーツは西アフリカ人がサハラ砂漠間の奴隷貿易によってモロッコへ移り住んだ16世紀までさかのぼる。その四散したコミュニティの中で、グナワはアフリカの精霊信仰（アニミズム）とイスラムの神秘主義が組み合わさった音楽として成立していった。
2019年

❽ナツメヤシの知識、技術、伝統及び慣習
（Date palm, knowledge, skills, traditions and practices）
バーレン／エジプト／イラク／ヨルダン／クウェート／モーリタニア／モロッコ／オマーン／パレスチナ／サウジアラビア／スーダン／チュニジア／アラブ首長国連邦／イエメン
2019年　→バーレン

❾クスクスの生産と消費に関する知識・ノウハウと実践（Knowledge, know-how and practices pertaining to the production and consumption of couscous）
アルジェリア／モーリタニア／モロッコ／チュニジア
2020年　→アルジェリア

❿タブリーダ（Tbourida）　*New*
タブリーダは、モロッコの全土、なかでも、農村地域で16世紀頃から行われている伝統的な馬術パーフォーマンスである。アラブ・ベルベル人の慣習の無形文化遺産であり、その発祥は、モーリタニアからチュニジアにかけてであるが、今日では、主に、モロッコで行われている。すなわち、タブリーダは、長さ200m、幅70

シンクタンクせとうち総合研究機構

代表リスト

m の「マレック」と呼ばれる砂地コースで行われる乗馬で、このコースの周辺に観客の為の場所が用意される。モロッコの手工芸品や地元の製品を売る店も周辺の地域に集中している。タブリーダを行う場所は地方政府（アル・ジャディーダやメクネスなど）によって用意される。トゥブリダは、何世紀にもわたって口承で、脈々と受け継がれてきた伝統に則って、騎兵と軍馬の集団が昔の戦いで行われていた戦い方を再現する。騎兵はその時代の衣装と装身具を身に着け、軍馬も伝統的なデザインの轡（くつわ）と鞍（くら）で着飾って登場する。
2021年

⓫アラビア書道：知識、技術及び慣習
（Arabic calligraphy、knowledge、skills and practices）　2021年
→サウジアラビア

ヨルダン・ハシミテ王国

❶ペトラとワディ・ラムのベドウィン族の文化的空間
（Cultural space of the Bedu in Petra and Wadi Rum）
ペトラとワジ・ルムのベドウィン族の文化的空間は、ヨルダンの南部、なかでも、半乾燥の高原と砂漠地域のペトラとワジ・ラムの遺跡群の近くに住む半定住の羊飼いのベドウィン族の口承による伝統と表現の文化的空間である。これらの条件は、補完関係を維持する定住と遊牧の地域社会の共存を可能にし、詩、民話、歌、物語りなど多様な口承表現の豊かな神話世界を発展させた。ベドウィンとは、もともと、砂漠の住民を意味するアラビア語から転化し、彼らの多くは誇り高いイスラム教徒で、ラクダに依存した遊牧生活を伝統とし定住を軽蔑する。しかし、ここ50年間、国境を越えた遊牧生活が困難になったこともあって、ベドウィン族の定住化が進み真のベドウィン文化が失われつつある。また、ペトラは、遊牧民族のナバタイ人が残した紀元前2世紀頃の古代遺跡が世界遺産（1985年登録）になっていることでも有名である。
2008年　←　2005年第3回傑作宣言

❷ヨルダンのアス・サメル
（As-Samer in Jordan）
ヨルダンのアス・サメルは、ヨルダンの東西南北の多くの地域で結婚式などの多様な機会に演じられている歌と踊りで、出席者の間で歓喜、平和、親密、共感の感情を表現する伝統があ

る。アス・サメルの出席者は、若者からお年寄りまで幅広く、社会的な結束を強化すると共に結束を促進すると共に、次世代に関連の知識と技量を継承する為、演技中は子供たちも参加することが奨励されている。
2018年

❸ナツメヤシの知識、技術、伝統及び慣習
（Date palm, knowledge, skills, traditions and practices）
バーレン／エジプト／イラク／ヨルダン／クウェート／モーリタニア／モロッコ／オマーン／パレスチナ／サウジアラビア／スーダン／チュニジア／アラブ首長国連邦／イエメン
2019年　→バーレン

❹アラビア書道：知識、技術及び慣習
（Arabic calligraphy、knowledge、skills and practices）　2021年
→サウジアラビア

レバノン共和国

❶アル・ザジャル詩節
（Al-Zajal, recited or sung poetry）
アル・ザジャル詩節は、レバノンのほぼ全土、アッカー地区、北レバノン県、山岳レバノン県、ベイルート県、ナバティーエ県、南レバノン県、バールベックーヘルメル、ベッカー県などで、誇張して朗読したり、歌われている。アル・ザジャル詩節は、近隣のシリアやパレスチナなどにおいても、口承と表現の無形文化遺産である。アル・ザジャルの継承は、主に非公式に、家族内、或は、観察、模倣、参加を通じて、自ずと行われる。一座とNGOも、また、その実践と再生において積極的に携わる。アル・ザジャル詩の宗教的、地域社会の関わりは、その継続性を促進する。アル・ザジャル詩節は、また、社会的な結束を強化する。
2014年

❷アラビア書道：知識、技術及び慣習 *New*
（Arabic calligraphy、knowledge、skills and practices）　2021年
→サウジアラビア

代表リスト

〈アジア〉

アフガニスタン・イスラム国

❶ナウルーズ（Nawrouz）
アフガニスタン／アゼルバイジャン／インド／イラン／イラク／カザフスタン／キルギス／パキスタン／タジキスタン／トルコ／トルクメニスタン／ウズベキスタン
2009年＊／2016年　→イラン
＊2009年にアゼルバイジャンなど7か国で登録、2016年にアフガニスタン、イラク、カザフスタン、タジキスタン、トルクメニスタンを加え、12か国で新規登録となった。

イラン・イスラム共和国

❶イラン音楽のラディーフ
（Radif of Iranian music）
イラン音楽のラディーフは、ペルシャの音楽文化の本質を形成するイランの古典音楽の伝統的なレパートリーである。ラディーフとは、ペルシャ語で「列、並び続く」の意で、優れた音楽家が、口承されてきた伝統的な旋律に、それぞれの解釈によって磨きをかけ、新しい旋律を付加して発展させてきた。
2009年

❷ノウルーズ（Nowrouz）
国によって若干の呼称の違いはあるが、ナウルーズ、ノヴルーズ、ノウルーズ、ナウルズ、ノールーズ、ノウルズ、ナヴルズ、ネヴルズ、ナヴルーズは、地理的に広大な地域を横断する新年および春の始まりを告げる祝祭行事で、ゾロアスター教の祭事に起源を持つ。天文学の計算に基づいて決められた毎年3月21日に行われ、日本の「春分の日」のようなお祭りである。2009年にアゼルバイジャン、インド、イラン、キルギス、ウズベキスタン、パキスタン、トルコの7か国で共同登録されたが、2016年、イラク、アフガニスタン、カザフスタン、タジキスタン、トルクメニスタンの5か国を登録対象国に加え、12か国での登録となった。
アフガニスタン／アゼルバイジャン／インド／イラン／イラク／カザフスタン／キルギス／パキスタン／タジキスタン／トルコ／トルクメニスタン／ウズベキスタン
2009年＊／2016年

＊2009年にアゼルバイジャンなど7か国で登録、2016年にアフガニスタン、イラク、カザフスタン、タジキスタン、トルクメニスタンを加え、12か国で新規登録となった。

❸ホラーサンのバクシーの音楽
（The music of the Bakhshis of Khorasan）
ホラーサンのバクシーの音楽は、イランの東北部のホラーサン州の北部地域で、二弦のロング・リュート型の撥弦楽器であるドゥタールを持って演奏される伝統芸能である。彼らは、神秘的、歴史的、伝説的なテーマのイスラムやグノーシス主義の詩や叙事詩を吟じる。楽器や声楽からなる彼らの音楽は、トルコ語、クルド語、トルクメン語、ペルシャ語で演じられる。バクシーの社会的役割は、単なる語り部を超えて、裁判官、調停者、治療者であると共に、地域の文化遺産の守護者である。　2010年

❹パフレヴァーンとズールハーネの儀式
（Pahlevani and Zoorkhanei rituals）
パフレヴァーンとズールハーネの儀式の儀式は、イスラム、グノーシス主義、古代ペルシアの信仰の要素を組み合わせたイランの伝統スポーツの武術である。パフレヴァーンとは、ペルシャの騎士という意味で、古来よりペルシアの伝統的な神秘主義思想を今に伝え、騎士としての技術を磨き、心身ともに鍛錬する場である。ズールハーネとは、パフレヴァーンが行われる八角形のアリーナと観客席の神聖なドーム型の構造の館のことである。現在、イランには約500のズールハーネがある。　2010年

❺タァズィーエの儀式の演劇芸術
（Ritual dramatic art of Ta'ziye）
タァズィーエの儀式の演劇芸術は、イラン中部のアラーク州、タフレシュ州、ゴム州、エスファハーン州、それに、ファールス州、ホラーサーン州、ギーラーン州、アゼルバイジャン州、マーザンダラーン州等の諸州で演じられるイランの国家的な宗教的演劇、音楽芸能である。タァズィーエという言葉は、文字通りには、親しかった故人を偲んで催される追悼の儀式という意味であるが、具体的には、特定の儀式と伝統を備えたある種の儀式演劇のことを指し、音楽、情景表現、詩歌、或は、散文を含む多様な芸術が統合されている。
2010年

代表リスト

❻ファルスの絨毯織りの伝統技術

（Traditional skills of carpet weaving in Fars）

ファルスの絨毯織りの伝統技術は、イランの南西部、ファルス地方の伝統的な絨毯織りの技術。ペルシャの伝統的な細密画の図柄で、遠近法を用いずに、二次元の世界が写実的なに描かれる。使用される色は、赤、ブルー、ブラウン、アカネ、藍の自然色で、染料は、レタスの葉、クルミやザクロの皮、桜の幹から製造される。女性は、図柄、色の選択と織りの責任があり、カーペットに遊牧生活のシーンを描く。父親は、羊毛の剪断、息子たちを訓練しながら織機を作り、母親は材料、道具を使用して自分の娘を訓練する。
2010年

❼カシャーンの絨毯織りの伝統技術

（Traditional skills of carpet weaving in Kashan）

カシャーンの絨毯織りの伝統技術は、イランの中央部の砂漠、キャヴィール砂漠の端を通るコムとケルマンを結ぶ「王の道」沿いにあるオアシス都市のカシャーンの伝統的な工芸技術である。カシャーンの絨毯の色は、アカネの根、クルミやザクロの皮、ブドウの葉などからの天然染料で、カシャーンの絨毯織りの伝統的な技術は、祖母や母の下で修行を通じて娘達に継承される。　2010年

❽カシャーンのマシュハド・アルダハールのガーリシューヤーンの儀式

（Qalisuyan rituals of Mashad-e Ardehal in Kasan）

カシャーンのマシュハド・アルダハールのガーリシューヤーンの儀式は、イランの中央部、イスファハン州のカシャーン市の東40km程にあるマシュハド・アルダハール村で行われるイスラム教の絨毯洗いの儀式で、ペルシャ語でガーリシューヤーンと呼ばれる。毎年10月上旬（イラン暦の7月）の金曜日、シーア派5代目イマーム・ムハンマドバーゲルの息子アリーの殉教日に、彼が埋葬されている聖廟イマームザーデ・ソルターンアリーで行われる。聖廟の建物の中に敷かれている絨毯の1枚を彼の葬儀時に亡骸がくるまれていた絨毯に見立て、近くの泉まで運んで冷水で洗い、再び建物の中に運び込む一連の儀式で、偉大なアリーの殉教と埋葬に思いを馳せ、これまで1000年以上にわたって全く同じ方式で行われてきた。毎年、イランの全国各地から20万人以上の人が参列する。
2012年

❾フラットブレッドの製造と共有の文化：ラヴァシュ、カトリマ、ジュプカ、ユフカ

（Flatbread making and sharing culture: Lavash, Katyrma, Jupka, Yufka）

アゼルバイジャン／イラン／カザフスタン／キルギス／トルコ　2016年　→アゼルバイジャン

❿チョガン、音楽と語りを伴奏の馬乗りゲーム

（Chogn, a horse-riding game accompanied by music and storytelling）

チョガン、音楽と語りが伴奏の馬乗りゲームは、サファヴィー朝から今日まで2000年以上の歴史を有する宮廷などで演じられる音楽と物語を伴う無形文化遺産である。首都に選ばれたイランの都市は、このゲームの都市と王室の形式を踏襲した。チョガンでは、2つのライダー・チームが、木のスティックを使用して、敵のチームのゴールにボールを通過させることを目的に競うゲームである。チョガンは、また、自然、人類、馬との結びつけるゲームでもある。伝統的に、チョガンの継承は、家族内、或は、ワークショップで行われる。チョガンの技術は、家族や地元の関係者によって保護されているが、数十年間にわたってチョガン協会が設立されている。国の中心にある都市は、カズヴィンとイスファハン（サファヴィー朝の首都）、テヘラン（ガージャール朝とパフラヴィー朝の首都）、カラジ（カズヴィンとテヘランの間の中間地点）などである。イランの国外でも幾つかの違いはあってもチョガンのゲームは行われている。
2017年

⓫カマンチェ／カマンチャ工芸・演奏の芸術、擦弦楽器

（Art of crafting and playing with Kamantcheh/ Kamancha, a bowed string musical instrument）

カマンチェ／カマンチャ工芸・演奏の芸術、擦弦楽器は、イランでは、首都のテヘランをはじめ西部のロレスタン州で製作され、各地で演奏されてきた。アゼルバイジャンでは、首都のバクーをはじめナヒチェヴァン、ギャンジャ、シェキ、グバ、レンキャランなどの地域で1000年以上にもわたって続いてきた。「カマンチェ」とは、ペルシア語の「小さな弓」から派生した名で、西アジアの種々の弓奏楽器を意味する。イランでは、椀形の胴に薄い皮を張った胡弓、長い棹の先についている細い鉄棒が胴を貫いて突き出しており、奏者はこの脚で楽器が自在に向

きを変えるように支え、馬の毛をゆるく張った弓で演奏する。一方、アゼルバイジャンに伝わる伝統音楽は、即興的な要素を重んじ、吟遊詩人を起源としたメロディ、リズムが採り入れられており、演奏技術も非常に高度である。この民族音楽ではタールという柄の長い11弦のリュートと「カマンチャ」と呼ばれる4弦のバイオリン状の楽器、そしてゴブレットの形をした太鼓トンバクを用い、非常に落ち着いたサウンドを紡ぐ。
イラン／アゼルバイジャン　2017年

⑫ドタールの工芸と演奏の伝統技術
（Traditional skills of crafting and playing Dotār）
ドタールの工芸と演奏の伝統技術は、イランの北東部の北ホラーサーン州やラザヴィー・ホラーサーン州などやその隣県で行われている。二弦のfolk plucked 楽器 - are one of 最も有名な社会・文化 components of 民謡 of 異民族グループと地域社会 of ドタール regions。演奏者は play ドタール on key 社会・文化 occasions such as 結婚、儀式、as well as in お祭り。ドタール is performed along with 叙事詩、歴史、抒情詩 and gnostic texts（グノーシス派の福音書？）that are central to 民族史 and identity of 実践家のコミュニティ。
2019年

⑬聖タデウス修道院への巡礼
（Pilgrimage to the St.Thaddeus Apostle Monastery）
聖タデウス修道院への巡礼は、イランの北西部とアルメニアの2か国にまたがる自然及び万物に関する知識及び慣習、口承及び表現、芸能、社会的慣習、儀式及び祭礼行事、伝統工芸技術の共同遺産である。イランの北西部、イランで最大の湖レザーイエ湖の北と西アゼルバイジャン州にある都市マークー市の南部では毎年巡礼が行われる。イエス・キリストの十二使徒の一人タダイ（タデウス、ファディとも表記される）ゆかりの聖タデウス修道院への巡礼は、大変象徴的で重要な場所、2008年に世界遺産に登録されたイランのアルメニア正教の修道院建築物群（構成資産：聖タデウス修道院、聖ステファノス修道院、ゾルゾル修道院の礼拝堂の3つ）、巡礼者は、聖タデウス修道院に向けて出発する前にイランの北西部の都市タブリーズに集合する。彼らは、毎年、アルメニアの首都エレバンから聖タデウス修道院までの700kmを歩く。アルメニア・ソビエト社会主義共和国の時代、巡礼に参加することは禁止されいたが、1990年代の独立後、アルメニアからの巡礼は再開された。
イラン／アルメニア　2020年

⑭ミニアチュール芸術（Art of miniature）
アゼルバイジャン／イラン／トルコ／ウズベキスタン
2020年　→　アゼルバイジャン

インド共和国

❶クッティヤターム　サンスクリット劇
（Kuttiyattam Sanskrit Theatre）
クッティヤタームは、10世紀以前が起源とされるインド最古のサンスクリット劇。インド南西部のケララ州にあるヴァダクンナータ寺院などのヒンドゥー寺院の境内にあるクータンバラムと呼ばれるインド式の劇場で異教徒を排除して約1000年に渡って演じられてきた。ミラーブと呼ばれる太鼓状の楽器の伴奏を背景に、古代インド語のサンスクリット語（梵語）の台詞と大きなジェスチャーを使って男優と女優が演じる。クッティヤタームは、サンスクリット文学の特徴と同様に、明るいニュアンス、暗喩や隠喩、繊細な含意を持っている。
2008年 ← 2001年第1回傑作宣言

❷ヴェーダ吟唱の伝統
（The Tradition of Vedic Chanting）
ヴェーダ吟唱の伝統は、約3,500年以上も前に、アリヤン人によってインドにもたらされ、数千年もの間、師から弟子へと口承されてきた。ヴェーダは、サンスクリット語で、知識の意味で、紀元前1000年頃〜紀元前500年頃にかけて編纂された古代インドの聖典で、詩、哲学的な対話と思想、神話と儀式の呪文からなる一連の文書の総称である。ヴェーダは、古代インドの民族宗教バラモン教の聖典であった。他宗教の聖典のように一人の聖者によるものではなく、長い時間をかけて口述や議論を受けてきたものが、後世になって書き留められ、記録されたものである。ヴェーダには、サーマ・ヴェーダ、リグ・ヴェーダ、ヤジュル・ヴェーダ、アタルヴァ・ヴェーダの4種類がある。各ヴェーダは、マントラ（賛歌、歌詞、祭詞、祝詞）からなる本集（サンヒター）など4つの部分から構成される。
2008年 ← 2003年第2回傑作宣言

❸ラムリーラ：ラーマーヤナの伝統劇
（Ramlila: the Traditional Performance of the Ramayana）

ラムリーラ：ラーマーヤナの伝統劇は、インド北部で、毎年10－11月頃に行われるヒンズー教のお祭りダシェラで演じられる伝統芸能である。ラーマーヤナとは、古代インドのヒンズー教の偉大な長編叙事詩で、「ラーマ王行状記」という意味である。ラーマーヤナは、サンスクリット語で書かれており、その長さは48000行に及び、ヒンドゥー教の神話と、古代英雄であるコーサラ国のラーマ王子に関する伝説からなる。現在は、ラムリーラを上演する場所が減っただけではなく時間が短縮されるようになってきた。
2008年 ← 2005年第3回傑作宣言

❹ラマン：インド、ガルワール・ヒマラヤの宗教的祭事と儀式の演劇
（Ramman:religious festival and ritual theatre of the Garhwal Himalayas, India）

ラマン：インド、ガルワール・ヒマラヤの宗教的祭事と儀式の演劇は、インド北部、ウッタラーカンド州ガルワール地域チャモーリー県ペインカンダ渓谷サローア・ドゥングラの村にある地元の寺である Bhumichetrapal（Bhumiyal Devta）寺院の中庭で、村の神（Bhumiyal Devta）を宥めるために毎年4月後半に行われる宗教的な祭事である。コミュニティの環境・精神・社会・歴史が凝縮されたもので、ラーマの叙事詩や多様な伝説、歌や仮面舞踊などが行われる。祭りの歴史的分析の説明は、1911年以降明らかになったが、伝統そのものはそれ以前から100年以上続いている。祭事は村人で組織され、各階層と職業的なグループが主な役割を果たす。年間を通じてBhumiyal Devtaをもてなす家族は、厳しい日課を忠実に守らなければならない。2009年

❺ノウルーズ（Nowrouz）
アフガニスタン／アゼルバイジャン／インド／イラン／イラク／カザフスタン／キルギス／パキスタン／タジキスタン／トルコ／トルクメニスタン／ウズベキスタン
2009年＊／2016年 →イラン
＊2009年にアゼルバイジャンなど7か国で登録、2016年にアフガニスタン、イラク、カザフスタン、タジキスタン、トルクメニスタンを加え、12か国で新規登録となった。

❻チョウの舞踊（Chhau dance）

チョウの舞踊は、インドの東部、ジャールカンド州のセライケラ、西ベンガル州のプルリア、オリッサ州のマユルバンジで演じられる伝統的な仮面舞踊。チョウの舞踊は、伝統的に、戸外の平らな地面の上で、ガネーシャ神への祈りから始まる。チョウのレパートリーには、インドの大叙事詩である「マハーバーラタ」、それに「ラマヤーナ」のエピソードを基調にした舞踊の演目が幾つかある。チョウの舞踊では、楽器が非常に重要な役割を果たす。 2010年

❼ラジャスタン州のカルベリアの民謡と舞踊
（Kalbelia folk songs and dances of Rajasthan）

ラジャスタン州のカルベリアの民謡と舞踊は、インドの北西部、ラジャスタン州のカルベリアの集落の伝統的な生活様式の表現である。かつての職業的な蛇使いは、今日、音楽や舞踊で蛇の動きなどを表現し、以前の職業を想起させる。踊り子は、伝統的な入れ墨のデザイン、宝石、小さな鏡と銀の糸で刺繍した衣装を着用している。 2010年

❽ムディエッツ、ケララ州の儀式的な舞踊劇
（Mudiyettu, ritual theatre and dance drama of Kerala）

ムディエッツ、ケララ州の儀式的な舞踊劇は、インドの南西部、ケララ州の南部や中部のバドラカリ寺院で演じられる。女神カリが悪魔のダリカを殺す神話物語に基づくものである。ムディエッツは、ペリヤー川などの川沿いの村落の女神の寺院群の「バガヴァティ・カウス」で、毎年演じられる。 2010年

❾ラダックの神懸かり：インド、ジャンムー・カシミール州とトランス・ヒマラヤ地域ラダックでの神聖経典の暗唱
（Buddhist chanting of Ladakh: recitation of sacred Buddhist texts in the trans-Himalayan Ladakh region, Jammu and Kashmir, India）

ラダックの神懸かりは、インドの最北部、ジャンム・カシミール州東部の山岳地域のラダック地域の僧院や村で行なわれている神聖経典の暗唱である。ラダックは、「小チベット」とも呼ばれ、インドでありながらチベット文化が息づく地域である。
2012年

❿サンキルタナ：マニプル州の儀式的な歌唱、太鼓、舞踊
（Sankirtana, ritual singing, drumming and dancing of Manipur）

サンキルタナ：マニプル州の儀式的な歌唱、太鼓、舞踊は、インドの東部、マニプル州のマニプル平原に住むクリシュナ神、或は、ヴィシュヌ神を信仰する人の生活上、宗教的な機会に演じられる。サンキルタナは、楽器などを使って歌う、インド版の讃美歌のことで、インドの神々やグルの名前などを短いフレーズにして、何度も繰り返しながら歌う。
2013年

⓫インド、パンジャーブ州ジャンディアーラ・グールのサシーラ族間の伝統的な真鍮銅用具製造
（Traditional brass and copper craft of utensil making among the Thatheras of Jandiala Guru, Punjab, India）

インド、パンジャブ州ジャンディアーラ・グールのサシーラ族間の伝統的な真鍮銅用具製造は、インド北部、パンジャブ州のグランド・トランク・ロード上にあるアムリトサルの町から約15kmの所にある小さな町ジャンディアーラ・グールに定住するキリスト教徒のカシミール人の「バザール・サシリアン」（サシーラ市場）での真鍮と銅の用具を製造する伝統工芸技術である。銅、真鍮、合金を使用した金属は、健康に良いと信じられ、その製造の過程は、父親から息子へ口頭で継承される。金属細工は、単にサシーラ族の生計の手段ではなく、家族や親類関係の構造、仕事上の道徳とその町の社会的な階層の地位を定義するものである。
2014年

⓬ヨガ（Yoga）

ヨガは、インドの全土で行われている全体的な肉体的それに精神的な健康システムである。ヨガの発祥は、今から4500年前のインダス文明まで遡り、次世代への継承を繰り返し発展し、ヨガの経典といわれる「ヨーガ・スートラ」が成立した。ヨガの経典は、ヤマ（禁戒）、ニヤマ（勧戒）、アーサナ（座法）、プラーナーヤーマ（調気法）、プラティヤーハーラ（制感）、ダーラナー（集中）、ディヤーナ（無心）、サマーディ（三昧）の8つの「アシュターンガ」（太陽礼拝といわれる一連の流れのポーズ）からなり、ヨガの基本の動きは、前屈、後屈、ねじり、逆転、バランスの5つの動きの組み合わせよって、体の不調を取り除きリラックス状態へと導いていく古代のインド人のヨガの実践の背景となっている哲学は、健康と薬から教育と芸術に至るまで、インド社会の中で様々な側面に影響を与えた。インド社会において、哲学的思考、健康、医療、教育、文学、芸術、伝統的インド舞踊、演劇技巧など幅広い分野に影響を与えていること、インドのみならず世界中の多様なコミュニティで実践されていることなどが評価された。また、国連は、6月21日を「国際ヨガの日」に制定している。
2016年

⓭クンブ・メーラ（Kumbh Mela）

クンブ・メーラは、インドの北部のウッタル・プラデーシュ州のアラハバード、北部のウッタラーカンド州のハリドワール、中央部のマディヤ・プラデーシュ州のウッジャイン、西部のマハーラーシュトラ州のナーシクの4か所の聖地で、3年ごとに場所を変えて行われるヒンドゥー教における世界最大の沐浴祭である。なかでも、アラハバードで12年に一度開催されるクンブ・メーラは、世界最大級の宗教祭で「マハ・クンブメーラ」と呼ばれている。ガンジス川、ヤムナ川、そして聖なる川といわれるサラスヴァティー川の合流点に、世界中から多くのヒンズー教徒が集結し沐浴する。ガンジス川の流れで身を清めることで、カルマを洗い流し、輪廻転生から逃れることができるとされる。クンブ・メーラは、字義通りには「水瓶の祭典」といった意味だとされる。別名：クンメラ。
2017年

⓮コルカタのドゥルガー・プージャ *New*
（Durga Puja in Kolkata）

コルカタのドゥルガー・プージャは、インドの東部、西ベンガル州のコルカタなどインドの各地で行われるヒンドゥー教の母なる女神のドゥルガーを供養する、華やかで熱狂的なインドの祭りで、毎年10〜11月に行われる。プージャとは、ヒンドゥー教における神像礼拝の儀礼で、供物を神像に直接ささげ礼拝する儀礼を中核とする。プージャーの語は、蜜を混ぜた飲物マドゥパルカを〈混ぜて供する〉を意味するサンスクリット語のプリチを語源としている。ドゥルガー（サンスクリット語）は、ヒンドゥー教の女神で、その名は「近づき難い者」を意味し10本の腕を持つ姿で描かれる。デーヴァ神族の要請によってアスラ神族と戦った。シヴァ神の神

妃であるパールヴァティー女神と同一視された。美しい布でおおわれ、鈴と鏡が取付けられた山車に乗せられたドゥルガー女神の像に向って、花や米や水を投げかける。道路には水をまき、門も家も飾り立てる。木は切り倒されず、かつては、囚人が釈放される習慣もあった。祭りの最終日には、ドゥルガーの像を川や湖などに運び、水に沈める様子が各地で見られる。
2021年

インドネシア共和国

❶ワヤンの人形劇（Wayang puppet theatre）
ワヤンの人形劇は、ジャワ島が発祥で、ジャワ島やバリ島の宮廷や田舎の寺院や劇場で、10世紀以上にわたって繁栄した。ワヤンとは、影という意味で、インドの古代叙事詩マハーバーラタやラーマヤナを演じる。人形使いは、ダランと呼ばれ、100体もの人形を繰り、語り、台詞も声色を変えながら一人でこなす。人形は、水牛の皮を細かく透かし彫りにして作られる。人形自体が霊的な力を持つと言われ、白いスクリーンに映るワヤンは風に揺れるランプの炎がより一層、幻想的な雰囲気を醸し出す。ワヤンは、冠婚葬祭の色々な儀式で演じられる。今日ワヤンは、ジャワ島やバリ島だけではなく、近隣のロンボク島、マドゥラ島、スマトラ島、南ボルネオ島の島々でも楽しむことが出来る。
2008年 ← 2003年第2回傑作宣言

❷インドネシアのクリス（Indonesian Kris）
インドネシアのクリス（或は、ケリス）は、インドネシアの非対称の短剣の伝統工芸である。クリスは、武器と精神的な面で不思議な力を持てる聖剣と考えられている。初期のクリスは、1360年頃に造られ、東南アジアの島から普及した。クリスは、神秘的な魔力があるお守りの置物等にも使われる。1990年代まで、ジャワ島のソロ、ジョグジャの町でのクリスの製造は、経済的な困難や社会・文化価値の変化の為に停止していたが、何人かのクリスの専門家のお陰で、クリス工芸の伝統は復活した。伝統的な方法で、高品質のクリスを製造する積極的で栄えある工芸職人は多くの島々にいるが、その数は劇的に減少しており、後継者問題を抱えている。 2008年 ← 2005年第3回傑作宣言

❸インドネシアのバティック（Indonesian Batik）
インドネシアのバティックは、インドネシアのジャワ島のジョグジャカルタ、スラカルタ、ペカロンガンなどを中心に19世紀初期に形成され1980年代に各地に普及した伝統工芸技術である。バティックの語源は、ジャワ語のambatik（白い布に点描するという意味）に由来している。手染めの綿と絹のろうけつ染めの布地で、インドネシア人のゆりかごから墓場までの生涯の生活に関わっている。ジャワ更紗と呼ばれることもある。 2009年

❹インドネシアのアンクルン（Indonesian Angklung）
インドネシアのアンクルンは、インドネシアのジャワ島の西部、西ジャワ州とバンテン州の集落で、田植え、収穫、割礼などの儀式で演じられる楽器である。アンクルンは、竹でできた楽器の一種で、竹筒が2〜4個、枠にはめてあり、左手で下方を固定させ、右手で上部を左右にゆすって竹筒を鳴らす。オクターブ音程に調律されているが、1台が1音なので演奏には旋律音の数だけ楽器を必要とする。 2010年

❺バリの3つのジャンルの伝統舞踊（Three genres of traditional dance in Bali）
バリの3つのジャンルの伝統舞踊は、インドネシア中部バリ州のバリ島8県（バドゥン県、バンリ県、ブレレン県、ギャニャール県、ジュンブラナ県、カランガスム県、クルンクン県、タバナン県）と1市（デンパサール市）で行われている伝統的なバリの舞踊である。宗教的な重要性に応じて、ワリ、ブバリ、バリバリアンの3つのジャンルに区分され、男女によって演じられる。ワリは、寺院で儀式として奉納される神聖な舞台芸術、ブバリは、寺院で儀式として奉納されるが人前で観賞用に演じられる事もあり、バリバリアンは、娯楽として人前で観賞用に演じられる舞台芸術である。舞踊は、非公式には、主に子供のグループへと継承される。 2015年

❻ピニシ、南スラウェシの造船芸術（Pinisi, art of boatbuilding in South Sulawesi）
ピニシ、南スラウェシの造船芸術は、インドネシアの中部、スラウェシ島の南西半島部の南スラウェシ州ブルクンバ県ボント・バハリ郡のタナベル、アラ、レモレモ、ビラの4つの地域と南カリマンタン島のバトゥリシンが今日の造船

の中心で、今もなお、伝統的な木造船の建造技術が先祖代々引き継がれている。1950年代までは、主な建造地は、レモレモとビラであった。ピニシは、船長30mを越える大型の木造船で、スラウェシ島で生産されるチーク材を使用してチョウナで削りだし、椰子油で磨いた木甲板や室壁は工業製品にはない手造りの味がある芸術品で、スラウェシの伝統的な木構造の船体に19世紀のヨーロッパのスクーナーの帆の配置を取り込んだいわゆるハイブリッド型の木造船である。　2017年

❼プンチャック・シラットの伝統
（Traditions of Pencak Silat）

プンチャック・シラットの伝統は、西スマトラと西ジャワ地域が発祥であるが、現在は、インドネシアの全土で行われており国技にもなっている。。プンチャック・シラットの伝統は、武術として知られているが、精神的、護身、美学など数多くの側面を包含する長い伝統を有している。素手・素足を基本に、時には武器も使用するプンチャック・シラットの動きとスタイルは強い芸術性を反映し、音楽の伴奏で身体的な調和が必要である。多くの類似性を有する一群の武術は、それぞれの地域の固有性を有する。プンチャック・シラット の実践者は、神、人間、自然との関連性を教えられ、自身を防御する護身術など多様な技を訓練される。
2019年

❽パントゥン（Pantun）

パントゥンは、インドネシアとマレーシアの2か国にまたがる自然及び万物に関する知識及び慣習、口承及び表現、芸能、社会的慣習、儀式及び祭礼行事の共同遺産。マレーシアでは、伝統的なマレー語の四行詩で、その特色は1行目と3行目、2行目と4行目がそれぞれ脚韻をふむことである。前半2行と後半2行の関係について、前半2行は後半2行の主題を導く暗喩であるという説と、関係がないという説がある。いずれにしても重要なのは主題を詠んだ後半2行で、主題は恋、感謝、風刺、忠告などさまざまである。パントゥンはマレー人の精神世界を理解するうえで重要であるが、本来口誦されるものであるから、その理解にはマレー語の美しさへの共感が必要であり、歴史、文学に関する深い知識と花、植物、鳥、魚などの日常生活で使われるマレー語が秘める暗喩に精通することが要求される。インドネシアのスマトラでは、一

般に13世紀以降の西アジア音楽文化の影響が顕著で、器楽より声楽の方が優位にあるといえる。マレー語の韻文による年代記ヒカヤットや散文詩パントゥンが、サルアン（笛）やルバーブ（弦楽器）の伴奏で舞踊を伴って歌い語られる。詩の朗唱はイスラム社会において、大きな精神的影響、時には政治的な影響をもつ。
2020年
インドネシア／マレーシア

❾ガムラン（Gamelan）　*New*

ガムランは、インドネシアの中部ジャワ州、ジョグジャカルタ特別州、東ジャワ州、バリ州が中心であったが、今日では、ほとんど全ての州で行われている民族音楽である。ガムランは、銅板、銅製のつぼ、木板などからなる打楽器を用いて合奏する。ガムランは「たたく」、「操る」を意味する動詞ガムルの名称形で、「たたかれるもの」すなわち打楽器が合奏の中心をなすことからこの名が使われる。特に、ジャワ島の一部とバリ島において、この合奏が見られる。主に、西部ジャワでは、声楽を中心にしたガムランが、中部ジャワでは声楽と器楽とがみごとに織おりまぜられたガムランが、バリ島では、器楽中心のガムランである。ガムランに使われる楽器としては、旋律を演奏する打楽器のほかに、太鼓、ゴング、弦楽器もある。これらによって表現される音の世界は彩りも大変豊かなもので、宗教儀式のほか、演劇や舞踊の伴奏としても使われる。2021年

ヴェトナム社会主義共和国

❶ヴェトナムの宮廷音楽、ニャー・ニャック
（Nha Nhac, Vietnamese court music）

ヴェトナムの宮廷音楽、ニャー・ニャックは、胡朝時代（1400～1407年）に起こり、黎朝時代（1428～1788年）と阮朝時代（1802～1945年）に発展した。その間、ニャー・ニャックは、外国の使節を歓迎するタイ廟やベトナム最古の大学であった文廟で催される儀式など公的行事や宮廷で、演じられた。ニャー・ニャックは、通常、社会の平和と調和を表わすムア・ヴァンと高級官僚の子息によるムア・ヴォという形の舞踊と共に演じられる。しかしながら、ニャー・ニャックは、今では一部の人が理解し楽しむ程度で、消滅の危機にさらされている。
2008年 ← 2003年第2回傑作宣言

代表リスト

❷ゴングの文化空間 （Space of gong culture）

ゴングの文化空間は、17の少数異民族グループなどが暮らすヴェトナムの中央高地のゴング（鐘）の文化的空間である。伝統的な農業で暮らし、伝統的な工芸を発展させた。彼等の信仰は、先祖崇拝、シャーマニズム、精霊崇拝である。日常生活、四季の変化に伴い、これらの信仰は、神秘的な世界を形成する。ゴングの文化は、古代の東南アジアの金管打楽器文化としても知られるドン・ソン文明に起源を発すると言われる。2008年 ← 2005年第3回傑作宣言

❸クァン・ホ・バク・ニンの民俗音楽
（Quan Ho Bac Ninh folk songs）

クァン・ホ・バク・ニンの民俗音楽は、ヴェトナムの北部、バクニン省（キンバク地方）とバックカン省の多くの村での社会慣習で、彼らの関係を強化する。歌は、一つの村からの二人の女性が歌い、もう一つの村からの二人の男性が同じ旋律であるが異なる歌詞で答える。　2009年

❹フードンとソクの寺院群のジョン・フェスティバル
（Giong festival of Phu Dong and Soc temples）

フードンとソクの寺院群のジョン・フェスティバルは、ヴェトナムの首都ハノイの北部、ザーラム郡のフードン村で、毎年、旧暦の4月9日に行われる独特の伝統行事。この村で生まれたジョンは、一夜で3歳の子供から巨人に成長した伝説の国民的英雄で、外敵からヴェトナムを救ったといわれ、ヴェトナムの各地で、祝賀行事が行われる。
2010年

❺フート省のフン王（雄王）の崇拝
（Worship of Hung kings in Phu Tho）

フート省のフン王（雄王）の崇拝は、ヴェトナムの北東部、フート省フォンチャウ県のギアリン山のフン神社の祭り。ヴェトナムの伝説的な英雄フン王を祀るフン神社に全国から人が集まり、先祖に供養をして、一族の繁栄と幸福を祈る。農民に稲作を伝えたフン王を偲び、餅米の料理が作られる。
2012年

❻ヴェトナム南部のドン・カー・タイ・トゥーの音楽と歌の芸術
（Art of Don ca tai tu music and song in southern Viet Nam）

ヴェトナム南部のドン・カー・タイ・トゥーの音楽と歌の芸術は、バク・リュウ省、ビン・ズオン省、ホーチミン市、ティエン・ザン省などメコン・デルタ地域の人々にとっては欠かせない伝統民謡で、この地域の人々の生活や仕事が題材になっている。ドン・カー・タイ・トゥーは、フエの宮廷雅楽が原型で、徐々に民衆に浸透し、ヴェトナム南部を代表する民間芸能の一つとなり、祭礼、葬式、祝祭などの行事で、ダン・グエット（月琴）やダン・ニー（二弦琴）などの楽器の演奏と歌声で演じられる。2010年からヴェトナム音楽院がユネスコへの登録申請に着手し2012年に文化スポーツ観光省は、ドン・カー・タイ・トゥーを国家無形文化遺産に認定している。
2013年

❼中部の民謡「ヴィ」と「ザム」
（Vi and Giam folk songs of Nghe Tinh）

中部の民謡「ヴィ」と「ザム」は、ヴェトナムの北中部のゲアン省とハティン省の典型的な民謡で、田植え、舟漕ぎ、菅傘をつくる時、子供を寝かせる時などに歌われる伝統芸能である。この民謡の歌詞は、「六・八体」の二つの形式を持つ詩で、リズムやメロディーも独特で、人々の労働の辛さを癒し、悲しみを救済し、男女にとっての感情を表現する手段としても用いられる。北中部には、現在、75のグループやクラブに属する約1500人のメンバーが活動しており、ゲアン省のホン・ソン・クラブやニョック・ソン・クラブ、ハティン省のオー・ニャン・クラブやタン・ケ・クラブが典型的な一座である。
2014年

❽綱引きの儀式と遊戯
（Tugging rituals and games）

綱引きの儀式と遊戯は、カンボジア、フィリピン、韓国、ヴェトナムの東アジアと南東アジアの稲作文化圏で、豊作と繁栄を確保するコミュニティの間で演じられる農耕期の開始を祝い豊作を祈願する伝統行事である。一般的には、共同の家の近く、或は、社殿で行われ、氏神への記念儀式と共に始まる。綱引きの二つのチームは、どちらかの綱の端の上に乗り、もう一方からは綱を引く。綱引きの儀式と遊戯は、競争的なものではなく、地域社会の結束とアイデンティティを強化するもので、年長者が若者や儀式をリードする。今回、無形文化遺産に登録された綱引きには、カンボジアの場合、トンレサップ湖の周辺地域や世界遺産地・アンコールの北部地域、フィリピンの場合、イフガオ州フンド

アン郡の中央地域、韓国の場合、霊山（ヨンサン）綱引き（重要無形文化財第26号）、機池（キジ）市綱引き（重要無形文化財第75号）、三陟（サムチョク）綱引き（江原道無形文化財第2号）、南海（ナメ）仙区綱引き（慶尚南道無形文化財26号）など6件の伝統的な綱引きが含まれている。ヴェトナムでは、稲作文化発祥の地とされている紅河デルタ地方のビンフック省、バクニン省、ハノイ市を中心とするホン川（紅河）デルタと北中部地方に集中している。また、北部山岳地の少数民族、タイ族、ターイ族、ザイ族の間でも行われている。「綱引き」は、順調な天候や豊作の祈願または稲作の作柄を占うために、東アジアや東南アジアの稲作文化圏で広く行われている

ヴェトナム／カンボジア／フィリピン／韓国
2015年

❾ヴェトナムの信仰・母三府（マウタムフー）
（Viet beliefs in the Mother Goddesses of Three Realms）

ヴェトナムの信仰・母三府（マウタムフー）は、16世紀に形成された空（天）・川の水・森と山の3人の聖母を崇拝する伝統信仰で、ヴェトナム各地の土着宗教や仏教を始めとする外来の宗教と融合しながら儀礼などを通して広く伝承されてきた。なかでも北部の紅河デルタ地方ナムディン省には400近く寺院があり信仰の中心地とされ、オペラハウスからホアンキエム湖に伸びるチャンティエン通りのヴィエットシアターや、統一公園脇にあるチェオ劇場でその舞を見ることができる。マウタムフーは、ヴェトナムで大多数を占めるキン族だけでなく、ムオン族やタイ族を始めとする少数民族にも崇拝されている。マウタムフーは祈祷師の衣装や音楽、歌、舞、儀礼で行われる憑依など、ヴェトナム人の文化が昔のまま現代に残る「生きた博物館」と称され、その信仰が民族や宗教を超えてヴェトナム全土に広がったことで多様性やオリジナリティが生まれ、人々の生活で大きな役割を担ってきた点が評価された。また、1990年代には伝承者たちやコミュニティの自主的な寄付による儀礼の維持や、政府による礼祭の保護管理に関する政策が実施されたことも登録に繋がった。
2016年

❿ヴェトナム、フート省のソアン唱歌
（Xoan singing of Phu Tho Province, Viet Nam）

ヴェトナム、フート省のソアン唱歌は、ヴェトナムの北部のフート省の村々で、春に開催される村祭りの期間中、公共施設の前で演奏される伝統的な歌謡である。フート省のソアン唱歌は、旧暦の最初の2か月間、春節の祝いに、寺院、神社などの聖地や公共施設で、ソアン協会の歌手によって歌い継がれてきた。ソアン唱歌には、ヴェトナムの始祖フン・ヴーン王族や村の聖（精）霊への崇拝歌、豊作、健康、幸運の為の儀式歌、村人の男女の求愛の祭礼歌の3つの形態があり、ソアンの楽団は、男性が器楽演奏、女性が歌唱を受け持ち演奏される。しかし、ソアン唱歌の関係者の多くは、60歳以上と高齢化していること、また、ソアン唱歌の愛好者、特に、若者世代の数が減少していることから消滅の危機にさらされており、フート省人民委員会は、文化・スポーツ観光省などと共に2009年8月に、ワークショップを開催している。2011年に「緊急保護リスト」に登録されたが、音楽家の数の増加など状況が改善した為、2017年に「代表リスト」に移行された。「緊急保護リスト」から「代表リスト」に移行された世界で最初の事例である。
2017年

⓫ヴェトナム中央部のバイ・チョイの芸術
（The art of Bai Choi in Central Viet Nam）

ヴェトナム中央部のバイ・チョイの芸術は、ヴェトナムの中央部のクアンビン省、クアンチ省、トゥアティエンフエ省、クアンナム省、クアンガイ省、ビンディン省、フーイエン省、カインホア省、ダナン市で古くから盛んであったゲームと民謡が一体となって遊ぶ伝統民俗芸能である。バイ・チョイは、2014年にヴェトナムの文化・スポーツ・観光省によってヴェトナムの国家無形文化遺産に指定されている。地域によって、「遅い」、「シンプル」、「優しい」、「叙情的」、「明るく華やか」、「ドラマチック」など多様で、音楽、詩歌、演劇、絵画、文学などの多様な芸術的要素が融合したヴェトナムの民俗芸能である。バイ・チョイは、バイ・チョイ・ゲームとバイ・チョイ民謡の2つの形態がある。旧正月のテトの時期などに、ヴェトナム中部各地の農村や家庭で、身近な芸能遊びとして行われていた。民謡を歌いながらカードを使ったゲームを行ったりするもので、踊りや音楽、物語の口承などさまざまな文化的要素が含まれている。一時は伝承が途絶えそうになったが、現在はバイ・チョイを行うグループが増え、関心を持つ個人や学校単位などでもその知識や技術が伝承されるようになっている。今回の登録では、バ

代表リスト

イ・チョイがヴェトナムの農村社会における伝統的な娯楽で芸術を楽しむ重要な文化活動である点が評価された。バイ・チョイで語られる物語は、人々の道徳心や愛国心を育むもので、生活の知恵、男女平等、お互いを尊重する精神などを教える機会でもあった。　2017年

⑫ベトナムにおけるタイー族、ヌン族、タイ族のテンの慣習
（Practices of Then by Tày, Nùng and Thái ethnic groups in Viet Nam）
ベトナムにおけるタイー族、ヌン族、タイ族のテンの慣習は、ヴェトナムの北東部のバックカン省、カオバン省など、北西部のジエンビエン省、ライチャウ省などで行われている慣習である。テンは、基本的には、タイー族、ヌン族、タイ族の精神生活における儀式であり、人間、自然、宇宙についてのコンセプトを反映している。テンの儀式ではテンの師匠は平和、豊作、健康などの為に崇拝や祈る。儀式では、テンの師匠は、儀式用の服を着て、歌い、楽器を演奏する。テンはいつも儀式が行われている間、世代を越えて、口頭で継承される。　2019年

⑬ヴェトナムにおけるタイ族のソエ舞踊の芸術
New（Art of Xòe dance of the Tai people in Viet Nam）
ヴェトナムにおけるタイ族のソエ舞踊の芸術は、ヴェトナムの北西部、イエンバイ省、ライチャウ省、ソンラ省、ディエンビエン省、北中部のタインホア省の5つの省の少数民族タイ族の村で行われている民族舞踊である。ソエタイはタイ族の世界観や宇宙観を反映しており、テト（旧正月）、祭り、家の新築祝い、結婚式、新米の祝いなどの慶事の機会に演じられる。また、年齢、性別、社会的な地位、職業、民族などの区別はなく、全ての人に開かれている。ソエタイは、タイ族の人々の労働の中から生まれ、民族のコミュニティを結び付ける重要な役割を果たしている。ソエ舞踊には、輪になって踊る輪舞ソエ、儀式ソエ、上演ソエの3種類があるが、輪舞ソエが最も一般的である。儀式ソエと上演ソエは、使う小道具によってソエカン（スカーフ）、ソエクアット（団扇）、ソエノン（円錐形の葉笠）などと呼ばれている。文化スポーツ観光省はソエタイを国家文化財として2013年に認定している。　2021年

ウズベキスタン共和国

❶ボイスン地域の文化的空間
（Cultural space of Boysun District）
ボイスン地域の文化的空間は、ウズベキスタンの南西部、テルメから145kmのところにあるボイスン山脈が連なる辺境地域。小アジアからインドへの交通路にある世界で最も古い居住地の一つであるスルホンダルヨ地方のボイスンの町を中心とする伝統的な文化的空間。ボイスンは、ゾロアスター教、仏教、イスラム教などの宗教や古代文化の影響を色濃く留める地域である。現在でもゾロアスター教の影響を感じさせる民謡、舞踊、音楽などが、この地域の結婚や葬儀などの伝統的儀式の中に息づいており、病気治癒のためにシャーマニストが祈祷する姿も目にすることが出来る。
2008年 ← 2001年第1回傑作宣言

❷シャシュマカムの音楽
（Shashmaqom music）
シャシュマカムの音楽は、中央アジアにある古くからのユダヤ人社会で伝承されてきた音楽。シャシュマカムは、6つの詩という意味で、その起源は、イスラーム勢力が進出してきた7世紀後半以前にさかのぼる。その伝統は、歴史的には、マー・ワラー・アンナフルとして知られるトランスオキシアナ地方の多文化が行き交う隊商都市の中心で培われ、少なくとも千年以上にもわたって、中央アジアで発展した。シャシュマカムは、声楽と器楽、旋律とリズム、歌詞と美感が融合したユニークな音楽である。
ウズベキスタン／タジキスタン
2008年 ← 2003年第2回傑作宣言

❸カッタ・アシュラ（Katta Ashula）
カッタ・アシュラは、ウズベキスタンのフェルガナ盆地のフェルガナ地域、アンディジャン地域、ナマンガン地域、タシケント地域の一部に住むウズベク人、タジク人、ウィグル人、トルコ人を中心に、民衆の生活の中で育て上げられてきた。カッタ・アシュラは、「大きな歌」という意味の伝統的な民俗音楽で、独特の詩のような歌詞と歌唱が特徴的であり独自の発展を遂げてきた。芸能、歌謡、楽器の音楽、東洋の詩、神聖な儀礼を結合する歌曲形式である。カッタ・アシュラは、文化間の対話を促進できるウズベク人の文化的アイデンティティの重要な

表現で、もともと、キルギスのオシ州、タジキスタンのレニナバード地域、カザフスタンのシムケント地域やジャンブール地域を中心に普及してきた。
2009年

❹ナヴルーズ（Navruz）

アフガニスタン／アゼルバイジャン／インド／イラン／イラク／カザフスタン／キルギス／パキスタン／タジキスタン／トルコ／トルクメニスタン／ウズベキスタン

2009年*¹／2016年　→イラン

＊2009年にアゼルバイジャンなど7か国で登録、2016年にアフガニスタン、イラク、カザフスタン、タジキスタン、トルクメニスタンを加え、12か国で新規登録となった。

❺アスキア、機知の芸術（Askiya, the art of wit）

アスキア、機知の芸術は、ウズベキスタンの東部、フェルガナ渓谷のアンディジャン州、ナマンガン州、フェルガナ州、それに、タシュケント州で形成され普及した。アスキアは、ウズベキスタンの言葉の民俗芸術のジャンルで、2人或はそれ以上の参加者の間で、特定のテーマについて、流暢に討論し機知に富んだ言葉を交換する対話の形式である。アスキアの担い手達は主に男で、ウズベキ語の特殊性をマスターしなければならない。アスキアは、ユーモアを促進、それに、異なるコミュニティの代表者を結びつけ、年齢と背景に関係のないイベントである。
2014年

❹パロフの文化と伝統
（Palov culture and tradition）

パロフの文化と伝統は、ウズベキスタンの田舎や都会を問わず全土で、男女、年齢、社会的地位かかわらず行われている食習慣である。農業環境の違いが食材や調理技術に関連した地域の多様性に影響を与えた。ウズベキスタン風のピラフであるパロフは、羊肉、タマネギ、人参、ニンニク、米、干しぶどう、油、塩、クミン（ホール）、水など材料に使う。また、ウズベキスタンでは、「お客は、パロフが供されて、それを食べないと主人の家を辞することができない」という格言があるように、各家庭、地域社会、公企業でのチャリティ・イベントでは欠かせないものである。パロフの知識や技術は、伝統的な儀式(結婚、誕生パーティー、割礼、葬式)や日常生活の中においても、事ある毎に、

年長者から若者に継承されている。
2016年

❺ホラズムの舞踊、ラズギ
（Khorazm dance, Lazgi）

ホラズムの舞踊、ラズギは、ウズベキスタンの北西部、ホラズム地方が発祥であるが、現在は、全土に普及している。ホラズムの舞踊、ラズギの動きは、周辺の自然の音や現象、恋や幸福の感情を反映する人間の創造性を反映する。何百年もの歴史がある、ラズギ舞踊には、2つのタイプがあり、すべてのその動きに、地域社会の生活と活動など現実の生活を投影する。ラズギは、世代を越えて継承されている自己表現である。
2019年

❻ミニアチュール芸術（Art of miniature）

アゼルバイジャン／イラン／トルコ／ウズベキスタン

2020年　→　アゼルバイジャン

❼バフシの芸術　*New*
（Bakhshi art）

バフシの芸術は、ウズベキスタンの南部、スルハンダリヤ州とカシュカダリヤ州の叙事詩の語り手であるバフシの語り芸である。ウズベキスタンの叙事詩は、ウズベキスタンのウズベク人とカラカルパク人の音楽と詩の遺産において、重要な役割を果たしている。バフシとは、熟練の語り手が伝統的な弦楽器を片手に、地元に伝わる民話や伝説に基づく古い叙事詩を語り聞かせる語りの芸である。バフシは、ウズベキスタンの大人にも子供にも愛されているパフォーマンスアートである。取り上げられる物語のテーマは、愛と友情、郷土愛、絆など。語り手たちは、長大な叙事詩を全て完全に暗記し、何も見ずに諳んじなくてはならない。バフシはバクシと表記される場合もある。
2021年

カザフスタン共和国

❶ドンブラ・キュイ或はキュ、カザフの伝統芸術
（Kazakh traditional art of Dombra Kuy）

ドンブラ・キュイ或はキュ、カザフの伝統芸術は、カザフスタンの西部のボケイ、マンギスタウ（アダイ）、アティラウ、南西部のアクトベ・

代表リスト

アラル、アク・メシット、南部のジェティス・カラタウ、中部のアーク、北部のパウロダール、東部のタルバガタイ・イリで広く行われている。ドンブラは、カザフ人の住んでいるほぼすべての地域で用いられており、カザフ音楽で必ず演奏される楽器である。そのため、ドンブラという楽器はカザフ人のシンボルと言っても過言ではない。ドンブラは、胴と棹に2本のナイロン弦が張ってある楽器で、弦を手で弾きながら演奏する。ドンブラには、2つの形(種類)がある。1つは、5角形の形をしたドンブラ、そして、まるい卵の形をしたドンブラである。意欲的で才能のある音楽家たちは、子供が伝統的な音楽と芸能の哲学と妙技に興味を示した時から、師匠に弟子入りする。素人の音楽家は彼らのスキルとレパートリーを増す為に他のより経験と才能のある彼らの地域からの演奏者に弟子入りする。
2014年

❷キルギスとカザフのユルト
(チュルク族の遊牧民の住居)をつくる
伝統的な知識と技術
（Traditional knowledge and skills in making Kyrgyz and Kazakh yurts (Turkic nomadic dwellings)）

キルギスとカザフのユルト(チュルク族の遊牧民の住居)をつくる伝統的な知識と技術は、キルギスとカザフスタンの全土で行われている遊牧民の住居である。ユルトとは、遊牧民の一定の社会結合体が常に遊牧している地域をさすトルコ語、すなわち、屯営、住所、国土を意味し、また、彼らの起居する天幕をも意味した。伝統的に、知識とスキルは、家族内か、或は、先生に弟子入りして継承される。あらゆる祝祭行事、儀式、生誕、結婚、葬儀は、ユルトで開催される。この様に、ユルトは、家族と伝統的なおもてなしの象徴であり、カザフ人とキルギス人のアイデンティティの基本である。
カザフスタン／キルギス　2014年

❸アイティシュ／アイティス、即興演奏の芸術
（Aitysh/Aitys, art of improvisation）

アイティシュ／アイティスは、カザフスタンのドンブラの様な伝統的な楽器の音楽に合わせて話され、或は、歌われる詩歌の即興演奏で、二人の演奏者が競い合う。聴衆は、最善の音楽のスキル、リズム、創造性、機知に富んだトピックスや競技者を選ぶ。アイティシュ／アイティスは、キルギスとカザフスタンの多民族社会の大衆文化の構成要素で、地方のお祭り、或は、

全国的なイベントで演じられており、年寄りから若い世代へと継承されている。
カザフスタン／キルギス　2015年

❹鷹狩り、生きた人間の遺産
（Falconry, a living human heritage）
アラブ首長国連邦／カタール／サウジ・アラビア／シリア／モロッコ／モンゴル／韓国／スペイン／フランス／ベルギー／チェコ／オーストリア／ハンガリー／カザフスタン／パキスタン／イタリア／ポルトガル／ドイツ
2010年＊／2012年＊／2016年→アラブ首長国連邦
＊2010年にアラブ首長国連邦など11か国で登録、2012年にオーストリア、ハンガリー、2016年にカザフスタン、パキスタン、イタリア、ポルトガル、ドイツを加え、新規登録となった。

❺フラットブレッドの製造と共有の文化：
ラヴァシュ、カトリマ、ジュプカ、ユフカ
（Flatbread making and sharing culture:
Lavash, Katyrma, Jupka, Yufka）
アゼルバイジャン／イラン／カザフスタン／キルギス／トルコ　2016年　→アゼルバイジャン

❻カザフタンのクレセィ　（Kuresi in Kazakhstan）
カザフタンのクレセィは、カザフスタンの全土で行われている伝統的なレスリングの国民スポーツである。選手は布のジャケットをまとい、試合中はベルトより上ならどこを掴んでもよく、相手を地面に押し倒して肩背を着かせた方が勝ちとなる。相手の脚を掴んだり地面に横わったりすると反則になる。10歳以上からの参加が可能である。英雄であるレスラー(パウアン)は、強くて勇敢であり、叙事詩、詩歌 文学の中で描写されており、若者たちに尊敬されめざすところである。忍耐、善意、コミュニティ間の連帯を築く助けにもなる。100か国以上の国に呼びかけての年次大会の「カザフスタン・バルス」の国際競技も行われる。カザフタンのクレセィは、2013年に、関係するコミュニティ、集団、個人が国の無形文化遺産に登録されている。カザフタンのクレセィの啓蒙や継承は、カザフ・クレセィ連盟、「カザフスタン・バルス」基金などによって支援されている。　2016年

❼ナウルズ　（Nauryz）
アフガニスタン／アゼルバイジャン／インド／イラン／イラク／カザフスタン／キルギス／パ

キスタン／タジキスタン／トルコ／トルクメニスタン／ウズベキスタン
2009年＊／2016年　→イラン

❽カザフの伝統的なアスック・ゲーム
（Kazakh traditional Assyk games）
カザフの伝統的なアスック・ゲームは、カザフスタンの都会・田舎を問わず、至るところで行われているほか、中央アジア、コーカサス、ユーラシア大陸の多くの国や地域で広く行われている。アスック・ゲームは、カザフスタンの古くからの伝統であり、各プレーヤーはそれぞれのセット、伝統的には、羊の距骨で作られた「アシックス」や明るい色で染められた「サカ」を持っている。アシック、アセイクとも。
2017年

❾カザフの馬飼いの伝統的な春祭りの儀式
（Traditional spring festive rites of the Kazakh horse breeders）
カザフの馬飼いの伝統的な春祭りの儀式は、カザフスタンの中央部、カラガンダ州のウリタウ地区の村は、広大な草原の景観が広がるが、毎年年末年始に行われる。この地域は、遊牧民の先祖から継承してきた腕前を有するカザフスタンの伝統的な馬飼いの故郷であると共に現在も行われている。馬飼いの春祭りの儀式は、歌、踊り、遊戯などで祝福する春祭りの一環として何年間にもわたって行われている。また、この儀式は、トルコ、中国、モンゴルのカザフ族によっても行われている。　　　　2018年

❿デデ・クォルクード／コルキト・アタ／デデ・コルクトの遺産、叙事詩文化、民話、民謡
（Heritage of Dede Qorqud/Korkyt Ata/Dede Korkut, epic culture, folk tales and music）
アゼルバイジャン／カザフスタン／トルコ
2018年　→アゼルバイジャン

⓫伝統的な知的戦略ゲーム：トギズクマラク、トグズ・コルゴール、マンガラ／ゲチュルメ
（ Traditional intelligence and strategy game: Togyzqumalaq、Toguz Korgool、Mangala/Göçürme）
伝統的な知的戦略ゲーム：トギズクマラク、トグズ・コルゴール、マンガラ／ゲチュルメは、カザフスタン、キルギス、トルコの3か国にまたがる社会的慣習、儀式及び祭礼行事、伝統工芸技術の共同遺産である。カザフスタンでは

「トギズクマラク」は主要都市のアスタナやアルマトイをはじめ都会、田舎を問わず、国内に広く普及し行われている。キルギスの遊牧民の伝統ゲームである「トグズ・コルゴール」（紀元前から世界中で遊ばれてきた対戦頭脳ゲームであるマンカラ系の卓上でボード、コマ、カードなどを使って遊ぶボードゲーム）も同様であるが、田園地域を発祥とする人たちが大多数である。しかし、近年は、移住の為、大都市で人気がある。トルコの戦略・頭脳ゲームである「マンガラ／ゲチュルメ」も、国内のほとんどの地域で行われているが、イスタンブールやアンカラの様な主要都市で、集中的に行われており、学校教育などを通じて継承されているが、最近は、若い世代間では、モバイル機器のアプリでゲームをして学んでいる。
カザフスタン／キルギス／トルコ
2020年

カンボジア王国

❶カンボジアの王家の舞踊
（Royal ballet of Cambodia）
カンボジアの王家の舞踊は、アンコールの創始者であるジャヤバルマン2世の時代であるとされている。インド文化を根底にジャワとシャムの影響が組み合わされてできたといわれている。15世紀には、アンコール時代の終焉と共に、シャムによって、宮廷舞踊団全体が当時の都であったアユタヤに移った。舞台芸術が盛んになり、王室の娯楽として確立した。本来の芸術形態は、神聖なものであり、神々や王に対する敬意を表わして行われていた。舞踊の様々な物語は、インドの古典叙事詩ラーマーヤナに源をもっている。表現は、頭、腕、足などの体の動きと手や指のジェスチャーだけで伝えられる。
2008年　←　2003年第2回傑作宣言

❷スバエク・トム、クメールの影絵劇
（Sbek Thom, Khmer shadow theatre）
スバエク・トム、クメールの影絵劇は、透かし細工の牛の皮で作られた高さが2mの人形が特徴のカンボジアの伝統芸能である。アンコール期以前を起源とする王室の舞踊劇と仮面劇と共に演じられるスバエク・トムは、神聖なものと考えられている。スバエク・トムは、全部で7人の女性が登場し、人間と鬼の戦闘場面などを中心に展開する演目リアムケーなどが、クメールの新

代表リスト

年、王様の誕生日、或は、有名人を称える特定の機会など年に3〜4回上演される。影絵劇は、1世紀のアンコールの凋落後に衰退したが、その後、芸術として発展したが、ポル・ポト時代に伝統芸能の多くが失われ、スバエク・トムも現在では、シアムリアップなど一部の地域にしか残っていない。また、スバエク・トムは、知識、技巧、ノウハウ、人形の製作などの継承が課題である。

2008年 ← 2005年第3回傑作宣言

❸綱引きの儀式と遊戯
（Tugging rituals and games）
ヴェトナム／カンボジア／フィリピン／韓国
2015年　→ヴェトナム

キルギス共和国

❶キルギスの叙事詩の語り部アキンの芸術
（Art of the Akyns, Kirghiz epic tellers）
キルギスの叙事詩の語り部アキンの芸術は、世紀を越えて口承された叙事詩の語り部と歌手によるものである。騎馬民族のキルギス人が好む文化的表現で、アキンの語りと歌、キルギスの代表的な三弦楽器コムスによる演奏が一体になっている。これらの叙事詩は、宗教や私的な祭事、季節の儀式、国の休日に演じられる。キルギスの叙事詩のユニークさは、心を揺さぶる劇的な面と哲学的な素地を有する。なかでも、キルギスの最も偉大な叙事詩は、千年の歴史がある英雄叙事詩「マナス」で、その長さと豊かな内容は注目に値する。

2008年 ← 2003年第2回傑作宣言

❷ノールーズ（Nooruz）
アフガニスタン／アゼルバイジャン／インド／イラン／イラク／カザフスタン／キルギス／パキスタン／タジキスタン／トルコ／トルクメニスタン／ウズベキスタン
2009年＊／2016年　→イラン
＊ 2009年にアゼルバイジャンなど7か国で登録、2016年にアフガニスタン、イラク、カザフスタン、タジキスタン、トルクメニスタンを加え、12か国で新規登録となった。

❸キルギスの叙事詩の三部作：
マナス、セメタイ、セイテク
（Kyrgyz epic trilogy: Manas, Semetey, Seytek）

キルギスの叙事詩の三部作：マナス、セメタイ、セイテクは、勇士マナス、セメタイ、セイテクの物語からなる長編叙事詩の三部作で、千年の歴史がある。キルギスは、中央アジアの天山山脈の中腹に雄大な広がりを見せ、壮大な自然と古来の遊牧民の文化を誇る。キルギス遊牧民の最も代表的な文化表現は、何世紀にも亘って口承のみで受け継がれてきた叙事詩の語りで、その独自性は、その勇壮な筋書きと哲学性にあり、キルギスの社会的な価値観、文化的な知識や歴史を網羅している。キルギスの叙事詩の三部作：マナス、セメタイ、セイテクは、その長さだけではなく、内容の豊かさに価値がある。マナス叙事詩は、伝説を交えながら、キルギスの歴史における重要な史実を物語っている。
2013年

❹キルギスとカザフのユルト
（チュルク族の遊牧民の住居）をつくる
伝統的な知識と技術
（Traditional knowledge and skills in making Kyrgyz and Kazakh yurts
（Turkic nomadic dwellings））
カザフスタン／キルギス
2014年　→カザフスタン

❺アイティシュ/アイティス、即興演奏の芸術
（Aitysh/Aitys, art of improvisation）
カザフスタン／キルギス
2015年　→カザフスタン

❻フラットブレッドの製造と共有の文化：
ラヴァシュ、カトリマ、ジュプカ、ユフカ
（Flatbread making and sharing culture: Lavash, Katyrma, Jupka, Yufka）
アゼルバイジャン／イラン／カザフスタン／キルギス／トルコ　2016年　→アゼルバイジャン

❻コクボル、伝統騎馬競技
（Kok boru, traditional horse game）
コクボルは、キルギスのすべての地域、バトケン州、チュイ州、イシク・クル州、ジャララバード州、ナルイン州、オシ州、タラス州、それに、他の国（アフガニスタン、中国、カザフスタン、タジキスタン、トルコ、ウズベキスタン）の幾つかの地域に住むキルギス人の間で行われている伝統騎馬競技で、キルギスの国技である。コクボルは、馬に乗った選手たちが、詰め物をした羊の皮を井戸に投げ込んで得点を競

う競技である。コクボルとは、キルギス語で、「蒼き狼」という意味で、疾走する馬で山羊を取り合う、騎馬民族の伝統文化を現代に伝える競技である。　2017年

❼アク・カルパックの職人芸、キルギス男性の帽子製造・着帽の伝統的な知識と技術
（Ak-kalpak craftsmanship, traditional knowledge and skills in making and wearing Kyrgyz men's headwear）

アク・カルパックの職人芸、キルギス男性の帽子製造・着帽の伝統的な知識と技術は、キルギスの全土、アク・カルパクは、白いフェルトのある伝統的な男性の帽子である。アク・カルパックの職人芸は、フェルト地、裁断、縫製、刺繍の係わる蓄積された知識や技術からなる。アク・カルパクの形は、雪を抱いた山の頂上スノーピークに似ており、稜線は生命の象徴である。アク・カルパクは包括性を培い、異なるキルギスの民族や地域社会を結束する。伝統的に、職人のコミュニティでは、知識や技術は、母から娘へと継承される。
2019年

❽伝統的な知的戦略ゲーム：トギズクマラク、トグズ・コルゴール、マンガラ/ゲチュルメ
（ Traditional intelligence and strategy game: Togyzqumalaq、Toguz Korgool、Mangala/Göçürme）
カザフスタン／キルギス／トルコ
2020年　→カザフスタン

❾鷹狩り、生きた人間の遺産
（Falconry, a living human heritage）　2021年
→　アラブ首長国連邦

シンガポール共和国

❶シンガポールのホーカー文化：多文化都市の文脈におけるコミュニティの食事と料理の慣習
（Hawker culture in Singapore、community dining and culinary practices in a multicultural urban context）

シンガポールのホーカー文化：多文化都市の文脈におけるコミュニティの食事と料理の慣習は、シンガポールの全土で行われている社会的慣習、儀式及び祭礼行事、伝統工芸技術である。ホーカーとは、たくさんの屋台（ストール）が集まった屋台街のことをさす。昔、シン

ガポールには屋台がたくさんあったが、シンガポール政府が衛生面を考慮し、現在のホーカーを作ったといわれている。このホーカーは、大小問わずシンガポール国内にいたるところにあり、シンガポール国民の食生活には欠かせない場所である。老若男女問わず多くの現地の人々が日々訪れるので、シンガポールの生活を垣間見られるスポットとして、観光客からの人気も集めている。屋台では、中華系、マレー系、インド系を中心として、コーヒーやフルーツ、デザートのお店などさまざまで、多民族国家ならではの色々な料理が、とってもリーズナブルな価格で楽しめる。ホーカーは多文化都市国家であるシンガポールの屋台料理文化を象徴するもので、その手軽さと提供される料理の種類の豊富さ、朝から夜まで時間を問わず人々が集うさまは地域における「ダイニングルーム」としての機能を果たしている。
2020年

スリランカ民主社会主義共和国

❶ルカダ・ナチャ、スリランカの伝統的な糸操り人形劇
（Rūkada Nātya, traditional string puppet drama in Sri Lanka）

ルカダ・ナチャ、スリランカの伝統的な糸操り人形劇は、スリランカの南部、アンバランゴダの南部海岸の町の周辺に住むガムワリ一族の人々によって行われている。ルカダ・ナチャは、民話、仏教の話、古代文学、講談、現代生活の逸話など多様である。ルカダ・ナチャは、すべての人々に開放的であると共に主にお祭りの季節に開催されるので、活気に満ちたコミュニティの生活を創造したり社会的な結束を図るのに価値がある。
2018年

❷ドゥンバラ織の伝統的職人技能　*New*
（ Traditional craftsmanship of making Dumbara Ratā Kalāla）

ドゥンバラ織の伝統的職人技能は、スリランカの中部、中部州のキャンディ県で行われている。ラタ・カララは、パターン（図案、型）の意で、スリランカのドゥンバラ織、或は、ドゥンバラ・マットは、伝統的な手作りマットで、壁掛け、タペストリー、或は、クッション・カバーなどに使われる。植物のアロエベラの葉の

代表リスト

繊維が使用される。スリランカ中央高地のドゥンバラ渓谷にある2つの小さな村(カラシリガマとアロカガマ)で、スリランカ最後の王朝であるキャンディ王朝時代(15世紀後半から19世紀初頭)から現在に至るまで、スリランカ最大のお祭りであるペラヘラ祭りや祭事に参加する演奏家たちが暮らしている村に伝統的な織手は住んでいる。彼らは古代シンハラ王朝の宮廷に献上していた織手の子孫でもある。演奏家たちは、演奏がない日には、キャンディ王朝の支援のもと、各家庭で織物に専念したが、この織物がドゥンバラ織りと呼ばれるようになった。各国の織物と同様に、ドゥンバラ織りも、国王への献上品として重宝されていた。

2021年

タイ王国

❶コーン、タイの仮面舞踊劇

(Khon, masked dance drama in Thailand)

コーン、タイの仮面舞踊劇は、タイの中部、首都バンコクやアユタヤ県、器楽と声楽の音楽、舞踊を結びつけた古典的な演劇である。演者は、音楽と語り手の語りに合わせて演じ、動く。インドの芸術家ヴァールミーキの作による叙事詩ラーマーヤナをベースにしたラーマキエンのエピソードを表現しており、コーンの演者は、役柄によって、仮面や冠、あるいは先の尖った細長いかぶり物を着ける。この劇は、チャバンとヤーニーと呼ばれる詩句のナレーションと頭韻と押韻を用いた長短さまざまのセリフによる対話部分(演者以外の者が朗読)、動きを説明する歌、演者のために間を持たせる楽器演奏から構成されている。 仮面劇の観客は、語り形式での詩、対話、演者の動きを説明する歌と、それらの間を持たせる器楽演奏に耳を傾けるとともに、役柄によって異なる様々な演技と舞台背景を目で見て楽しむことができる。

2018年

❷ヌア・タイ、伝統的なタイのマッサージ

(Nuad Thai, traditional Thai massage)

ヌア・タイ、伝統的なタイのマッサージは、タイの全土で行われている「タイ古式マッサージ」であり、伝統的なタイの健康管理や医療の芸術・科学とみなされている。「ヌア・タイ」の「ヌア」はタイ語で「マッサージ」の意味である。タイ古式マッサージと普通のマッサージとの大きな違いは、動きが激しいところである。マッサージ師は、手だけではなく腕、肘、足など、体のさまざまな部分を使って、全身をくまなくマッサージする。これにより、体の中にあるエネルギーの通り道が刺激される。ヌア・タイは、農業で筋肉痛になった村人が施術者にマッサージしてもらうという、古代タイの農民社会におけるセルフ・ケアに根付いたものである。施術者の専門知識は、何世代もの間、受け継がれ、 正式な知識へと進化している。

2019年

❸ノラ、タイ南部の舞踊 *New*

(Nora、dance drama in southern Thailand)

ノラ、タイ南部の舞踊は、タイの南部、ナコーンシータンマラート県、ソンクラー県、パッタルン県、トラン県などで行われている伝統民族舞踊である。ノラ、タイ南部の舞踊は、パッタルン県が発祥の地とされ、500年以上の歴史があると言われている。寺院の中庭で、悠長な音楽に合せて身体をしなやかに動かし、化粧し、衣装を身に着けていくことから始まる。指にはきらびやかな長い爪をつける。太鼓の演奏者との対話形式で上演は進み、言葉の美しい流れと上品さが特徴である。踊り子たちが輪になって優美に動き、鳥のようなポーズを決めるとビーズで飾られた衣装が揺れる。舞踊や歌、芝居などの要素を含むノラはインドが起源で、イスラム教徒が多数を占めるタイ南部の県で数百年にわたって行われてきた。ノラ舞踊は、先祖の霊魂を呼び出す、テンポの速い音楽に合わせた曲芸的な踊りと歌で、仏陀にまつわる物語や地元の伝承を踊りで表現する。カラフルで手の込んだ衣装に、見る者は息をのまずにいられない。ノラ舞踊は、マノラ舞踊とも呼ばれている。

2021年

大韓民国

❶宗廟(チョンミョ)の祭礼と祭礼楽

(Royal ancestral ritual in the Jongmyo shrine and its music)

宗廟(チョンミョ)は、李氏朝鮮王朝500年の歴代国王と王妃を祭った霊廟であり、そこで毎年5月の第一日曜日に現在400万人いるといわれる李朝王家の末裔達の集いである大同種薬院が主管し先祖に祈りを捧げる宗廟大祭で宗廟祭礼楽は披露される。宗廟祭礼の順序は、全部で8つの段階があり、神を迎える迎神礼にはじまり、神に礼物を上げる奠幣礼、神に祭物を捧げる陳饌礼、最初の酒杯を上げる初献礼、二番目の酒杯を上げる亜献礼、最後の酒杯を上げる終献礼、祭器を覆

う徹邊豆を送る送神礼の順序からなっている。厳かな宮廷雅楽を背景に、華やかな赤い伝統的衣装を身に着けた64人がイル舞と呼ばれる踊りを舞う光景は、かつての李氏王朝の栄華を思わせる。宗廟祭礼楽は、韓国無形文化財第一号にも指定されている貴重な音楽遺産。
2008年 ← 2001年第1回傑作宣言

❷パンソリの演唱（Pansori epic chant）
パンソリとは、韓国固有の伝統音楽で、朝鮮半島の南西部、全羅北道で主に語り継がれてきた演唱、口承芸能。パンソリのパンとは、遊戯が繰り広げられる舞台、ソリとは、唱えるという意味で、唱者（歌い手）が鼓手の太鼓の調子に合わせて、チャン（唱）、アニリ（言葉）、ノルムセ（身振り）を取り混ぜつつ物語を語る。パンソリには、もともと正確な楽譜や台本などはなく、口承歌謡に即興的なアドリブを混ぜて、観客の反応を見ながら変遷してきた。パンソリの優れた唱者は、「名唱」と呼ばれる。パンソリは韓国にある芸術の中で、普遍的かつ共感できる最も完成度の高い芸術のひとつである。
2008年 ← 2003年第2回傑作宣言

❸江陵端午祭（カンルンタノジュ）
（Gangneung danoje festival）
江陵端午祭（カンルンタノジュ）は、朝鮮半島の太白山脈の東、江原道江陵市と周辺地域を発祥とする千年の歴史と伝統を誇る韓国の民俗的なお祭りである。端午とは、韓国の4大名日の一つで、陰暦の5月5日の前後（4月5日～5月7日、陽暦では、2006年5月2日～6月2日）に行われる韓国の伝統的な行事であり、南大川の川辺を中心にして、神話的な「端午祭礼」、人間の幸福を神様に祈る「端午グッ」、昔の役所に仕えた奴隷が当時の貴族や政治を滑稽に風刺するシャーマン踊りである「官奴仮面劇」、韓国相撲の「シルム」、ぶらんこ乗り、ユンノリなど多彩な民俗芸能の場が広がる。江陵端午祭は、韓国でもその規模が一番大きく、また盛大な社会的な慣習になっている祝祭行事で、韓国の重要無形文化財第13号(1967年1月16日)にも指定されている。江陵端午祭は、昔ながらの伝統が消失しつつあること、それに都市開発等の影響で会場のスペース確保に支障が生じつつある。
2008年 ← 2005年第3回傑作宣言

❹処容舞（チョヨンム）（Cheoyongmu）
処容舞（チョヨンム）は、首都ソウル（旧漢陽）、

以前は、宮廷の宴会、或は、大晦日の魔除けの儀式で、悪霊を払拭し良運を祈願するために行われ、今日では、舞台の上で上演される宮廷舞踊である。五人の踊り手が五方（東、西、南、北、中央）に立って踊り、小豆粥色の赤い皮膚に真っ赤な色の皮膚と白い歯、両耳には主錫輪と鉛玉をつけた處容面、青、白、赤、黒、黄色の衣装、音楽、賑やかで絢爛、堂々とした活気に満ちた動きの踊りを組み合わせた芸術的な舞踊で「五方處容舞」ともいう。もともとは、処容（新羅時代（紀元前57年～紀元後935年）の伝説に出てくる奇妙な人物）が仮面をかぶって踊る伝説をベースにしている。處容舞は、1971年1月8日に韓国の重要無形文化財第39号と指定されている。
2009年

❺カンガンスルレ（Ganggansullae）
カンガンスルレは、韓国の南西部、全羅南道の海南郡と珍島郡で行われる稲の収穫と豊穣を祈願する季節的な儀式で、主に旧正月や旧盆に行われる。明るい満月の下に、多数の若い未婚の村の女性が集い、リード・シンガーの指導のもとに、手を握り合い、一晩中、歌いながら円を描きながら踊る歌舞遊びで、歌、舞踊、音楽とが三位一体となった総合芸術である。カンガンスルレの意味は正式に明かされていないが、カンガンスルレと呼んだ理由は歌の全ての小節に「カンガンスルレ」という受け声が付くためである。カンガンスルレは、1966年に韓国の重要無形文化財に指定されている。
2009年

❻済州（チェジュ）チルモリ堂霊登クッ
（Jeju Yeongdeunggut）
済州チルモリ堂霊登クッは、済州島の済州市健入洞の神堂「チルモリ堂」などで、海の安泰、豊作、豊漁を村の守護神に祈願する為に、海女によって毎年旧暦2月1日～15日の期間中一日行われる儀式である。クッとは、クッ儀式を執り行なうムダンが神に供え物をして踊りと歌などを通して人間の吉凶禍福を調節してくれること祈願する儀式である。何よりも海を通じて生活を営む済州漁民にとって「霊登クッ」は特別な意味を持っている。霊登時期がくると、済州島の所々では霊登クッを行い、海の平和と大漁を願う。この数多くの霊登クッの中で健入洞チルモリ堂で開かれるクッが国家指定の重要無形文化財第71号に指定された「済州チルモリ堂霊登クッ」である。
2009年

代表リスト

❼男寺党（ナムサダン）ノリ
（Namsadang Nori）
男寺党（ナムサダン）ノリは、ソウルや京畿道安城市周辺で見られる、文字通り「全てが男性の流浪劇団」で、もともとは朝鮮時代後期から1920年代まで盛んに行われていた男性の旅芸人が全国津々浦々を回りながら行っていた公演のことで、伝統的な民俗芸能である。「ノリ」とは芸という意味を持つ韓国語で、男寺党の一座は団長をはじめ、公演企画を担当する「ファジュ」、ノリを担当する「トゥンスェ」、実際に公演を行う「カヨル」、そして練習生の「ピリ」と荷引き担当などで構成されていた。男寺党ノリの演目は、当時の社会での苦しみや上層階級の「ヤンバン」（両班）社会の不道徳性を批判し気持ちを晴らそうとした民俗舞踊の風物ノリ、皿回し、軽業、綱渡りなどからなる。
2009年

❽霊山斎（ヨンサンジェ）（Yeongsanjae）
霊山斎（ヨンサンジェ）は、ソウルの西大門区北加佐洞にある奉元寺を中心とする韓国の仏教文化の代表する仏教儀式で、インドの霊鷲山でお釈迦様が法華経を説く姿を再現している。霊山斎は、四十九日法要の一種で、霊魂が仏教を信じ頼ることで極楽浄土に行ける仏教の哲学的、精神的なメッセージが表現され、音楽、舞踊、演劇の要素も含まれている。
2009年

❾大木匠、伝統的な木造建築
（Daemokjang, traditional wooden architecture）
大木匠（テモクチャン）、伝統的な木造建築は、韓国の忠清南道礼山郡や江原道江陵市などで見られる伝統建築の大工のことである。大木匠（テモクチャン）とは、材木を扱う伝統建築物の大工の中でも、設計、施工、管理等を請負い責任を持つ匠のこと。韓国では、初めての伝統工芸分野での登録という点でも、意義がある。
2010年

❿歌曲、管弦楽の伴奏による声楽曲
（Gagok, lyric song cycles accompanied by an orchestra）
歌曲、管弦楽の伴奏による声楽曲は、朝鮮半島固有の定型詩・時調詩を、伽倻琴（カヤグム）、コムンゴ、奚琴（ヘグム）の管弦楽の伴奏に合わせて歌う韓国の伝統的な音楽で、大邱広域市、慶尚南道馬山市、京畿道龍仁市などで見られる。歌曲は、パンソリ、民謡、俗歌とは異なる正歌で、声楽曲である。朝鮮時代（1392〜1910年）に、上流社会で人格の修養の為に、主に歌われ花開いた。
2010年

⓫鷹狩り、生きた人間の遺産
（Falconry, a living human heritage）
アラブ首長国連邦／カタール／サウジ・アラビア／シリア／モロッコ／モンゴル／韓国／スペイン／フランス／ベルギー／チェコ／オーストリア／ハンガリー／カザフスタン／パキスタン／イタリア／ポルトガル／ドイツ
2010年＊／2012年＊／2016年→アラブ首長国連邦
＊2010年にアラブ首長国連邦など11か国で登録、2012年にオーストリア、ハンガリー、2016年にカザフスタン、パキスタン、イタリア、ポルトガル、ドイツを加え新規登録となった。

⓬チュルタギ、綱渡り
（Jultagi, tightrope walking）
チュルタギ、綱渡りは、綱の上で歌や小話などをしながら綱渡りをする韓国の伝統芸能である「綱渡り」。ただの綱渡りではなく、音楽や会話、ときに冗談を交えながら綱渡りするという伝統芸能である。チュルタギの由来に関する正確な記録は残っていないが、朝鮮時代に発達してきたとされる。両班層のための公演が純粋に綱渡りの技術を見せることに焦点を合わせていたのに対し、庶民向けの公演は漫談や踊り、ソリ（歌）、パルリム（身振り）などを混ぜながら技芸を繰り広げる遊びだった。外国の綱渡りとは異なり、歌や漫談など娯楽を交えて綱渡り師と見物人が一緒になって遊びの場を作り出すのが特徴だ。また、チュルタギは2005年、韓国の史上最高の興行作『王の男』にも登場して国内外で注目されたこともあった。
2011年

⓭テッキョン、韓国の伝統武芸
（Taekkyeon, a traditional Korean martial art）
テッキョン、韓国の伝統武芸は、プムバルキという独特のステップを踏み、足払い、蹴り、投げ技などの柔軟な動作を続ける。攻撃よりも守備に重きを置き、手よりも足を多く使う。高句麗時代の古墳壁画に描かれた絵を見ると、テッキョンが三国時代からおこなわれていたことが分かる。高麗時代には、主に武人たちの間で武芸が盛んにおこなわれた。朝鮮時代になってテ

ッキョンは大衆化され、一般人も多くが学ぶ武術になった。韓国では1983年に重要無形文化財第76号に指定されている。戦後、韓国テッキョン協会(本部 忠清北道忠州市)など幾つかの団体が設立され競技人口が増えた。現在では韓国で全国規模の大会も実施し、国民体育化を図っている。　2011年

⑭韓山地域の苧(カラムシ)織り
（Weaving of Mosi (fine ramie) in the Hansan region）
韓山地域の苧(カラムシ)織りは、忠清南道舒川(ソチョン)郡韓山地域の生地を織る伝統的な織物工芸技術である。韓国の美を象徴する夏の伝統布で、百済時代に、一人の年寄りの夢で偶然に発見され、1500年の歴史を有する。現在、韓国政府と忠清南道から認められた伝統織造技能保有者たちが1993年8月開館した韓山の苧織物博物館で伝統を引き継いでいる。韓山の苧織物博物館は、苧を初めて見つけた乾芝山(コンジ山)の斜面に、苧織物閣、伝統工房、伝授教育館、土俗館などの施設を取り揃えた85,000㎡規模である。伝授教育館内の展示室には、苧の歴史を伝える考証書籍と苧機織機、苧機織道具、苧製品などが展示されてあり、伝統工房では、苧の栽培から収穫、浸水、苧蒸し、苧剥がし、苧引き、苧績み、撚りかけ、苧織りなどの工程がわかる。韓山地域の苧(カラムシ)織りは、韓国の重要無形文化財に指定されている。　2011年

⑮アリラン、韓国の抒情詩的な民謡
（Arirang, lyrical folk song in the Republic of Korea）
アリランは、韓国人の精神と情緒が込められた韓国を代表する民謡であり文化。江原道の「旌善アリラン」、全羅道の「珍島アリラン」、慶尚道の「密陽アリラン」が代表的で、各地域の特色が歌に込められており、悲しさとパトスを感じるのが特徴。「アリラン」の登録対象は、韓国の特定地域の「アリラン」ではなく、韓国のすべての「アリラン」で、映画、小説、応援、遊びなど世代を超えて多様な形態で発展および伝承してきた「アリラン」の姿が肯定的に評価された。2012年

⑯キムジャン、キムチ作りと分かち合い
（Kimjang, making and sharing kimchi）
キムジャンとは、新鮮な野菜が求めにくくなる秋の終わりから冬の初め頃に、一度に大量のキムチを漬けて貯めておく韓国の風習で、家族、親族や近所の人と一緒に作って分け合う。毎年、ソウル市と韓国ヤクルトが共同で主催する社会

貢献キャンペーン「愛のキムジャン分かち合い祭り」がソウル広場で開催され、漬けられたキムチは、ソウル市フードマーケットを通じて、一人暮らしのお年寄りや親のない家庭など生活困窮者に配る。こうした分かち合いやコミュニケーションの文化という点とキムチの創意的な調理方法が評価された。
2013年

⑰農楽、韓国の共同体の楽隊音楽、舞踊、儀式
（Nongak, community band music, dance and rituals in the Republic of Korea）
農楽、韓国の共同体の楽隊音楽、舞踊、儀式は、韓国のほぼ全土、京畿道、忠清道、江原道、慶尚北道、慶尚南道、全羅北道、全羅南道で行われている伝統芸能である。農楽、韓国の共同体の楽隊音楽、舞踊、儀式は、農村で集団労働をするときや名節の時に興を盛り上げるため、鉦、どら、チャング、太鼓などを演奏する韓国の伝統音楽。韓国の農楽は、村民の安寧を願う儀礼、労働の場ではトゥレ(協力組織)、共同基金を募るときはパフォーマンス、歌・踊り・音楽が融合した演劇、パングッ(巫女舞)・サムルノリ(4つの楽器のアンサンブル)などの舞台の再創造化、村農楽隊の個性化、伝統社会から現代社会に伝承された適応などが登録理由に選ばれた。共同体に根をおろした農楽のさまざまな特性が韓国社会にはっきりとしたアイデンティティを提供しているとの評価を受けた。
2014年

⑱綱引きの儀式と遊戯
（Tugging rituals and games）
ヴェトナム／カンボジア／フィリピン／韓国
2015年　→ヴェトナム

⑲済州島の海女(女性ダイバー)の文化
（Culture of Jeju Haenyeo (women divers)）
済州島の海女(女性ダイバー)の文化(Culture of Jeju Haenyeo (women divers))
済州島の海女文化は、韓国の南西部、済州特別自治道でみられる。貝漁だけでなく、海の女神に漁の安全や豊漁などを祈る潜水の儀式「チャムス・グッ」、海に出る船の上で歌う海女の歌なども含まれており、地域の独特な文化を象徴し、海洋環境を保護する自然にやさしい漁法という点が高く評価された。一日に7時間まで、年間90日間、10mの潜水毎の呼吸など済州島の海女文化は、家族、漁業協同組合、それに、海女学校に伝承され、済州海女博物館などで解説され

ており、済州島のアイデンティティを代表すると共に持続可能性を促進するものである。
2016年

⑳朝鮮の伝統的レスリングであるシルム
（Ssirum (wrestling) in the Democratic People's Republic of Korea）
朝鮮の伝統的レスリングであるシルムは、朝鮮半島に居住する朝鮮民族の伝統的な力比べの格闘技である。歴史的には、5世紀ころまでさかのぼることができ、当時の高句麗の墳墓である角抵塚（現在は中国吉林省集安）に力士を描いた壁画があり、これが最も古い朝鮮族の流れを汲むシルムの原型であると捉えられている。直径8mほどの円形に敷いた砂の上で、腰と片方の足に布製の帯（サッパ）を巻いた二人の競技者が互いに相手の帯をつかんで組み合い、その状態から相手を倒すことによって勝負を決める。二人の壮士（チャンサ）が、土俵がなく、組合った状態から投げを打ち合って勝敗を競う。日本では大相撲にたとえられ朝鮮相撲、韓国相撲とも呼ばれる。韓国の相撲、シルムの「場所」つまり大会は年に8〜9回、全国各地で開催される。定期的にはソルラル（旧正月）とチュソッ（韓国の旧盆）に1回ずつ開催され、その他に天下壮士シルム大会が1回、定期地域壮士シルム大会が各地で開催される。
韓国／北朝鮮
2018年

㉑燃灯会、韓国の燃灯祝祭
（Yeondeunghoe、lantern lighting festival in the Republic of Korea)
燃灯会、韓国の燃灯祝祭は、韓国の至るところで開催される韓国を代表する仏教行事である。国家無形文化財122号である燃灯会は、旧暦4月8日に釈迦の誕生日を記念する仏教行事で、真理の光で世界を照らし、差別なく豊かな世界を願う意味が込められている。燃灯会は、統一新羅時代の9世紀に始まり、現在まで1000年以上続いている。朝鮮時代にも庶民の重要な文化イベント、祭りとして機能しており、1975年に釈迦誕生日が祝日に指定された後、宗教・年齢・性別に関係なく誰でも参加する祭りとして発展してきた。燃灯会は、世代から世代へと伝承され、歴史と環境に合わせて再現され、コミュニティにアイデンティティと連続性を与えている社会的慣習、儀式及び祭礼行事、それに、伝統工芸技術である。燃灯会は、アメリカ合衆国、

オーストラリア、ドイツなどに住む在外韓国人だけではなく、仏教国であるインド、スリランカ、中国、日本でも行われている。
2020年

タジキスタン共和国

❶シャシュマカムの音楽（Shashmaqom music)
ウズベキスタン／タジキスタン　2008年
2008年 ← 2003年第2回傑作宣言
→ウズベキスタン

❷オシュ・パラフ、タジキスタンの伝統食とその社会的・文化的環境
（Oshi Palav, a traditional meal and its social and cultural contexts in Tajikistan)
オシュ・パラフ（ピラフ）は、タジキスタンの全土、特にソグド州、ハトロン州、ザラフシャン渓谷、ヒサール渓谷などでみられる文化遺産の一部として認められているタジキスタンのコミュニティの伝統的な料理で、「食の王」として知られる。オシュ・パラフは、野菜、米、肉、香辛料を使うレシピに基づいて作られ、主に祝いや儀式の席で供される。タジキスタンでは、大皿に盛られたオシュ・パラフを共に食することによって、互いに親密な関係になる。　2016年

❸ナヴルーズ（Navruz)
アフガニスタン／アゼルバイジャン／インド／イラン／イラク／カザフスタン／キルギス／パキスタン／タジキスタン／トルコ／トルクメニスタン／ウズベキスタン
2009年＊／2016年　→イラン
＊2009年にアゼルバイジャンなど7か国で登録、2016年にアフガニスタン、イラク、カザフスタン、タジキスタン、トルクメニスタンを加え、12か国で新規登録となった。

❹チャカン、タジキスタン共和国の刺繍芸術
（Chakan, embroidery art in the Republic of Tajikistan)
チャカン、タジキスタン共和国の刺繍芸術は、タジキスタンの南部、山岳地域のハトロン州クリャーブ地区、ヴォセ地区、ムミナバード地区などで何百年にもわたって行われている女性の国民服である。チャカンの刺繍の芸術は、縫製、装飾の実践であり、綿、或は、絹の布や織物に、明るい色彩豊かな手づくりの羊毛の糸を使って花、象徴的な図案、人々の希望などを表現する自然環境や宇宙に関連した神話のイメー

ジなどを描く。チャカンの製品は、美と人間と自然とを結びつける結束の表現である。若い世代は、彼らの母、祖母、姉からだけではなく学校での学位取得方式を通じてチャカンを学ぶ。
2018年

❺ファラク（Falak）　*New*
ファラクは、タジキスタンの高地民族の伝統的な民俗音楽である。ファラクは、結婚式や割礼などの慶事やその他の機会に演奏される。ファラクは、無拍のリズムで詩を朗誦する様式で、タジキスタンの伝統音楽の白眉とみなされている。男性或は女性のソリストによって演じられる。ファラクの歌は、恋愛、痛み、苦しみ、親子間、恋人間のことが多い。ファラクの演奏者は、ヴァイオリンやフルートの様な伝統的な弦楽器や打楽器を使用する。毎年10月10日は「ファラクの日」になっている。ファラクは、山岳社会において、タジキスタンや民族のアイデンティティになっている。ファラクの伝統は、家族や教育を通じて次世代に継承されている。
2021年

中華人民共和国

❶昆劇（Kun Qu opera）
昆劇は、500年程前の明の武宗の時代に魏良輔が創作した音楽劇。京劇のルーツの一つと言われている。昆劇は、明王朝（1368〜1644年）以前に、現在の江蘇省の蘇州の近くにある江南地方の昆山で創始された。昆劇には700年以上の歴史があり、文学、舞踊、音楽、戯劇を一体化した芸術表現を行うもので、その後の京劇や数多くの地方戯曲に大きな影響を与えた世界的にも非常に貴重な芸術。中国政府文化部は、昆劇を国家重点保護芸術に指定している。
2008年 ← 2001年第2回傑作宣言

❷古琴とその音楽（Guqin and its music）
古琴は、七絃琴で、3000年の歴史を有する中国で最古の弦楽器である。古琴は、格調の高い中国文化の象徴の一つとして見られ、中国音楽の本質を最も表現する楽器である。中国帝国では、文化人は、4つの芸術、すなわち、古琴、碁、書道、絵画に熟達していた。古琴は、100以上の倍音を奏でることができ、約3000の琴曲集と600の楽曲について大変豊富な蓄積がある。代表的な楽曲は、高山、流水、秋水、梅花三弄、平湖秋月等である。長い歴史と豊かな蓄積で、古琴は、各

種の理論的な遺産、すなわち、琴理論、琴製作、音律、学校等を有している。古琴芸術は、世紀を越えた中国文明の美学と社会学上の足跡を残した中国人が古くから愛好した音楽遺産である。古琴の保護、そして、演奏技術の若い世代への継承が求められている。
2008年 ← 2003年第2回傑作宣言

❸新疆のウイグル族のムカーム（Uyghur Muqam of Xinjiang）
新疆のウイグル族のムカームは、中国の最大級の少数民族でイスラム教を信仰するウイグル族の間で普及し伝承されてきた多様なムカームの伝統芸能である。新疆ウイグル自治区は、中国の北西端にある自治区で、古くは中央アジアのシルクロードの中心に立地していた為、東西の文化交流が活発であった。新疆のウイグル族のムカームは、歌、舞踊、民謡、古典音楽が複合した歌舞音楽で、内容、舞踊形式、音楽形態、楽器が多様であることが特色である。歌は、リズムに変化があり、独唱や合唱で演じられる。古代ウイグル音楽を継承する古典音楽で、十数種類の楽器で演奏するウイグル芸術の集大成ともいえる12ムカーム、それにダオラン（刀郎）・ムカーム、トルファン（吐魯番）ムカーム、ハミ（哈密）・ムカームの4つの主な地域様式に発展した。今日では、メシュレプの様な全員参加の伝統的なフェスティバルは、余り開催されなくなり、また、若者の関心の低下、それに12ムカームの様に長時間・多曲のムカームも失せつつある。
2008年 ← 2005年第3回傑作宣言

❹オルティン・ドー、伝統的民謡の長唄（Urtiin Duu, traditional folk long song）
オルティン・ドー、伝統的民謡の長唄は、短い唄のボギノ・ドーと共にモンゴルと中国の内モンゴル自治区で2000年にもわたり口承されてきた表現形態の2つの主要な歌の一つである。オルティン・ドーは、声を長く伸ばして声を長く伸ばし喉を振るわせる独特の歌唱法で、主に馬頭琴の伴奏によって歌われる。オルティン・ドーは、重要な祝賀やフェスティバルに伴う儀式の形式として、モンゴル社会では誉れ高い役割を果たしている。オルティン・ドーは、結婚式、新居の落成、子供の誕生などモンゴルの遊牧民族社会の祝典で演じられる伝統芸能である。オルティン・ドーは、年に一度開催される国民的な相撲、弓射、競馬などスポーツ競技の祭典ナーダムでも聞くことができる。しかしながら、オルティン・ドーは、草原での遊牧民族の生活様式の変化と

代表リスト

共に多くの伝統的な慣習や様式が失われ、その多様なレパートリーも失せつつある。
モンゴル／中国
2008年 ← 2005年第3回傑作宣言

❺中国篆刻芸術
（Art of Chinese seal engraving）
中国篆刻芸術は、中国の美術の礎石といえる。篆刻（てんこく）とは、石や木に、印刀で文字などを彫ることで、書画などに用いる印章もその一つである。篆は、もともと権威者の署名やサインとして使用されたが、現在では全ての社会階級、それにアジアの多くの国で使用される様になった。1904年に、篆刻家の丁仁、呉隠らによって、浙江省杭州市の孤山の西側に西冷印社が設立され、ここを中心に伝統的な中国の篆刻芸術を守り続けている。今日、中国には約100の篆刻の芸術機関や社会グループがあり、そのうち最も有名なのは、北京の中国芸術研究院。傘下の上記の西冷印社と中国篆刻芸術院である。
2009年

❻中国版木印刷技術
（China engraved block printing technique）
中国版木印刷技術は、江蘇省の揚州市などで見られる印刷の専門知識、機敏さ、チーム精神が必要な6人の共同作業で行う彫版印刷の伝統工芸技術である。仏教経典は、江蘇省の南京、木版印刷は、四川省の徳格県の徳格印経院でも見られる。木版印刷とは、木の板に彫刻刀で反転した文字を彫り、墨を塗り、紙に印刷する。木の板は、主に梨、棗、銀杏の木を、墨は、江西省景徳鎮の磁器窯の松煙盃、紙は、浙江省と安徽省で作られる画仙紙が多く用いられる。木版印刷術は、2006年5月20日に、第1期国家級無形文化財リストに登録されている。揚州市には、中国木版印刷博物館がある。　2009年

❼中国書道（Chinese calligraphy）
中国書道は、筆と墨で、特殊な造型を描く社会的慣習であり、書くことで文字の美しさを表そうとする東洋の造形芸術である。芸術性の要素があるので、ボールペンとコンピューターの時代においても価値があり、中国全土、また、日本、韓国にも普及している。中国書道は、芸術的な実践で、情報伝達の機能を満たす一方、主な道具や用具としての筆、墨、紙で漢字を書くことを通じて、自然、社会、生活など人間の思いを伝える特別の書写記号や筆致を通じて、ユニークな文字、精神、気質、関心、中国人の思考法を反映する。漢字の出現と進化と共に、中国書道は、3000年以上もの間、発展して、中国文化のシンボルになった。
2009年

❽中国剪紙（Chinese paper-cut）
中国剪紙（せんし）は、陝西省や浙江省など中国の至る所、多様な異民族の中でも人気のある芸術である切り紙である。剪紙は、子供の時から始まって、長年、母から娘へと伝承されている伝統工芸技術である。剪紙は中国の民間工芸のひとつで、日本でいうところの「切り紙」のことである。紙の上に花や動物、風景、人物などの図案を切り出すハサミで紙を切り抜いたものを「剪紙」、小刀で模様を切り出したものを「刻紙」と言うが、現在ではこれらの技法による切り紙細工を総称して「剪紙」と呼ぶ。
2009年

❾中国の伝統的な木結構造の建築技芸
（Chinese traditional architectual craftmanship for timber-
中国の伝統的な木結構造の建築技芸は、中国の全土、主に、北京、江蘇省、浙江省、安徽省、山西省、福建省、それに、ミャオ族やトン族など少数民族が居住する貴州省など南西地域で見られる中国の建築文化の独特のシンボルで、故宮の太和殿など国内の至るところで見られる職人の木造建築技術である。柱、桁、鴨居、母屋、腕木などの木材部品は、柔軟な耐震性のほぞ組（木材を接合する時に、一方の材にあけた穴にはめこむため、他方の材の一端につくった突起）での接続、継手や仕口、斗棋（とぎ）などの高度な技術と装飾などの伝統工芸技術である。伝統木結構造技芸。
2009年

❿南京雲錦工芸
（Craftmanship of Nanjing Yunjin brocade）
南京雲錦工芸は、中国の東部、江蘇省の省都、南京での、絹、金、孔雀の羽毛糸などを材料に使って2人の職人が製作する伝統工芸技術である。南京は、温暖な気候と豊かな土地に恵まれ、古くから養蚕業が盛んで、絹や錦などのシルク製品の都として栄えた。この地に420〜589年の南北朝時代に北方の中原地域から多くの優れた絹織り職人が移住してきたことにより、雲錦と呼ばれる絹織物が誕生した。その後、13世紀初〜20世紀初の元、明、清の3つの王朝にわたって、雲錦は皇室の御用達品に指定され、皇

帝、皇后をはじめとする皇室の衣装などは全て雲錦になった。高さ4mもある「大花楼」と呼ばれる独特な織機、複雑な図案、絹の他に純金や孔雀の羽から作られる糸、吉祥を表すデザイン、これらをまとめ上げる職人の技などが評価された。2004年には、南京に雲錦博物館もオープンしている。

2009年

⑪端午節 （Dragon Boat festival）

端午節は、湖北省宜昌市の「屈原の故郷の端午の習俗」、黄石市の「西塞神舟会」、湖南省汨羅市の「汨羅江の端午の習俗」、江蘇省蘇州市の「蘇州の端午の習俗」など長江の中流や下流を中心に、陰暦の5月5日に行われる端午の節句である。端午節は、2300年前の戦国時代の楚の偉大な愛国詩人で、秦に敗北したことを知って、川に身を投じて国に殉じた屈原を偲ぶ竜船競漕（ドラゴンレース）の行事で、ちまきを食べる風習は今も続いている。龍船節、ドラゴンボート・フェスティバルとも言う。

2009年

⑫中国の朝鮮族の農楽舞
（Farmers' dance of China's Korean ethnic group）

中国の朝鮮族の農楽舞は、中国北東部の吉林省延辺朝鮮族自治州、黒竜江省、遼寧省に居住する朝鮮族の間で行われる祭事での伝統芸能で、土地の神に犠牲を捧げ、幸運や豊作を祈願する。朝鮮族は「歌舞」（歌と踊り）の民族と言われるほど少数民族の中でも舞踊文化が豊富な民族で、代表的なのは農楽舞である。農楽舞のなかでよく知られている象帽舞が祝日の式典などでよく披露される。楽しい踊りとともに色とりどりの帽子がゆれ、回転する長いリボンが踊る人の周りに輝く美しい輪を作り上げる。

2009年

⑬ケサル叙事詩の伝統 （Gesar epic tradition）

ケサル叙事詩の伝統は、中国西部と北部の異民族、チベット族、モンゴル族、土（トウ）族のコミュニティーに伝わるチベットの古代の英雄リン・ケサル大王のエピソードなどの叙事詩の朗唱である。世界最長の叙事詩と呼ばれることもあるケサル王物語の英雄叙事詩は、黄河と長江の二大河川の源流域が発祥地である。ケサルの叙事詩には、リン王国に君臨する超人的な戦士が、近隣のホル王国と戦争を繰り広げる様が描かれている。ケサル王伝あるいはゲセル・ハー

ン物語は、チベットおよび中央アジアにおける主要な叙事詩である。現在でも140名余りのケサル吟遊詩人（チベット人、モンゴル人、ブリヤート人、トゥ族など）によって歌われており、現存する数少ない叙事詩の一つとしても価値が高い。この叙事詩は約1,000年前のものと推定され、勇胆の王ケサルと彼が治めたという伝説の国家リン王国について語られている。なお、ケサルとゲセルはそれぞれこの物語の主人公名のチベット語読みとモンゴル語読みである。

2009年

⑭トン族の大歌
（Grand song of the Dong ethnic group）

トン族の大歌（おおうた）は、中国南部の貴州省の黔東南ミャオ族トン族自治州、黎平県、従江県、榕江、それに、榕江の川沿いの村に住むトン族の歌である。「歌の民族」といわれるトン族の人々の間では「米は身体を育て、歌は魂を育てる」と言われており、彼らの文化と音楽の知識の伝統は、楽器の伴奏、指揮者などのリーダー無しで演じられる大歌である多声合唱で例証される。トン族の大歌は、基本的に歌詞はトン語で男女それぞれの歌班に分かれ、主旋律を歌うリードボーカルと、その他の歌い手たちとの合唱によって成り立っている。大歌の内容は、自然、生活、労働、恋愛、友情が主で、鳥や虫の鳴き声、水の音など自然の音が歌の源で、鼓楼大歌、叙事大歌、礼俗大歌、児童大歌、戯曲大歌などがある。トン族の大歌祭りは、毎年西暦11月28日に。従江県・小黄村で行われている。　2009年

⑮花儿 （Hua'er）

花儿は、甘粛省、青海省、寧夏省など中国の北西部の、回族、バオアン族、トンシャン族、漢族、チベット族、サラール族、トウ族、グユル族、モンゴル族の9つの民族によって継承されてきた伝統的な民族音楽である。音楽は、民族、町、或は、花に因んで命名された広範で伝統的なレパートリーからなる。歌は、若者の恋愛、きつい仕事、農業生活の疲労、或は、歌の楽しさなどを歌う。花儿のフェスティバルは、毎年、上記の3つの省で開催される。花儿は人気のある娯楽としてだけではなく、異民族間の文化交流の媒体として、大変重要である。カタカナ読みは、フゥアァ（ル）。　2009年

⓰マナス （Manas）

マナスは、中国の西部、新疆ウイグル自治区のキルギス族が誇りとする民族の英雄マナスの叙事詩で、結婚式、葬儀などの儀式で演じられる。マナスの語り手はマナスチェといい、神のお告げを受けているという。マナスは、天山山脈とカラコラム山脈との間にあるクズルス・キルギス自治州が最も有名である。また、マナスは、キルギス、カザフスタン、タジキスタンなどの近隣諸国でも行われている。　2009年

⓱媽祖信仰 （Mazu belief and customs）

媽祖（まそ）信仰は、台湾海峡に面する福建省や広東省の沿海部での信仰と慣習である。媽祖は、中国で最も影響力のある道教の航海守護神（女神）で、航海（水夫）、漁業（船乗り）など海の守護神であり、天上聖母とも呼ばれる。媽祖信仰は、口承、宗教儀式、民俗慣行など信仰と慣習の中心であり、海を渡った華僑によって、世界各地で媽祖廟が建てられている。台湾、琉球、日本（薩摩、長崎、水戸など）、および南海地方など、広くアジア全域にも伝えられた。2009年

⓲歌のモンゴル芸術、ホーメイ

（Mongolian art of singing, Khoomei）

歌のモンゴル芸術、ホーメイは、中国北部の内蒙古、新疆ウイグル自治区のアルタイ山地地域、モンゴル西部のホブド県とザブハン県、ロシアのトゥヴァ共和国で広く歌われるモンゴル族の喉歌である。歌手が声帯を振動させながら気管や口腔で倍音を共鳴させ、同時に二つの音声（或は、三つの音声）を発する歌唱法で、発祥は、西モンゴルのアルタイ地方だと言われている。伝統的に儀式の時に演じられ、歌は、自然界、モンゴル人の先祖、偉大な英雄への尊敬や賞賛を表現する。歌のモンゴル芸術：ホーメイは、特別な行事、競馬、弓術、レスリング、大宴会、犠牲祭などのグループ活動の為に用意される。中国では、ホーメイ、ホーリン・チョール、コーミジュ、或は、蒙古族呼麦、モンゴルでは、ホーミー、トゥヴァでは、ホーメイやコーメイともいう。　2009年

⓳南音 （Nanyin）

南音は、中国南東海岸沿いの福建省の南部の泉州を発祥の地とするミンナン人の文化を反映した伝統的な室内楽の音楽芸能である。南音の起源は、304年の西晋時代の内乱で中原地方から大規模な漢民族の移動があり、彼らが持ってきた農耕や紡績の技術により閩南地域の生活様式が大きく変わったことで誕生したといわれている。その後、唐代、元代、明代を経て、音楽理論の整備が進んで、南音は固有の音楽として社会に定着したと言われている。使われる楽器は、琵琶、二弦、三弦、洞簫、拍版それに、チャルメラ、鈴、銅鑼などの鳴りものなどで構成され、歌われる歌詞は、福建省の南部の方言の閩南語が用いられる。南曲、南楽、南管、弦管とも言う。福建南音。　2009年

⓴熱貢芸術 （Regong arts）

熱貢（レブコン）芸術は、中国西部の青海省黄南蔵族自治州同仁県（旧 熱貢（レブコン）地方）、隆務川流域の寺院と村での、チベット族と土（トウ）族の仏教徒の僧と民俗芸術家によるチベット仏画のタンカ、壁画などの絵画、パッチワークのバルボーラの工芸、彫刻の造形美術である。熱貢芸術は、チベットの歴史、仏教、文化と深く結びついた、美術品および工芸品である。同仁県の村々の男性の7〜8割はなんらかの伝統芸術を継承する工芸職人で、農閑期に村人により制作されるレプコン芸術は、市場経済化が促進するにつれ重要な現金収入の源となっている。青海熱貢芸術とも言う。2009年

㉑中国の養蚕と絹の技芸

（Sericulture and silk craftsmanship of China）

中国の養蚕と絹の技芸は、浙江省の杭州市、嘉興市、湖州市、江蘇省の蘇州市、四川省の成都市などでの古い歴史を有する伝統的な養蚕・織物技術である。桑の木の植栽、養蚕、紡績、製糸、機織りなどの一連の職人技術は、農村地域の経済において、また、女性にとっては大変重要な役割を果たしている。毎年4月、女性の蚕農婦は、絹、或は、紙でつくられたカラフルな花で着飾り、「蚕花廟会」で豊作を祈願する。この重要な文化遺産である中国の養蚕と絹の技芸を守り、国内外への普及啓発を促進している。浙江省の杭州市の中国絹博物館は1992年に開館し、2004年からは国内外からの訪問者に公開されている。中国蚕桑絹技芸。2009年

㉒チベット・オペラ （Tibetan opera）

チベット・オペラは、中国西南部、青藏高原の

チベット自治区のラサ市、シガツェ市、チャムド市のほかに、青海省の黄南チベット族自治州、ゴロク・チベット族自治州、門源回族自治県、四川省のアバ・チベット族チャン族自治州、甘粛省の甘南チベット族自治州などの集落に住むチベット民族の間で大変人気がある伝統的なチベット地方劇である。民謡、舞踊、物語、歌、曲芸などを組み合わせた総合芸術歌を中心とする歌劇で、歌、詩、舞踊が一体となってチベット語で演じられる。15世紀に、仏僧のタントゥン・ギェルポが民俗芸能を呪術師の儀礼舞踊へと発展させ、民話や仏教経典の説話を演じ、歌と踊りを伴う歌劇形式になったと言われている。楽器は、太鼓とシンバル、分野は歴史的伝説、民話、人間の世のあり方、仏教経典の物語、主要な演目は、文成公主、ノルサン王子、ドワサンモなどである。チベット歌劇、蔵劇、アチェ・ラモとも言う。
2009年

㉓伝統的な龍泉青磁の焼成技術
（Traditional firing technology of Longquan celadon）
伝統的な龍泉青磁の焼成技術は、浙江省麗水市龍泉に古くから伝わる青磁器である製陶技術である。スミレ色の金色の粘土、焼けた長石、石灰石、クオーツおよび植物の灰の混合物から合成されて、特殊な上薬は、何世代もの間、受け継がれてきた製法である。龍泉窯は、明代朝廷が朝貢貿易を掌握するために、外国へ賞賜した重要な産物でもある。アジアやアフリカ、欧州地域の古跡や宮廷収蔵品の中に、今もなお明代の龍泉磁器を見ることができ、各地がその模造を通して磁器産業を確立する原動力ともなった。このため、龍泉青磁の美しさは、世界公認の美であると言える。浙江龍泉青磁とも言う。
2009年

㉔伝統的な宣紙の手工芸
（Traditional handicrafts of making Xuan paper）
伝統的な宣紙の手工芸は、中国東部の安徽省宣城市の逕県（けいけん）一帯の水質と温暖な気候に恵まれた地で唐代初期から育まれてきた伝統工芸である。中国の4大発明は、紙、火薬、羅針盤、印刷術であるが、このうち「紙」は、昔の中国知識人の文房具の筆、墨、紙、硯のひとつでもあり、日常生活においても欠かせないものである。宣紙は、青檀樹の皮と藁を主な原料としたもので、素地は丈夫で耐久性に優れ、色は

白く滲みがあり、墨の付きがよく、いろいろ変化する。また、19世紀にはパナマ国際博覧会で、20世紀の初めには上海での万国紙の評定会において、2回金メダルを獲得するなど、中国書画用紙の代表格となり、「紙王」とも呼ばれている。この宣紙のふるさと、宣城市の逕県一帯は、世界遺産に登録されている黄山の北麓にあり、山紫水明、県内には黄山の麓を源とし長江に流れる青弋江という川が流れている。このきれいな水で作り上げられた宣紙は、品質がとても高い。安徽宣紙。2009年

㉕西安鼓楽 （Xi'an wind and percussion ensemble）
西安鼓楽は、陝西省西安市で、一千年以上も演奏されてきた管楽器と打楽器との編成で演奏される合奏で、内容は、地方の生活、信仰に関連し、寺院、縁日、葬式の様な宗教的な機会に演奏される。西安鼓楽は、隋で始まり、唐の時代で盛んになり、かつては宮廷音楽として俗世間から離れて高みにいた。唐の安史の乱時期に宮廷楽師の流亡に伴って民間に流出し、さらに寺院などの音楽行事を通じて、僧、道、俗という3つの流派が形成され、明・清の時代で全盛期を迎えた。東倉鼓楽社は、西安鼓楽の有名な楽社の一つで、2006年、大唐芙蓉園観光風景区で正式に発足した。東倉鼓楽社の舞台は大唐芙蓉園の紫雲楼である。
2009年

㉖粤劇 （Yueju opera）
粤劇（えつげき）は、中国南東部の広東省と広西チワン（壮）族自治区がルーツの、北京語のオペラの伝統と広東語の方言を組み合わせた古典歌劇で、香港、マカオ、台湾等でも育った。粤劇は、唱（歌）、念（せりふ）、做（仕草）、打（立ち回り）、舞台衣装、顔絵と共に弦楽器と打楽器との組み合わせの楽師の演奏が特徴の舞台芸術である。沙田（シャーティン）地区にある香港文化博物館では常設展示として広東粤劇のコーナーが設けられているほか、世界各地にある広東華僑のチャイナタウンなどで粤劇が上演されている。「粤」は広東省の別名で、広東語では「ユッケッ」と読む。京劇との違いは、言語が広東語であること、音楽も歌い方も違い、化粧の仕方が異なるなどが挙げられる。別名、広東大戯（広東オペラ）。2009年

㉗伝統的な中医針灸

（Acupuncture and moxibustion of traditional Chinese medicine）

伝統的な中医針灸（しんきゅう）は、東洋医学の医療技術で、鍼灸とは、細い針をツボに刺入することで刺激を加え、疾患の治療を促す施術のことである。中医針灸は、中華民族の知恵と創造力が独特に表現された文化の一つであり、現在でも実践的医療として脈々と受け継がれている。中医針灸は、完成された知識体系、また、健康への効果など重要な医術である。保存団体に中国針灸学会がある。中医鍼灸は中国が起源であり、人類の健康に大いに貢献している。南北朝時代以降に日韓に伝わり周辺国家で応用されるようになった。　　　2010年

㉘京劇 （Peking opera）

京劇は、19世紀中頃の清代に南曲など南北各地の演劇の要素を吸収しながら民間で発達し、北京で完成した中国を代表する伝統的な演劇であり、形式化、象徴化された演技、手、視線、立ち回りの総合的な要素から伝統的な美学を追究した音楽劇である。中国には、昆劇、越劇、川劇など100を超す多くの伝統的地方演劇があるが、北京を中心とする京劇はその頂点にあり、約200年の歴史を持つ。囃子方、歌、舞踊、台詞、立ち回りなどを組み合わせ、言葉、音楽、舞踊を融合させた総合的な演劇で、欧米などでは北京オペラと呼ばれる。伝統的に女性の役は女形が演じたが、近年の中国では女形は廃され、女優が演じている。　　　2010年

㉙中国の影絵人形芝居

（Chinese shadow puppetry）

中国の影絵人形芝居は、陝西省、湖南省、河北省、遼寧省など中国の国内で広く演じられてきた操り人形、歌唱、伝承文学、彫刻工芸などを伴う伝統的な芸能であり、唐代中期あるいは7世紀〜8世紀の五代の時期に始められた。当時は仏教寺院が「輪廻応報」の仏法を民衆に説くために演じられた。影絵人形芝居が最も盛んな地域の一つである河北省唐山地区の老芸人の間では、現在でも脚本を「影経」、「影巻」と呼び、観音菩薩が説法をしたものが「皮影」となったと伝えられ、観音菩薩を祭祀している。宋代になると、説唱芸術と結びついて民間の市民文芸の一つとして隆盛をきわめた。影人（インレン・人形）の素材は、北宋時代には紙であったものが、皮（羊）に変化した。また、人形を造型の面からみると、「頭」（トウチャ）と称する頭部が、

北方皮影は鼻から額にかけて直線的であるのに対して、西部皮影は丸みを帯びた高い額が特徴である。中国の影絵人形芝居は、「皮影戯」とか「弄影戯」とも称される。中国の影絵人形芝居は、2006年と2008年に文化省が所管する無形文化遺産リストに登録されている。　2011年

㉚中国珠算、そろばんでの算術計算の知識と慣習

（Chinese Zhusuan, knowledge and practices of mathematical calculation through the abacus）

中国珠算は、そろばん（算盤）を使う古来の伝統的な計算方法で、桁に沿ってビーズ（珠）を弾くことによって、加減乗除や平方根など複雑な計算もできることから、羅針盤、火薬、紙、印刷術と並び「中国五大発明」の一つとも称され、伝統的な中国文化の重要なシンボルでもある。中国珠算は、民俗、言語、文学、彫刻、建築など多様な文化、数学など学問領域への貢献のほか、子供の記憶力や注意力など知能発達の教育効果も評価された。中国では文化革命期の頃までは、1本の軸に丸い珠を計7つ通したそろばんが一般的だったが、近年は、軸にひし形の珠を5つ通した日本型に近いそろばんが普及している。そろばんを計算機として使用始めた発祥には諸説あるが、後漢末期に活躍した武将で商業の神様ともいわれる関羽が発明したとの伝承がある。現代中国における珠算は、学校教育からも外れ、若者の間では関心が薄くなっているが、今回の無形文化遺産登録を契機に、そろばんの素晴らしさを再認識することが期待されている。2013年

㉛二十四節気、太陽の1年の動きの観察を通じて発達した中国人の時間と実践の知識

（The Twenty-Four Solar Terms, knowledge of time and practices developed in China through observation of the sun's annual motion）

二十四節気（にじゅうしせっき）は、1年の太陽の黄道上の動きを視黄経の15度ごとに24等分して決められている。太陰太陽暦（旧暦）では季節を表すために用いられていた。すなわち、立春、雨水、啓蟄、春分、清明、穀雨、立夏、小満、芒種、夏至、小暑、大暑、立秋、処暑、白露、秋分、寒露、霜降、立冬、小雪、大雪、冬至、小寒、大寒の24で、全体を4つに分け春夏秋冬とし、さらにそれぞれを6つに分けて、節気（立春、啓蟄などの奇数番）と中気（雨水、春分などの偶数番）を交互に配している。また、季節とのずれを少なくするために約3年に一度、閏月を設け調整

していた。二十四節気は、中国人が自然を尊重し、人間と自然の調和を追求する理念、また農業生産や儀式、そして民間行事のバランスの取れた管理を物語るものである。二十四節気は、地域と団体の共通文化の構築や、人々が無形文化遺産の重要性に対する認識の増強にも役立っている。
2016年

㉜中国のチベット民族の生命、健康及び病気の予防と治療に関する知識と実践：チベット医学におけるルム薬湯
（Lum medicinal bathing of Sowa Rigpa,knowledge and practices concerning life, health and illness prevention and treatment among the Tibetan people in China)
中国のチベット民族の生命、健康及び病気の予防と治療に関する知識と実践：ソワリッパのルム薬湯は、中国の西部、チベット（西蔵）自治区の南部を流れるヤルン川渓谷、5要素に基づく生命観など健康と病気の予防と治療に関しての知識をラマ僧などチベット民族が実践し発展した伝統医学であるチベット医学の慣習である。ソワリッパとは、「癒しの科学」という意味で、何世紀にもわたる伝統的なチベット医学の慣習でありシステムで、脈拍の測定と検尿で診断する。行動、食餌、薬草の組み合わせと多様な理学療法で病気の根本原因から患者を治療し完全に全身を癒すのを目標にしている。この慣習は、地球上の多くの人が何年にもわたって体験している。
2018年

㉝太極拳（Taijiquan)
太極拳は、中国の中央部、河南省焦作市が起源で、黄河の北部、河南省の焦作市、河北省の邯鄲市永年区、任県、北京市大興区、天津市武清区などに集中している。300年にわたって中国の他の地域や異民族にも普及し実践されている。太極拳は、17世紀、明朝末から清朝初の頃に、河南省に居住する陳姓の一族の間で創始された拳法の一種である陳式太極拳で、自然及び万物に関する知識及び慣習である。その変幻無窮の技法を、古代思想の陰陽理論である「太極説」によって説き、拳法の名称としたのである。陳式太極拳には、姿勢・動作である大架と小架、古伝の型である老架、新しい型である新架の種類があり、のちに楊式、呉式、武式、孫式などを派生した。各派の太極拳は80前後の技

法動作が連結されている拳法の型であり、源流の陳式を除き、一様にゆっくりとした深長呼吸にあわせて、緩やかに円形運動を行うのが大きな特徴であり、意識・呼吸・動作の協調運動である。源流の陳式は、本来、実戦武術として考案されたものであり、柔軟で緩やかな動作のなかに、激しく力強い動作を含み、円形動作には螺旋状のひねりを伴い、打撃には瞬発力を打ち出す発勁動作が特徴である。太極拳は、治病と健身に効果が認められることから、近年では健康法として多くの人に行われ、1956年に国家体育運動委員会は、もっとも広く普及している楊式太極拳の型を縮小し、動作を左右均等にした簡化太極拳を制定し、「治病健身体操」として国民に奨励している。太極拳は、伝説、ことわざ、儀式を通じて広められてきた。太極拳の保護は異なるコミュニティでの実践など多様な方法での視認と対話が増強する。
2020年

㉞人間と海の持続可能な関係を維持するための王船の儀式、祭礼と関連する慣習
（Ong Chun/Wangchuan/Wangkang ceremony, rituals and related practices for maintaining the sustainable connection between man and the ocean)
人間と海の持続可能な関係を維持するための王船の儀式、祭礼と関連する慣習は、中国では、15世紀〜17世紀にの南部、福建省の南部の閩南地域で発展し現在は、厦門湾と東海湾の沿岸地域やマレーシアのマラッカ地区の中国人コミュニティに広く伝わる除災招福の社会的慣習、儀式及び祭礼行事である。王船の儀式、祭礼と関連する慣習は、災害を避け平安を願う民俗儀式で、代々の祖先が海を渡ってきた歴史的記憶を伝え、人間と自然との調和と生命尊重の理念を体現、気象や潮の流れ、海流の観測などの海洋知識と航海技術を蓄積してきた象徴である。王船は中国とマレーシアの関係者の間で共通の遺産とみなされており、中華文化が海上シルクロード沿岸の国に広まり、融合した代表的な事例といえる。
2020年
中国／マレーシア

代表リスト

朝鮮民主主義人民共和国（北朝鮮）

❶北朝鮮の民謡アリラン
（Arirang folk song in the Democratic People's Republic of Korea）

北朝鮮の民謡アリランは、朝鮮民主主義人民共和国の首都平壌、それに平安南道、江原道、咸鏡北道、慈江道など多くのローカル版の「アリラン」も含まれる伝統芸能である。毎年8月から10月にかけて、平壌の綾羅島メーデー・スタジアムで行われるアリラン祭は、世界最大規模のマスゲームの儀式及び祭礼行事で、期間中、週4回あるいは5回開催される。アリランは、朝鮮半島の全土だけではなく、東アジア、中央アジア、北アメリカなどでも歌われている。韓国の「アリラン」は、2012年12月の第7回無形遺産委員会で登録されているが、北朝鮮の「アリラン」の登録で、網羅された。それらは、結束の重要なシンボルとして機能すると共に芸能、映画、文学など現代芸術の分野における誇りである。
2014年

❷北朝鮮の伝統的なキムチの製造方法
（Tradition of kimchi-making in the Democratic People's Republic of Korea）

北朝鮮の伝統的なキムチの製造方法は、朝鮮民主主義人民共和国の国内外の全てのコリアンによって行われている伝統的なキムチの漬け込み方法である。キムチは、乳酸発酵を起こす前に、様々な野菜（含む山菜）、香辛料、果実、肉、魚、或は、発酵性のシーフードと共につくられる料理で、日常の食事や特別の機会に供される。気候や嗜好の違い、レシピは変化しているが、キムチの製造は全国的な習慣である。伝統的なキムチの製造の担い手は、主に女性である。しかし、冬に備えて大量に準備する時は、家族、隣人、或は、コミュニティの他のメンバーが社会的な結束を高めることに貢献する。韓国の冬に備えたキムチの漬け込みの「キムジャン」は、2年前にユネスコ文化遺産に登録されており、以来、北朝鮮は、韓国のキムチに比べてトウガラシを少なく入れ、味が比較的まろやかな北韓のキムチについても登録を求めてきた。南北が同じ内容の文化遺産を登録するのは、「アリラン」に続いて2件目となる。
2015年

❸朝鮮の伝統的レスリングであるシルム
（Ssirum (wrestling) in the Democratic People's Republic of Korea）
北朝鮮／韓国
2018年　→韓国

トルクメニスタン

❶ゴログリーの叙事詩の芸術
（Epic art of Gorogly）

ゴログリーの叙事詩の芸術は、トルクメニスタンの北部から北東部、ダショグズ州とレバプ州を中心に演じられている口承による伝統及び表現である。伝説の英雄ゴログリーと彼の40人の騎兵隊の業績を表現する。トルクメニスタンでの担い手である演技者は、叙事詩を専門とし、語りを組み込んで、詩、即興、音楽を歌う。ゴログリーの叙事詩の芸術は、強い愛国心を与え、幸福な生活の為のトルクメ人の覇気を反映し、勇敢、正直、友情、公正の様な価値を促進する。達人は、公演中に、スキルを教えることと継承を結びつけている。　2015年

❷ノウルーズ（Nowruz）
アフガニスタン／アゼルバイジャン／インド／イラン／イラク／カザフスタン／キルギス／パキスタン／タジキスタン／トルコ／トルクメニスタン／ウズベキスタン
2009年＊／2016年　→イラン
＊2009年にアゼルバイジャンなど7か国で登録、2016年にアフガニスタン、イラク、カザフスタン、タジキスタン、トルクメニスタンを加え、12か国で新規登録となった。

❸歌と踊りのクシデピディの儀式
（Kushtdepdi rite of singing and dancing）

歌と踊りのクシデピディの儀式は、現在は、主にトルクメニスタン（西トルクメニスタン）のカスピ海岸のバルカン州のハザール、エトレック、トルクメンバシ、ベレケト、セルダル、マフトゥムグルなどの県の村々、それに、トルクメンバシ、ベレケト、セルダル、バルカナバートなどの都市で集中して行われている。クシデピディは、トルクメニスタンのアハル州、ダショグズ州、レバプ州の県や都市でも行われている歌の曲に合わせて手、身体、足を動かす国民のダンスで、様々な自然の現象や動物の習性を繰り返し、自然と調和した体の動きをする伝統芸能である。それに、トルクメ人の幸せを祈る気持ちを伝える精神文化を反映した無形文化遺産であると言える。　2017年

代表リスト

❹トルクメニスタンの伝統的なトルクメン・カーペット製造芸術

（Traditional turkmen carpet making art in Turkmenistan）

トルクメニスタンの伝統的なトルクメン・カーペット製造芸術は、トルクメニスタンの各地、アハル州、バルカン州、ダショグズ州、レバプ州、マル州での伝統的、美しく装飾されている、手織りの羊毛のトルクメン・カーペットやカーペットの生産にかかわるものである。カーペットは、生地に濃く、文化のアイデンティティの印として5つの主なトルクメン民族の一つに関する色のパターンで装飾される。カーペットの織り手はカーペットのデザインに地元の動植物などを描く。カーペットは床の被覆や壁の装飾に使用され、特別のカーペットも特定の機会に織られる。

2019年

❺ドゥタール製作の職人技能と歌を伴う伝統音楽演奏芸術 *New*

（Dutar making craftsmanship and traditional music performing art combined with singing）

ドゥタール製作の職人技能と歌を伴う伝統音楽演奏芸術は、トルクメニスタンの全土で行われている。長い棹の弦楽器であるドゥタールはトルクメニスタンの伝統音楽を代表するものである。ドゥタールはムカムラルやサルトゥクラルからキルクラルやナヴォイまで様々なジャンルの音楽に使用される。これらの音楽はサザンダと呼ばれるプロの演奏家により演奏される。ドゥタールは、桑の木で作られる。昔は絹糸が張られ、すこぶる小さな音量であった。現在では、スチール弦が用いられ、棹にはペルデと呼ばれるガットが巻かれている。演奏は二弦の楽器とは思えないほど高度な演奏技術が駆使される。独奏ではムカームと呼ばれる技巧曲が中心で、幼少からの修行による熟練の技が尽くされる。トルクメンの文化や音楽はイスラム色の強いトルコとイランの両方から影響を受けている。

2021年

日本

❶能楽 （Nôgaku theatre）

能楽は、8世紀がその起源で、笛、小鼓、大鼓、太鼓の伴奏音楽にのせ、歌い舞って進行する音楽劇の「能」と、滑稽なセリフ劇である「狂言」で構成されている。両者は、能が大成した14世紀頃から同じ舞台で交互に上演されるなど一体となって発展し、日本の古典演劇の真摯な伝統を示している。極端に簡素な表現形態によって人の感情を繊細に表現する能と、格調高く明朗なセリフによる狂言は、後の人形浄瑠璃文楽や歌舞伎など日本の演劇全般に多大な影響を与えたわが国の代表的な伝統芸能で、1957年(昭和32年)12月4日、国の重要無形文化財(芸能)に指定されている。能「羽衣」、狂言「寝音曲」など多くの演目が公演されている。

2008年 ← 2001年第1回傑作宣言

❷人形浄瑠璃文楽

（Ningyo Johruri Bunraku puppet theatre）

人形浄瑠璃文楽は、わが国の人形芝居を代表する伝統芸能。江戸時代の1684年、竹本義太夫が大阪の道頓堀に竹本座を設け、操り芝居を興行したのが始まりで、義理と人情の葛藤をテーマにした近松門左衛門の名作、「曽根崎心中」、「心中天網島」などの演目が有名。人形浄瑠璃文楽は、わが国の人形芝居の長い伝統を継承し、18世紀末頃、淡路島出身の植村文楽軒が大阪で興行を始め、その小屋が1872年(明治5年)年以降、「文楽座」を名乗り繁栄、いつしか人形浄瑠璃そのものをさすようになった。人形浄瑠璃文楽は、三味線音楽の義太夫節に合わせて人形を操作する音楽劇で、その人形操作は、1体の人形を3人で操作し微妙な感情表現を行う。人形浄瑠璃文楽は、義太夫節の語り手である太夫、その三味線演奏者、さらに人形の操作者が一体となって高度な舞台を構成し、1984年に誕生した国立文楽劇場(大阪市中央区日本橋)を本拠に展開している。1955年(昭和30年)5月12日、国の重要無形文化財(芸能)に指定されている。

2008年 ← 2003年第2回傑作宣言

❸歌舞伎 （Kabuki theatre）

歌舞伎は、日本の代表的な伝統演劇の一つである。歌舞伎の発祥は、17世紀初期に京都で、出雲阿国が中心になって演じた芸能が始まりで、18世紀に大成した。元々は、男女で演じられていたが、その後、女性の出演が禁止され、男性だけで演じられるようになった。歌舞伎は、人形浄瑠璃文楽などの多様な芸能や音楽を積極的に

代表リスト

取り込んで発達した音楽劇で、伝統的な演技演出様式によって上演される。特に女性役を男性が演じる独特の「女方」の演技や舞踊的に様式化された「見栄」などの所作、せりふなどの表現手法、衣装、特殊なメーキャップの「化粧」、大道具・小道具、「花道」や絵画的な舞台構成、複雑で多様な音楽、拍子木、ツケなどに特色があり、日本の演劇を集大成した代表的な伝統芸能である。1965年（昭和40年）4月20日に国の重要無形文化財（芸能）に指定されている。
2008年 ← 2005年第3回傑作宣言

❹秋保の田植踊（Akiu no Taue Odori）
秋保の田植踊（あきうのたうえおどり）は、宮城県仙台市太白区秋保町に伝わる、年の初めに稲の豊作を予め祝うことによってその年の豊作を願う民俗芸能で、もとは小正月に行われていたが、現在は湯元、馬場、長袋ともに社寺の祭礼時などに踊られている。踊り手は、道化役と口上役を兼ねた弥十郎、鈴ふり、早乙女で、笛や太鼓の囃子にのせ、田植えの様子を美しく振り付けた踊りを次々と踊る。演目には、入羽（いれは）、一本そぞろき（一本扇）、鈴田植、二本そぞろき（二本扇）、銭太鼓、太鼓田植などがある。また、余興として、春駒（はるこま）、鎌倉踊など数曲の踊りが伝えられ、その一部には、江戸初期の歌舞伎踊の姿をうかがわせる保護団体は、秋保の田植踊保存会、湯元の田植踊保存会、長袋の田植踊保存会、馬場の田植踊保存会。秋保の田植踊は、1976年（昭和51年）5月4日に、国の重要無形民俗文化財（民俗芸能：田楽）に指定されている。
2009年

❺チャッキラコ（Chakkirako）
チャッキラコは、神奈川県の三浦市三崎の仲崎と花暮地区や海南神社で約250年前の江戸時代から伝承されている、「左義長の舞」「初瀬踊」ともいわれる小正月に行われる豊漁・豊作や商売繁盛などを祈願する女性のみで踊られる民俗芸能である。当日まず踊宿で御本膳と呼ぶ食事をすませ、御本宮様（海南神社の御祭神）の前で一踊りしたあと、町内の家々をめぐって踊る。踊には「はついせ」、「チャッキラコ」、「二本踊」、「よささ節」、「伊勢参」、「鎌倉踊」の六曲があり、それぞれ、扇、綾竹などを手にして踊る。チャッキラコの名は、採物のコキリコから

音転訛したものともいわれている。踊とはいいながら、囃子のことばを返しながらのその姿は軽快な舞の要素もあるなど近世初頭に流行した小歌踊をしのばせるなどの特色がある。保護団体は、1964年（昭和39年）に結成された「ちゃっきらこ保存会」で、三浦の伝統文化として少女達が受け継いでいる。1976年（昭和51年）5月4日、国の重要無形民俗文化財（民俗芸能：風流）に指定されている。
2009年

❻題目立（Daimokutate）
題目立（だいもくたて）は、奈良県の東北部、大和高原の一画にある奈良市上深川の八柱（やはしら）神社（祭神は高御産日神・神産日神・玉積日神・足産日神・事代主神・大宮売日神・生産日神・御食津神の八神）の秋の宵宮祭の日（10月12日）において、数え17歳の青年たちを中心に奉納、演じられる語り物の芸能で、「厳島」、「大仏供養」、「石橋山」の三番が伝承されている。若者達は本殿下の舞台に立ち並び、台詞の順番と役名が告げられると名乗りを上げ、続けて会話体につづられた長い物語の詞章を謡うように語る。物語の登場人物を一人一役で語る。語りの最後には「フショ舞」が舞われる。演者の一人が扇をかかげ、足踏み強く舞う。題目立は、類例の少ない語り物の芸能であり、中世の芸能の姿をうかがわせるなど特色がある。題目立の名称は、1603年刊行の『日葡辞書』に「ダイモク」を「ナヲアララハス」と説明していることなどから、出演者が名を名乗り、それから順次、条目を述べ立てるように物語を語っていくことからきた名称ではないかと推測されている。1976年（昭和51年）5月4日に国の重要無形民俗文化財（民俗芸能：語り物・祝福芸）に指定されている。保護団体：題目立保存会。
2009年

❼大日堂舞楽（Dainichido Bugaku）
大日堂舞楽（だいにちどうぶがく）は、秋田県鹿角市八幡平の大日堂で正月2日に演じられる芸能で、伝承では、養老年間（717〜724年）に都から下向した楽人によって伝えられた舞楽がその起源とされている渡来芸・舞台芸である。大里、谷内、小豆沢、長嶺の4集落がそれぞれ異なる舞を伝承しており、能衆と呼ばれる人々が世襲で舞を継承している。4集落の能衆による

「神子舞」と「神名手舞」、小豆沢の「権現舞」と「田楽舞」、大里の「駒舞」「鳥舞」「工匠舞」、長嶺の「烏遍舞」、谷内の「五大尊舞」の9演目が伝承されており、仮面をつけたり採物を持つなどして笛や太鼓の囃子で舞われている。大日堂の舞楽は、演じ手の所作などに中世の芸能の古風さをうかがわせ、また、当地で独自に変化をした諸相をみせ、特色がある。1976年(昭和51年)5月4日に国の重要無形民俗文化財(民俗芸能：渡来芸・舞台芸)に指定されている。保護団体：大日堂舞楽保存会。
2009年

❽雅楽 (Gagaku)
雅楽(ががく)は、わが国に古くから伝わる「神楽」「東遊」などの音楽と舞、6世紀以降に主かぐらあずまあそびとして中国大陸や朝鮮半島を経由してわが国にもたらされた外来の音楽と舞が日本独自に変化し整理された管弦と舞楽、平安時代につくられた「催馬楽」「朗詠」と呼ばれる声楽曲の総称であり、長く宮中を中心に伝承されてきた。宮内庁式部職楽部は、宮中の儀式、饗宴、園遊会などの行事において雅楽を演奏するほか、春・秋の定期公演をはじめ、国立劇場や地方での公演で雅楽を公開している。雅楽は、1955年(昭和30年)5月12日に国の重要無形文化財(芸能)に指定され、宮内庁式部職楽部が所管している。
2009年

❾早池峰神楽 (Hayachine Kagura)
早池峰神楽(はやちねかぐら)は、岩手県花巻市大迫町大迫の大償・岳の2地区に伝承される神楽で、早池峰神社の8月1日の祭礼などに演じられる。神楽は、まず一定の決められた演目を演じることになっており、これを式舞という。式舞には、「鳥舞」「翁舞」「三番叟」「八幡舞」、「山の神舞」「岩戸開」の6曲がある。式舞の後は、神舞、荒舞、番楽舞、女舞、狂言が演じられる。これらすべての舞の最後には、権現様と呼ばれる獅子頭による「権現舞」が舞われている。室町時代に能が大成する以前の姿をうかがわせるなど特色がある。早池峰神楽は、1976年(昭和51年)5月4日に国の重要無形民俗文化財(民俗芸能：神楽)に指定されている。保護団体は、早池峰神楽保存会、大償神楽保存会、岳神楽保存会。
2009年

❿小千谷縮・越後上布−新潟県魚沼地方の麻織物の製造技術
(Ojiya-chijimi, Echigo-jofu:techniques of making ramie fabric in Uonuma region, Niigata Prefecture)
小千谷縮・越後上布(おぢやちぢみ・えちごじょうふ)は、新潟県魚沼地方、特に、塩沢・小千谷地区は古来より上質の麻織物を産し、江戸時代には上布と称して幕府へも上納され、帷子(かたびら)として着用された。この時代以降、布の原料である苧麻(ちょま)は会津地方に産する良質のものが使用され、また、それまでの平織に工夫を加えた縮も作られるようになり、生地を薄く軽く作る技術の向上がみられる。雪が苧麻の繊維に適度な湿気を与え、また雪上の晒(さらし)が漂白に役立つ等という雪国の自然環境と風土とが生産の大きな条件であった。これらの染織技術は雪国としてのこの地方の文化の特質を有するとともに、原料から加工技術の全般にわたって純粋に古法を伝えていて貴重な存在である。小千谷縮・越後上布の特徴は、その希少性と洗練された手作業による技術を駆使して織り上げられていること、また、通気性に富み、軽く、上布はさらりとした風合い、縮はシャリ感が魅力で、蒸し暑い日本の夏に最適な最高級着尺地である。保持団体は、越後上布・小千谷縮布技術保存協会。小千谷縮・越後上布は、1955年(昭和30年)5月12日に国の重要無形文化財(工芸技術：染織)に指定されている。
2009年

⓫奥能登のあえのこと (Oku-noto no Aenokoto)
奥能登のあえのこと(おくのとのあえのこと)は、石川県珠洲市、輪島市、鳳珠郡能登町及び穴水町で、稲の生育と豊作を約束してくれる田の神を祀る稲作に従事してきた日本人の基盤的生活の特色を典型的に示す農耕儀礼で、毎年12月と2月に行われる民俗行事。収穫後の12月は、田の神を田から家に迎え入れて、風呂に入れたり、食事を供したりして、収穫を感謝する。そして耕作前の2月になると、再び風呂に入れたり、食事を供したりして、田の神を家から田に送り出して豊作を祈願する。この儀礼は、家の主人が中心となって執り行い、目に見えない田の神があたかもそこに実在するかのようにふるまう。奥能登のあえのことは、1976年(昭和51年)5月4日に国の重要無形民俗文化財

代表リスト

（風俗慣習：生産・生業）に指定されている。保護団体は、奥能登のあえのこと保存会（輪島市三井町洲衛10部11番地1＜奥能登広域圏事務組合事務局内＞）である。**2009年**

⑫アイヌ古式舞踊 （Traditional Ainu dance）

アイヌ古式舞踊（あいぬこしきぶよう）は、北海道札幌市、千歳市、旭川市、白老郡白老町、勇払郡むかわ町、沙流郡平取町、沙流郡日高町、新冠郡新冠町、日高郡新ひだか町、浦河郡浦河町、様似郡様似町、帯広市、釧路市、川上郡弟子屈町及び白糠郡白糠町北海道に居住しているアイヌの人々によって伝承されている歌と踊りで、アイヌの主要な祭りや家庭での行事などに踊られる。踊りにあわせて歌われる歌と踊りを「リムセ」といい、座って歌われる歌を「ウポポ」という。踊りには、祭祀的性格の強い「剣の舞」「弓の舞」のような儀式舞踊、「鶴の舞」「バッタの舞」「狐の舞」のような模擬舞踊、「棒踊り」「盆とり踊り」「馬追い踊り」などの娯楽舞踊、さらには「色男の舞」のような即興性を加味した舞踊などがある。アイヌ古式舞踊は、アイヌ独自の文化に根ざしている歌と踊りで、芸能と生活が密接不離に結びついているところに特色がある。1984年（昭和59年）1月21日に国の重要無形民俗文化財（民俗芸能：その他）に指定されている。**2009年**

⑬組踊、伝統的な沖縄の歌劇 （Kumiodori, traditional Okinawan musical theatre）

組踊、伝統的な沖縄の歌舞劇（くみおどり、でんとうてきなおきなわのかぶげき）は、日本の南西部、沖縄諸島に伝わるせりふ、音楽、所作、舞踊によって構成される歌舞劇。琉球王国時代、首里王府が中国皇帝の使者である冊封使を歓待するために、踊奉行であった玉城朝薫（1684〜1734年）に創作させ、1719年、尚敬王の冊封儀礼の際に初演された。「朝薫の五番」をはじめ、その後の踊奉行らによって創作された組踊は、現在約70の作品が確認されている。1972年（昭和47年）5月15日、沖縄が日本へ復帰すると同時に、国の重要無形文化財（芸能）に指定された。組踊は、沖縄戦などで幾度か消滅の危機にさらされたが、その度に困難を克服してきた琉球芸能の精髄である。保存団体に「伝統組踊保存会」（沖縄県浦添市）がある。**2010年**

⑭結城紬、絹織物の生産技術 （Yuki-tsumugi, silk fabric production technique）

結城紬（ゆうきつむぎ）は、日本の首都東京の北部、鬼怒川沿いの茨城県結城市と栃木県小山市を中心に伝わる絹織物の生産技術である。結城紬の起源は古く奈良時代まで遡り、特に室町時代の領主の結城家が特産品として育成、毎年幕府に献上した事からその名がついた。繭、真綿、糸紬、染め、織りと一貫して丹念に作られる為、大変丈夫で、芸術的価値も高く、1956年（昭和31年）4月24日、日本を代表する手織紬として国の重要無形文化財（工芸技術：染織）に指定された。結城紬は、日本の紬の代表的な存在で、高級絹織物として知られるが、着物自体の需要が減少しており後継者育成も大きな課題である。**2010年**

⑮壬生の花田植、広島県壬生の田植の儀式 （Mibu no Hana Taue, ritual of transplanting rice in Mibu, Hiroshima）

壬生の花田植（みぶのはなたうえ）は、広島県山県郡北広島町で、毎年6月の第一日曜日に行われる社会的慣習、儀式及び祭礼行事である。田に田の神を祀って田植えを行い、稲の生育と豊作を祈願する。まず、飾りたてた牛による代掻きが行われ、次いで苗取りが済むと田の神が迎えられて田植えとなる。田植えは、音頭取りの指揮にしたがって囃子が奏され、美しく着飾った早乙女と呼ばれる女性が田植え歌を歌いながら苗を植えていく。稲作に従事してきた日本人の基盤的生活の特色を典型的に示す農耕行事である。壬生の花田植は、1976年（昭和51年）5月4日に国の重要無形民俗文化財（風俗慣習：生産・生業）に指定されており、保護団体は、壬生の花田植保存会。**2011年**

⑯佐陀神能、島根県佐太神社の神楽 （Sada Shin Noh, sacred dancing at Sada shrine, Shimane）

佐陀神能（さだしんのう）は、島根県松江市佐太神社で毎年9月24日から翌25日にかけて行われる御座替祭の際演じられる神楽で、七座神事、式三番、神能の三部の神事舞からなる。御座替祭は、佐太神社の本殿三社はじめ境内各社の御神座の茣蓙を新しいものと替える重要な行事で、祭の進行とともに舞殿で七座神事が始まる。七座神事の舞は、場所や御座を清め神を迎えるためのもので、舞手は面を着けず、手に鈴

や剣、茣蓙、御幣などを持って「剣舞」、「散供」、「御座」、「清目」、「勧請」などを舞う。翌日行われる式三番は、「翁」、「千歳」、「三番叟」の三人の舞手が順に舞い、無事御座替が終了したことを祝うものである。神能は、舞手が仮面をつけて演じる演劇的なもので、「八重垣」、「大社」、「日本武」など、日本の古代神話を題材にしたものが中心である。式三番と神能は、同社の神職が慶長年間(1596〜1615)に京都で能楽を学び、以前から行われていた七座神事の舞に組み合わせたものといわれる。佐陀神能は、1976年(昭和51年)5月4日に国の重要無形民俗文化財(民俗芸能：神楽)に指定されており、保護団体は佐陀神能保持者会。
2011年

⑰那智の田楽、那智の火祭りで演じられる宗教的な民俗芸能
（Nachi no Dengaku, a religious performing art held at the Nachi fire festival）

那智の田楽(なちのでんがく)は、和歌山県東牟婁郡那智勝浦町の熊野那智神社の7月14日の例大祭で演じられる。この祭は、扇神輿の渡御や大松明行事などで知られるいわゆる那智の火祭りである。伝承では応永年間(1394〜1428年)に、京都の田楽法師が伝えたものといわれる。芸能次第としては、「大和舞」「田楽舞」「田植舞」、次いで扇神輿の渡御、大松明行事、御滝本祭とあって、続いて「田刈式」が演じられ、やがて還御祭となって行事次第を終わる。田植などの折に豊作を祈って演じる田楽は、ビンザサラ、太鼓、笛の3種の楽器により合計11名の出演者によって行われる。那智の田楽は、乱声(らんじょう)、鋸歯(のこぎりば)、八拍子など約20演目の古風な演技法が伝えられ、かつて盛大に行われた中世の田楽の様子をうかがうことができる。那智の田楽は、1976年(昭和51年)5月4日に国の重要無形民俗文化財(民俗芸能：田楽)に指定されている。保護団体は、那智田楽保存会。
2012年

⑱和食：日本人の伝統的な食文化-正月を例として-
（Washoku, traditional dietary cultures of the Japanese, notably for the celebration of New Year）

和食は、日本の春、夏、秋、冬の四季、海、山、川、里などの地理的な多様性による「新鮮で多様な旬の食材の使用」、「自然の美しさや四季の変化を表した盛りつけ」、「栄養バランスが良い健康的な食事構成」などの特色を有しており、日本人が基礎としている「自然の尊重」という精神に則り、正月、田植え、収穫祭のような年中行事、結婚式や法事などの人生儀礼とも密接に結びつき、例えば、正月には「おせち料理」を通じて家族や地域コミュニティのメンバーとの結びつきや絆を強める社会的慣習、食に関する習わしで、諸外国からも高い評価を受けている日本人の伝統的な食文化である。
2013年

⑲和紙：日本の手漉和紙技術
（Washi, craftsmanship of traditional Japanese hand-made paper）

和紙：日本の手漉和紙技術は、2009年に「代表リスト」に登録された島根県浜田市三隅町の「石州半紙：島根県石見地方の製紙」(1969年国の重要無形文化財指定　保持団体：石州半紙技術者会)を拡張し、岐阜県美濃市牧谷地区の「本美濃紙」(1969年国の重要無形文化財指定　本美濃紙保存会)、埼玉県比企郡小川町・東秩父村の「細川紙」(ほそかわし　1978年国の重要無形文化財指定　細川紙技術者協会)の伝統工芸技術をグルーピング化し、2014年の第9回無形文化遺産委員会パリ会議での登録をめざすものである。和紙は日本古来の製法による紙で、手漉きによって製作されるため、吸湿性に富んで非常に強く、書画や工芸用にも使用される。石州半紙は、奈良時代から始まったとされ、繊維が長く幅が太く、また非常に強靱であり粗剛でたくましい地元産の楮(こうぞ)を原料にして作られる。漉きの段階で、同じく地元産の黄蜀葵(とろろあおい)の根の粘液を使用することにより、紙床から紙をはがしやすくする。本美濃紙(ほんみのし)は、1300年の歴史を誇り、長良川の支流・板取川を流れる質の良い豊かな水、最高級の茨城県産の那須楮、道具は木曽ヒノキと硬い真鍮の漉き桁、漉き簀などを使う。漉き方は、縦揺れに横揺れを加えた複雑な方法で繊維を整然と絡み合わせる。細川紙(ほそかわし)は、紀州高野山の細川村の紙と風合いが似ていたことが名前の由来と伝えられている。未晒しの純楮紙ならではの強靱さや、甘皮を残すことで生まれる飴色の光沢が特徴である。各地の特徴ある和紙は、伝統によって受け継がれ、その質や柄などの素晴らしさから世界中で使用されている。今後の問題点と課題は、従事者の高齢化が進み後継者が不足しており、伝統工芸技術の継承が危ぶまれており、対策が必要である。尚、

「本美濃紙」は、2011年の第6回無形文化遺産委員会バリ会議で、2009年に「代表リスト」に登録されている「石州半紙」との類似性が指摘され「情報照会」決議となっていた。和紙は、世界に誇るべき「日本のわざ」の象徴で、優美な和紙は美術の分野のみならず、その耐久性、強靱性を生かし、文化財の修復や地球環境に優しい製品として利用されるなど世界中から注目されている。　(2009年)／2014年

⑳日本の山・鉾・屋台行事
(Yama, Hoko, Yatai, float festivals in Japan)

「山・鉾・屋台行事」は、地域社会の安泰や災厄防除を願い、地域の人々が一体となり執り行う「山・鉾・屋台」の巡行を中心とした祭礼行事である。2009年に「代表リスト」に登録された京都府京都市の「京都祇園祭の山鉾行事」(1979年国の重要無形民俗文化財指定　保持団体：公益財団法人 祇園祭山鉾連合会)と茨城県日立市の「日立風流物」(1977年国の重要無形民俗文化財指定　保持団体：日立郷土芸能保存会)の2件を拡張し、新たに祭礼行事31件を加えてグルーピング化し、「京都祇園祭の山鉾行事及び日立風流物をはじめとする国指定重要無形民俗文化財の山・鉾・屋台行事(33件)」として2016年の第11回無形文化遺産委員会で登録された。
(2009年)／2016年

㉑来訪神：仮面・仮装の神々
(Raiho-shin, ritual visits of deities in masks and costumes)

来訪神：仮面・仮装の神々は、日本の東北、北陸、九州、沖縄の各地方、仮面・仮装の異形の姿をした者が、「来訪神」として正月などに家々を訪れ、新たな年を迎えるに当たって怠け者を戒めたり、人々に幸や福をもたらしたりする行事である。来訪神：仮面・仮装の神々は、正月など年の節目となる日に、仮面・仮装の異形の姿をした者が「来訪神」として家々を訪れ、新たな年を迎えるに当たって怠け者を戒めたり、人々に幸や福をもたらしたりする行事である。「来訪神」行事は、伝承されている各地域において、時代を超え、世代から世代へと受け継がれてきた年中行事であり、それぞれの地域コミュニティでは、「来訪神」行事を通じて地域の結びつきや、世代を超えた人々の対話と交流が深められている。構成要素は、秋田県男

鹿市の「男鹿(おが)のナマハゲ」、鹿児島県薩摩川内市の「甑島(こしきじま)のトシドン」、石川県輪島市・能登町の「能登(のと)のアマメハギ」、沖縄県宮古島市の「宮古島(みやこじま)のパーントゥ」、山形県遊佐町の「遊佐(ゆざ)の小正月行事」、宮城県登米市の「米川(よねかわ)の水かぶり」、佐賀県佐賀市の「見島(みしま)のカセドリ」、岩手県大船渡市の「吉浜(よしはま)のスネカ」、鹿児島県三島村の「薩摩硫黄島(さつまいおうじま)のメンドン」、鹿児島県十島村の「悪石島(あくせきじま)のボゼ」(いずれも国指定重要無形民俗文化財)の10件。
2018年

㉒伝統建築工匠の技：木造建造物を受け継ぐための伝統技術
(Traditional skills, techniques and knowledge for the conservation and transmission of wooden architecture in Japan)

伝統建築工匠の技：木造建造物を受け継ぐための伝統技術は、日本の各地で行われている、伝統工芸技術、自然及び万物に関する知識及び慣習で、木・草・土などの自然素材を建築空間に生かす知恵、周期的な保存修理を見据えた材料の採取や再利用、健全な建築当初の部材とやむを得ず取り替える部材との調和や一体化を実現する高度な木工・屋根葺ぶき・左官・装飾・畳など、建築遺産とともに古代から途絶えることなく伝統を受け継ぎながら、工夫を重ねて発展してきた伝統建築技術である。伝統建築工匠の技の構成としては、国の選定保存技術のうち、「建造物修理」、「建造物木工」、「檜皮葺・柿葺」、「茅葺」、「檜皮採取」、「屋根板製作」、「茅採取」、「建造物装飾」、「建造物彩色」、「建造物漆塗」、「屋根瓦葺(本瓦葺)」、「左官(日本壁)」、「建具製作」、「畳製作」、「装潢修理技術」、「日本産漆生産・精製」、「縁付金箔製造」の17件であり、保護措置として、伝承者養成、研修発表、技術・技能錬磨、記録作成、原材料・用具の確保等が行われている。このような「伝統建築工匠の技：木造建造物を受け継ぐための伝統技術」の登録は、「法隆寺地域の仏教建造物」(奈良県 1993年)、「古都京都の文化財(京都市、宇治市、大津市)」(京都府 1994年)、「白川郷と五箇山の合掌造り集落」(富山県・岐阜県 1995年)、「古都奈良の文化財」(奈良県 1998年)、「日光の社寺」(栃木県 1999

年）など世界遺産となった木造建造物や、日本の建築文化を支える無形文化遺産の保護・伝承の事例として、世界の建築に関わる職人や専門家との技術の交流、対話が深められ、国際社会における無形文化遺産の保護の取組に大きく貢献するものである。
2020年

㉓伝統建築工匠の技：木造建造物を受け継ぐための伝統技術

（Traditional skills, techniques and knowledge for the conservation and transmission of wooden architecture in Japan）

「伝統建築工匠の技：木造建造物を受け継ぐための伝統技術」は、日本の各地で行われている、伝統工芸技術、自然及び万物に関する知識及び慣習で、木・草・土などの自然素材を建築空間に生かす知恵、周期的な保存修理を見据えた材料の採取や再利用、健全な建築当初の部材とやむを得ず取り替える部材との調和や一体化を実現する高度な木工・屋根葺き・左官・装飾・畳など、建築遺産とともに古代から途絶えることなく伝統を受け継ぎながら、工夫を重ねて発展してきた伝統建築技術である。伝統建築工匠の技の構成としては、国の選定保存技術のうち、「建造物修理」、「建造物木工」、「檜皮葺・柿葺」、「茅葺」、「檜皮採取」、「屋根板製作」、「茅採取」、「建造物装飾」、「建造物彩色」、「建造物漆塗」、「屋根瓦葺（本瓦葺）」、「左官（日本壁）」、「建具製作」、「畳製作」、「装潢修理技術」、「日本産漆生産・精製」、「縁付金箔製造」の17件であり、保護措置として、伝承者養成、研修発表、技術・技能錬磨、記録作成、原材料・用具の確保等が行われている。このような「伝統建築工匠の技：木造建造物を受け継ぐための伝統技術」の登録は、「法隆寺地域の仏教建造物」（奈良県 1993年）、「古都京都の文化財（京都市、宇治市、大津市）」（京都府 1994年）、「白川郷と五箇山の合掌造り集落」（富山県・岐阜県 1995年）、「古都奈良の文化財」（奈良県 1998年）、「日光の社寺」（栃木県 1999年）など世界遺産となった木造建造物や、日本の建築文化を支える無形文化遺産の保護・伝承の事例として、世界の建築に関わる職人や専門家との技術の交流、対話が深められ、国際社会における無形文化遺産の保護の取組に大きく貢献するものである。
2020年

パキスタン・イスラム共和国

❶ノウルズ（Nowruz）

アフガニスタン／アゼルバイジャン／インド／イラン／イラク／カザフスタン／キルギス／パキスタン／タジキスタン／トルコ／トルクメニスタン／ウズベキスタン
2009年＊／2016年　→イラン
＊ 2009年にアゼルバイジャンなど7か国で登録、2016年にアフガニスタン、イラク、カザフスタン、タジキスタン、トルクメニスタンを加え、12か国で新規登録となった。

❷鷹狩り、生きた人間の遺産

（Falconry, a living human heritage）

アラブ首長国連邦／カタール／サウジ・アラビア／シリア／モロッコ／モンゴル／韓国／スペイン／フランス／ベルギー／チェコ／オーストリア／ハンガリー／カザフスタン／パキスタン／イタリア／ポルトガル／ドイツ
2010年＊／2012年＊／2016年
→アラブ首長国連邦
＊2010年にアラブ首長国連邦など11か国で登録、2012年にオーストリア、ハンガリー、2016年にカザフスタン、パキスタン、イタリア、ポルトガル、ドイツを加え、新規登録となった。

バングラデシュ人民共和国

❶バウルの歌（Baul songs）

バウルの歌は、バングラデシュの田舎やインドの西ベンガル州に生き続ける神秘的な吟遊詩人による伝統芸能であり社会的な慣習である。バウルとは、サンスクリット語の風狂を意味する言葉に由来し、ベンガル地方の古くからの修行者の集団で、インドの西ベンガル州のヒンドゥー教系のバウル、バングラデシュのイスラム教系のフォキル、両者をバウルと総称することもある。バウルの運動は、19世紀と20世紀初期が最盛期であったが、バングラデシュの田舎で、再び脚光を浴びている。彼らの音楽と生活様式は、ベンガル文化に影響を与えた。バウルは、ヒンズー教、仏教、スーフィ教などの影響を受けている。バウルの詩、音楽、歌、踊りは、人間と神との合一に専心し、精神的な解放を成就する修行歌である。現在のバングラデシュの国歌も、バウルの旋律で作られている。

2008年 ← 2005年第3回傑作宣言

❷ジャムダニ織りの伝統芸術
（Traditional art of Jamdani weaving）

ジャムダニ織りの伝統芸術は、幾何学や化の模様や色が鮮やかな薄い綿布の伝統的な工芸織物で、ダッカ周辺の職人によって、手織機で織られる。バングラデシュには、かつて、世界最高品質と言われたダッカ・モスリンと呼ばれた手織物があり、ジャムダニ織りは、その技術を受け継いでいると言われている。ダッカ・モスリンは、英国統治時代に安い綿製品の登場とともに消滅したが、ジャムダニ織りは生き残り、ムガール帝国時代には宮廷に献上品として納められた。ジャムダニ織りは、熟練の職人と見習いが手織機に腰掛け作品を織り上げる、手間のかかる労働集約型の家内工業であるが、師匠から弟子へと匠の知識と技が未来世代へ継承されている。ジャムダニ織りは、通常ベンガルの女性が普段に着用するサリーに使用されるが、スカーフ、クルタ、ターバン、スカート、ハンカチ、テーブルクロスなど用途が広がっている。
2013年

❸ポヘラ・ボイシャクでのマンガル・ショブハジャトラ
（Mangal Shobhajatra on Pahela Baishakh）

マンガル・ショブハジャトラは、ベンガル暦の元旦「ポヘラ・ボイシャク」（西暦では4月14日）にバングラデシュの中心部、首都ダッカを中心に行われるバングラデシュ人の身近な祭りである。ベンガル新年を祝うため、ダッカ大学の先生と学生によって組織されるマンガル・ショブハジャトラは、邪悪な力と闘うための力と勇気、真実や正義の擁護、バングラデシュ人の誇りの象徴になっており、配役、信念、宗教、性別、年齢に関係なく、数千人の人々が自発的に、自由に参加する活気あふれる行事である。1989年、学生たちはベンガル新年のポヘラ・ボイシャクで、マンガル・ショブハジャトラというカラフルな行進を企画し、以来毎年この行事が行われている。民主主義の価値を共有し、団結を象徴するお祭りである。
2016年

❹シレットの織物シタル・パティの伝統芸術
（Traditional art of Shital Pati weaving of Sylhet）

シレットの織物シタル・パティの伝統芸術は、バングラデシュの北東部のシレット管区が発祥で、今日まで継続されている。シタル・パティの原材料は主に竹であるが、その生息地であるシレット管区は、最上の緑色の籐のムトラが育つ自然の河谷や低湿地が特色である。シタル・パティの織手は、シレット管区以外のバングラデシュの他の地域にもいるが、ハビガンジ県、マウルビバザール県、スナマンジ県、シレット県の4つの県からなるシレット管区では、評判の良い高品質のシタル・パティが織られている。シタル・パティは、座る時や祈りを捧げる時の敷物やベッドカバーとして使われている。
2017年

フィリピン共和国

❶イフガオ族のフドフド詠歌
（Hudhud chants of the Ifugao）

イフガオ族のフドフド詠歌は、ルソン島北部にある世界遺産にも登録されているコルディリェラ山脈の棚田を舞台とした山岳民族イフガオ族の口承・無形遺産。7世紀以前が起源とされる米の種蒔きと刈り入れの時期に詠われるフドフドは約40話から構成され、通夜の席で、女たちによって詠唱される長編の詠歌。フドフドには、反復、同義語、比喩、そして、隠喩がふんだんに盛り込まれており、しばしば有力な年長の女性が取り仕切る。フドフドは、英雄たちの恋と冒険の物語などを通して子孫に民族の誇りを伝承する役目を果たしている。フドフドは、書き表すことが困難な為書面の歌詞は極めて少ない。
2008年 ← 2001年第1回傑作宣言

❷ラナオ湖のマラナオ族のダランゲン叙事詩
（Darangen epic of the Maranao people of Lake Lanao）

ラナオ湖のマラナオ族のダランゲン叙事詩は、ミンダナオ島の中西部、ラナオ湖地方に住むマラナオ族の豊富な知識を包含する古代の叙事詩である。マラナオとは、マラナオ語で、湖畔に暮らす人々という意味である。フイリピン諸島の南の島は、フィリピンの3つの主要な音楽グループの一つであるイスラム教を信仰するマラナオ族の伝統的な郷土である。最近では、ダランゲンは、フィリピン人のラインスタイルの変化などによって頻繁には演じられなくなっており、存続が危ぶまれている。
2008年 ← 2005年第3回傑作宣言

❸綱引きの儀式と遊戯
（Tugging rituals and games）

ヴェトナム／カンボジア／フィリピン／韓国
2015年　→ヴェトナム

ブータン王国

❶ドラミツェの太鼓打ちの仮面舞踊
（Mask dance of the drums from Drametse）
ドラミツェの太鼓打ちの仮面舞踊は、バヴァを称えるドラミツェ祭の期間中に演じられる神聖な文化的・宗教的な仮面舞踊である。この仮面舞踊は、ブータン暦の第5月と第10月の間の年2回、ブータン東部のモンガル地区にある修道院によって催される。舞踊の特徴は、カラフルな衣装を纏った16人の仮面の男の踊子とシンバルの奏者に導かれた10人のオーケストラを構成する他の男性からなる。悪霊を払うといわれる太鼓打ちの仮面舞踊は、カネやドラの音に合わせて動物の面をつけた頭を大きく振り、迫力あるパフォーマンスで観客を楽しませる。しかし、全ての世代の間で高く評価されているにもかかわらず、体系的な研修や踊子や音楽家を称える仕組みもないことから若者の関心も薄れつつある。
2008年 ← 2005年第3回傑作宣言

マレーシア

❶マ・ヨン舞踊劇（Mak Yong theatre）
マ・ヨン舞踊劇は、マレーシアのマレー民族によって創造された演技、声楽、器楽、感情表現と精巧に作られた衣装が結合した神秘的な伝統芸能で、マレーシア北西部のクランタン州の村々に代々伝わる癒しの慣習として演じられてきた固有の文化である。マ・ヨン舞踊劇は、踊ることによって心の平穏を確保することが重視されており、極めて精神的な側面が強い。1920年代までは、クランタン州のスルタンの直接的な庇護の下に宮廷舞踊劇として演じられていたが、イスラム主義が進行するなかで衰退してきた。マ・ヨン舞踊劇は、長年の研鑽が必要で、今日まで口承によって伝えられてきたが、復興が求められている。
2008年 ← 2005年第3回傑作宣言

❷ドンダン・サヤン（Dondang Sayang）
ドンダン・サヤンは、マレー半島の西海岸の南部、ムラカ州のムラカ・トゥンガ郡、マスジッド・タナ、アロー・ガジャ郡、ジャシン郡などの多様な地区で演じられている伝統的なマレーの芸術である。15世紀のマラッカ王国の時代には、王宮の儀式やイベントで演じられていた。ドンダン・サヤンは、ヴァイオリン、ドラ、タンバリンによる音楽、歌や聖歌、それに、美しいメロディーと詩歌が特徴である。ドンダン・サヤンは、本来は男女などペアが掛け合いで歌い合うマレーの歌で、一定のメロディーにあわせ、歌い手らが即興で歌詞を作ってやりとりする。もともとマレーの芸能であったが、昔からことにプラナカンが愛好してきた娯楽の一つである。
2018年

❸シラット（Silat）
シラットは、マレーシアの全土、マレーシアの武術はマレー半島を起源とする護身と生き残りの闘争的な芸術である。古王国のラングカスカ王国の初期時代から、シラットは、現在、伝統的なマレーの盛装、楽器を伴って身体や精神の訓練に役立っている。マレーシア、1957年の独立後、シラットの普及を始めた。動植物など自然の要素に因んだシラットには多くの形態がある。多くの実践者が訓練され、シラットは、現在、健康や余暇の為の人気のあるスポーツになっている。
2019年

❹人間と海の持続可能な関係を維持するための王船の儀式、祭礼と関連する慣習
（Ong Chun/Wangchuan/Wangkang ceremony, rituals and related practices for maintaining the sustainable connection between man and the ocean）
中国／マレーシア
2020年 →中国

❺パントゥン（Pantun）
インドネシア／マレーシア
2020年 →インドネシア

❻ソンケット *New*
（Songket）
ソンケットは、マレー半島東海岸の北部、トレンガヌ州のクアラ・トレンガヌ特別市、それにクランタン州を中心に行われている伝統的なマレーシアの手織りの織物である。ソンケットは、マレー半島とボルネオ島の北西部のサラワ

代表リスト

ク州の女性によって創始された。ソンケット
は、マレー語で、金糸や銀糸を織り交ぜた絢爛
豪華な手織りの織物で、模様をつくる糸が浮い
て見える浮織物の一種で、着物の帯のような厚
手の生地が特徴である。マレーシア各州の王様
であるスルタンの礼服や結婚式など、正装の布
地として使われる。また、マレー系男性の正装
のときに身につける腰巻（サンピンという）に
よく使われる。ソンケットは、上質な生地なの
で、ホテルやレストランなどでも、テーブルク
ロスやランチョンマットとして、また、額に入
れてインテリアとして飾られることもある。
2021年

モンゴル国

❶馬頭琴の伝統音楽
（Traditional music of the Morin Khuur）
馬頭琴とは、13・14世紀に隆盛を誇ったモンゴ
ル帝国時代から700年以上の長い歴史を持つチ
ェロの音色に似た楽器で、モンゴルの遊牧民族
の間に古くから伝わる伝統的な民族楽器であ
る。馬頭琴は、モンゴル語では、「モリン・ホー
ル」（馬の楽器）と呼ばれている。馬頭琴は、馬
の尻尾の毛を束ねた2弦（外弦は約120本、内弦は
約80本）で、胴は六角、八角、台形などの形をし
ており、両面には、馬の皮、或は、木板が張ら
れ、棹の先端には馬の頭部の彫刻が施され、馬
の尻尾の毛で作られた弓で弾く。馬頭琴の音色
は、力強さと繊細さを兼ね備えており、独奏、合
奏、それに、長歌のオルティンドーなどの伴奏
に用いられ、モンゴル民族の伝統音楽になって
いる。
2008年 ← 2003年第2回傑作宣言

❷オルティン・ドー、伝統的民謡の長唄
（Urtiin Duu, traditional folk long song）
モンゴル／中国　2008年　→中国

❸モンゴルの伝統芸術のホーミー
（The Mongolian traditional art of Khoomei）
モンゴルの伝統芸術のホーミーは、モンゴルの
西部のアルタイ地方、ホブド県のホブド市、オ
ブス県のオラーンゴム、バヤン・ウルギー県、
それに、ザブハン県などを発祥とする伝統的な
喉歌である。ホーミーは、声帯を振動させなが
ら気管や口腔で倍音を共鳴させ、同時に二つ、
或は、三つの音声を発する技巧の唱法。ホーミ

ーには、鼻、口と鼻、声門、胸、喉の5種類が
ある。ロシア連邦のトゥヴァ共和国、カルムイ
ク共和国、バシキール共和国、ハカス共和国、
中国の内モンゴル自治区や新疆ウイグル自治区
などモンゴルの近隣国のコミュニティがモンゴ
ル人と共にホーミー芸術を共有している。史料
によると、彼らは中央アジアの生粋のモンゴル
遊牧民の子孫である。
2010年

❹ナーダム、モンゴルの伝統的なお祭り
（Naadam, Mongolian traditional festival）
ナーダム、モンゴルの伝統的なお祭りは、モン
ゴルの中央部や西部の地域など中央アジアの広
大な草原で繰り広げられる武術大会。ナーダム
は、モンゴル語で、一般的に「祭典」を意味す
る。毎年7月11日の革命記念日から3日間行わ
れ、競馬、モンゴル相撲、弓射の3つの競技が
中心行事である。競馬は、騎手は子供で、馬齢
別に競技を行う。相撲は、数百人の力士が出場
し、トーナメント方式で競う。弓射は、個人戦
と団体戦があり、的までの距離は男性75m、女
性65mである。全国各地で開催されるが、首都
ウランバートルのナーダム祭が有名である。ロ
シアのブリヤート地域とカルムイク地域、それ
に、中国の内モンゴル自治共和国は、他の地域
では、ナーダムの慣習がほとんど失せつつある
にもかかわらず、折に触れてナーダムを祝って
いる。2010年

❺鷹狩り、生きた人間の遺産
（Falconry, a living human heritage）
アラブ首長国連邦／カタール／サウジ・アラビア／
シリア／モロッコ／モンゴル／韓国／スペイン／
フランス／ベルギー／チェコ／オーストリア／ハ
ンガリー／カザフスタン／パキスタン／イタリ
ア／ポルトガル／ドイツ
2010年／2012年／2016年　→アラブ首長国連邦

❻モンゴル・ゲルの伝統工芸技術とその関連慣習
（Traditional craftsmanship of the Mongol Ger and
its associated customs）
モンゴル・ゲルの伝統工芸技術とその関連慣習
は、モンゴルの中央部、ハンガイ山脈の南部の
ウブルハンガイ県などに住む遊牧民が、古くか
ら男女を問わず、家族或はグループ単位で伝統
的な移動式住居のゲルをつくる慣わしである。
ゲルは円形で、中心の2本の柱で支えられた骨組
みで、屋根は、中心から放射状に梁が渡されて

いる。これに羊の毛でつくったフェルトをかぶせ覆いをする。壁の外周部分の骨格は木組みで、菱格子に組んであり接合部はピン構造になっているので蛇腹式に折り畳める。木組みの軸にあたる部分にはラクダの腱が使われる。冬の寒さが厳しい時には、フェルトを二重張りにし、オオカミなどの毛皮を張り巡らして防寒する。中央にストーブを兼ねた炉を置いて、暖をとり、料理をするのに使う。夏の暑い時には、フェルトの床部分をめくって、通風をよくすることができる。ゲルの内部は、直径4〜6mほどの空間で、ドアがある正面は南向きにし、入って向かって左側が男性の部屋、向かって右側が女性の部屋になっている。正面は、最も神聖な場所で、仏壇が置かれる。頂上部は、換気や採光の為の開閉可能な天窓になっており、ストーブの煙突を出すことも可能である。モンゴルのゲルは、伝統的な住居として、遊牧民の家族にとって、重要な社会的、文化的な役割を果たしていると共に、その製作者は尊敬されている。
2013年

❼モンゴル人のナックルボーン・シューティング
（Mongolian knuckle-bone shooting）
モンゴル人のナックルボーン・シューティングは、モンゴルの全土、ドンドゴビ県、ドルノゴビ県、ウムヌゴビ県、ウブルハンガ県、ヘレティー県、セレング県、ボルガン県などで広く普及している伝統的なナーダム祭に行われるスポーツ・ゲームで、家畜の羊の足のくるぶしの骨、シャガイを指で弾いて、数メートル先にある標的に当てる競技である。モンゴル人のナックルボーン・シューティングは、1チームが6〜8名のメンバーで構成された伝統的なシャガイの競技を通じて、古代から継承されてきた。ナックルボーン・シューティングの伝統は、異なる背景からのチームのメンバーに親近感をもたらし、彼らの年長者に対するふれあいと尊敬の念を抱かせ、社会的な結束を強化する。　　2014年

❽伝統的なフフルでの馬乳酒（アイラグ）の製造技術と関連する慣習
（Traditional technique of making Airag in Khokhuur and its associated customs）
伝統的なフフルでの馬乳酒（アイラグ）の製造技術と関連する慣習は、モンゴルのすべての遊牧民の牧畜業者の家族社会で行われている。モンゴルの国土の至るところでいっても、現実に

は、ほとんどがモンゴルの中央部に住んでいる牧畜業者によって行われている。これらの遊牧民族は、フフル（牛革の容器或は袋）をつくり、フフルに発酵した雌馬の乳−馬乳酒（アイラグ）をつくる伝統的な知識や独特の技術を有する真の保持者であり、また、これにかかわる家族もそうである。地域社会、牧畜業者、アイラグの製造者、調教師、長唄の歌手、馬頭琴の演奏家、学校など多様な社会・文化も関わりを持ち、アイラグの製造を支援しこの国の伝統を継承している。2019年

ラオス人民民主共和国

❶ラオ族のケーン音楽
（Khaen musique of the Lao people）
ラオ族のケーン音楽は、ラオスの全土で行われている音楽で、地域やコミュニティによって、その地理や歴史、形や管の大きさや長さなど幾つかの特色や特徴がある。ラオ族のケーン音楽は、約3,000年前に始まり、長年ラオスの伝統的、民俗音楽の管楽器として好まれ、多くの村での祭りなど社会的、宗教的な行事の中心にあり、人々は、鑑賞のみならず歌や踊りに興じる。ケーン音楽は、家族や社会などラオ族の生活の一部であり、自然農業や健康的な生活様式にも繋がっており、家族は、芸術の伝承に重要な役割を果たしている。2005年にケーン芸術協会が設立され、多様な祭りが、芸術を促進、強化する為に組織されているほか、国立音楽・舞踊学校が保存と普及に携わっている。
2017年

〈太平洋〉

ヴァヌアツ共和国

❶ヴァヌアツの砂絵（Vanuatu sand drawings）

ヴァヌアツの砂絵は、単に芸術的な表現だけではなく、コミュニケーションの手段である。描画は、訓練された専門家の指先で、砂、灰、泥を使って、地上に幾何学的に描かれる。それぞれのデザインは、迷路の様で、指を地につけたまま連続した線で、なぞられる。砂絵は、物語を絵で描いて展開し、最後に物語と関係のある、例えば、亀、カヌー、或は、人間の顔を描いて終わる。砂絵は、ヴァヌアツの中央や北部の島々、主に、パーマ島、アンブリム島、マラクラ島、ペンテコステ島、アンバエ島、マエオ島に住む80の異なった言語をもつ人々の間の通信手段でもある。

2008年 ← 2003年第2回傑作宣言

サモア独立国

イエ・サモア、ファインマットとその文化的価値

（'Ie Samoa, fine mat and its cultural value）

イエ・サモア、ファインマットとその文化的価値は、サモアの全土で行われている手編みののゴザのようなマットで、当初は、サモア語でイエ・トガと呼ばれていたが、イエ・サモア という公式名称なった。ラウイエという種類のパンダナスの植物をはがして乾燥させた後に伝統的に編まれた最終製品は絹の様で色は銅色である。その生産過程は、きわめて複雑で時間がかかるが女性の仕事として現金の獲得や食糧との儀礼交換にもつながっている。イエ・サモアは、文化の所産であり、編み手の女性たちは、芸術形式の継承に貢献するファインマット常設委員会を立ち上げて、粗製乱造を排し本来のイエ・サモアの復興運動に努めている。

2019年

トンガ王国

❶トンガの舞踊と歌唱、ラカラカ

（Lakalaka, dances and sung speeches of Tonga）

トンガの舞踊と歌唱、ラカラカは、南太平洋の島トンガ王国の伝統的な音楽舞踊。ラカラカは、トンガ語で、慎重にという意味で、その起源は、英国の保護を受ける前からで、王家に感謝を捧げる為に演じられ、20世紀に花開いた。ラカラカは、国王の就任式や世襲式、結婚式などの式典や誕生日などに踊られる。ラカラカは、トンガの国のダンスであり、創意に富んだ才能と心が和む優雅な趣きを有する。ラカラカは、口承技術、伝説と伝承、リズミカルな音楽と優美な舞踊が混交したトンガ文化であるが、口頭で伝承された為、文献はほとんどない。

2008年 ← 2003年第2回傑作宣言

〈ヨーロッパ・北米〉

アイスランド共和国

❶北欧のクリンカー・ボートの伝統 *New*
（Nordic clinker boat traditions）
2021年 → デンマーク

アイルランド

❶イリアン・パイピング（Uilleann piping）
イリアン・パイプスは、バグパイプの一種で、アイルランドの民俗音楽やポピュラー音楽で使われてる楽器である。口から空気を吹き込むバグパイプと違い、鞴（ふいご）というものを肘で操作する事で断続的に空気を送り込む仕組みである。イリアン・パイピングは、アイルランドの至るところで行われているが、イリアン・パイプ協会(NPU)の拠点である首都ダブリン、アーマー・パイパーズ・クラブの拠点がある北アイルランド南部のアーマーの2か所が特に重要である。NPUは、イリアン・パイプスを演奏したい人は、年齢、宗教、民族、男女を問わず会員として受け入れ、その普及に努めている。
2017年

❷ハーリング（Hurling）
ハーリングは、アイルランドの全島で行われている国技の球技で、15世紀頃の教区対抗などから今日まで伝わる球技で、フィールド・ホッケーの元祖ともいわれる。競技方法は、木製のスティックでボールを打ち、相手ゴールに入れて得点を争うもので、規則もホッケーにほぼ近い。1チーム15人、ボールを打つ時には、ハーリーと呼ぶスティックを必ず用いなければならないが、空中のボールを手で止めることは許されている。オリンピック種目になったこともある（1904年の第3回セントルイス大会）。ハーレー（Hurley）ともいい、女子によって行われるハーリングの形態はカモギーと呼ばれる。 2018年

❸アイリッシュハープ（Irish harping）
アイリッシュハープは、アイルランドの全土、ハープはアイルランドの国のシンボルであり、首都のダブリンをはじめコーク、ゴールウェイなどの各地で1,000年以上もの間、演奏されてきた。その音楽とベル（鐘）の様な音は、聴く人

すべてを魅了し、アイルランドの神話、民話、文学で祝福される。現代のガット弦のハープを演奏する人は古い演奏曲目を守り、進化させながら継続させてきた。アイルランドの文化、言語、アイデンティティにおけるハープの役割が評価され、過去60年以上にわたって、ハープの演奏への関心が高まり復活している。
2019年

❹鷹狩り、生きた人間の遺産 *New*
（Falconry, a living human heritage） 2021年
→ アラブ首長国連邦

アゼルバイジャン共和国

❶アゼルバイジャンのムガーム
（Azerbaijani Mugham）
アゼルバイジャンのムガームは、カフカス山脈の南、カスピ海の西南岸にあるアゼルバイジャンの伝統音楽。ムガームは、基本的には、アゼルバイジャンの都市を基盤とした芸術であるが、田舎のメロディー、リズム、演奏技術を引き寄せ、広域的に聞くことができる。アゼルバイジャンのムガームは、ペルシャ起源の音楽体系であるムガームにルーツを持つ音楽形式であり、コーカサス人と中央アジアのチュルク系民族の間で敬愛されている。ムガームのアンサンブルでは、通常、バイオリンの音色に似た弦楽器のケマンチェ、リュートに似た弦楽器のタールなどの楽器が使われる。ヨーロッパの古典音楽とは異なり、本来、楽譜はなく、マスターが多くの部分を個人的に学生に伝承する。この音楽の現代版は、アゼルバイジャンの複雑な歴史、特に、ペルシャ、アルメニア、ジョージア、それにトルコとの交流の歴史を反映している。
2008年 ← 2003年第2回傑作宣言

❷アゼルバイジャンのアシュクの芸術
（Art of Azerbaijani Ashiqs）
アゼルバイジャンのアシュクの芸術は、コーカサス地方で広く演じられている伝統的な芸能である。アシュクとは、サズ、或は、コブズなどを手に語り物を聞かせる吟遊詩人のことで、詩、物語、舞踊、声楽と楽器とを組み合わせて演じる。アシュクの芸術は、アゼルバイジャン文化のシンボルとして立脚している。 2009年

代表リスト

❸ノヴルーズ（Novruz）
アフガニスタン／アゼルバイジャン／インド／イラン／イラク／カザフスタン／キルギス／パキスタン／タジキスタン／トルコ／トルクメニスタン／ウズベキスタン
2009年＊／2016年　→イラン
＊2009年にアゼルバイジャンなど7か国で登録、2016年にアフガニスタン、イラク、カザフスタン、タジキスタン、トルクメニスタンを加え、12か国で新規登録となった。

❹アゼルバイジャンの絨毯
（The Azerbaijani carpet）
アゼルバイジャンの絨毯は、バクー、グバ、シルヴァン、ギャンザ、ガザフ、カラバフの各地方の流れをくむ伝統的な手芸の織物である。アゼルバイジャンの絨毯は、水平または垂直方向の多色で、羊毛、綿、天然染料での着色絹糸を用いて織機で織られ、広く家庭用の家具や装飾用に、特殊な絨毯は、結婚式、子供の誕生、葬式、医療用の不織布として使用される。アゼルバイジャンの絨毯織りの特徴として、地方で作られた絨毯が独自の芸術性を持っており、大きく変わらないまま、先祖代々伝えられていることや、同じ種類の絨毯がいつも特定の地方でだけ作られているなどの事実があげられる。今でもアゼルバイジャンでは、数世紀にもわたって、150種類もの絨毯作品が製作されている。1967年に、絨毯では世界初となるバクー国立絨毯応用工芸博物館が設立されている。　2010年

❺タール、首長弦楽器の工芸と演奏の芸術
（Craftsmanship and performance art of the Tar,
a long-necked string musical instrument）
タール、首長弦楽器の工芸と演奏の芸術は、アゼルバイジャンなどのカフカス地方で見られる長いネックのリュート属の楽器。タールとはペルシア語で弦を意味し、18世紀中頃に現在の形になったといわれている。桑の木を切り分けて2つの椀をあわせた型をしており、表面は羊の皮を伸ばした薄い膜で覆われている。25〜28のフレットと複弦で、3コースが張られ、真鍮のピックで演奏される。タールの演奏は、結婚式、社会的な会合、祭り、コンサートなどの機会に演奏される。タールの工芸技術は、家族などの徒弟に、演奏技術は、コミュニティの若者に継承される。
2012年

❻クラガイの伝統芸術と象徴主義、女性の絹のヘッドスカーフの製造と着用
（Traditional art and symbolism of Kelaghayi,
making and wearing women's silk headscarves）
クラガイの伝統芸術と象徴主義、女性の絹のヘッドスカーフの製造と着用は、アゼルバイジャンの北西部、首都バクーから約325km、イスマイリ県のシャキ市とバスガル村で、何世紀にもわたって製造され、伝統的に保護されており、首都バクーをはじめアゼルバイジャンの全ての地域の女性が、着用しているほか、イラン、ジョージア、トルクメニスタン、トルコ、ウズベキスタンでも愛用されている。クラガイの芸術、知識、伝統は、外国に住むアゼルバイジャン語を話す人々にとって、彼らの文化のルーツのシンボルとなっている。ヘッドスカーフの製造と着用の伝統的な慣習は、文化的なアイデンティティと宗教的な伝統の表現であると共に社会的な団結のシンボルであり、女性の役割を強固にし、アゼルバイジャン社会の文化的な結束を強いものにしている。
2014年

❼ラヒジの銅の技能
（Copper craftsmanship of Lahij）
ラヒジの銅の技能は、アゼルバイジャンの北東部、南コーカサス地方のイスマイル県のラヒジの伝統工芸技術。ラヒジの銅の技能は、銅器を造り使用する伝統的な慣習である。銅の精錬士は、銅を準備し、鋳型に注入する。技術者は、彼らの環境を代表し伝統的な知識や価値を反映するデザインの皿を彫刻する。アゼルバイジャンの人々は、日常的な使用の為に銅器を購入する。ラヒジの銅の技能は、父から息子へ　と継承され、ラヒジの人々の誇りである。
2015年

❽フラットブレッドの製造と共有の文化：ラヴァシュ、カトリマ、ジュプカ、ユフカ
（Flatbread making and sharing culture: Lavash,
Katyrma, Jupka, Yufka）
フラットブレッドの製造と共有の文化は、アゼルバイジャン、イラン、カザフスタン、キルギス、トルコなど西アジアやコーカサス地域で広く行われている伝統である。ラヴァシュ、カトリマ、ジュプカ、ユフカとよばれる平たい丸形のパンは、小麦を少なくとも3人によって棒や手で薄くのばして作る。それは、結婚式、誕生日、葬儀、祝日や祈りの日などに作られ、石窯などで焼く。普通は家族ぐるみで作られるが、田舎では、近所の人も一緒に参加する。

代表リスト

アゼルバイジャン／イラン／カザフスタン／キル
ギス／トルコ　2016年

**❾伝統をつくり分かち合うドルマ、文化的な
アイデンティティの印**
（Dolma making and sharing tradition, a marker
of cultural identity）
伝統をつくり分かち合うドルマは、首都のバク
ーをはじめ、気候、環境、植生、農業の違いは
あっても、アゼルバイジャンのすべての地域で
多様なドルマの伝統が見られる。「ドルマ」と
は、もともと、トルコ語の「ドンドゥルマ」
（「凍らせたもの」の意味)を短縮した言葉で、
アゼルバイジャン語で「詰める」或は「包む」
という意味である。挽肉、バジル、タマネギ、ト
マト、米、豆、香辛料などを、茹でて柔らかく
したキャベツ、ブドウの葉、ナス、パプリカな
どで包んだ小さな詰め物を、じっくりと煮込
む。すべての地域のドルマは、文化や宗教の休
日、結婚式、家族の祝福など中心的な料理とし
て地域社会に認識されている。それに、ドルマ
に似た慣習、或は、同じ名前のものが、コーカ
サス、バルカン、マグレブ、中東など異なる
国々の部族の伝統的な料理のなかにもある。
2017年

**❿カマンチェ／カマンチャ工芸・演奏の芸術、擦
弦楽器**（Art of crafting and playing with Ka-
mantcheh/Kamancha, a bowed string musical instru-
ment）
イラン／アゼルバイジャン　2017年
→イラン

**⓫デデ・クォルクード／コルキト・アタ／
デデ·コルクトの遺産、叙事詩文化、民話、民謡**
（Heritage of Dede Qorqud/Korkyt Ata/Dede Korkut,
epic culture, folk tales and music）
デデ・クォルクード／コルキト・アタ／デデ・
コルクトの遺産、叙事詩文化、民話、民謡は、
アゼルバイジャンの東部、首都バクーなど国内
のすべての地域　カザフスタンの南西部、クズ
ロルダ州、トルコの北東部、カルス県、トラブ
ゾン県など複数国の複数地域にまたがる地域に
トルコ系オグズ人の伝説的な吟遊詩人によって
残された12人の英雄の伝説、物語、13の作曲な
ど伝統的な遺産で、口述、舞台芸術、作曲など
を通じて、世代を超えて継承されている。
アゼルバイジャン／カザフスタン／トルコ
2018年

⓬ミニアチュール芸術（Art of miniature）
ミニアチュール芸術は、アゼルバイジャン、イ
ラン、トルコ、ウズベキスタンの4か国にまた
がる共同遺産で、自然及び万物に関する知識及
び慣習、伝統工芸技術である。ミニアチュール
とは細密画のことである。ミニアチュール芸術
は、文化的、文学的な特徴を持つテーマに基づ
いて、金、銀、朱、天然石のラピスラズリなど
を材料に用いて描かれた絵画であり、世界や自
然への視点やその解釈は伝統的な社会で花開
き、現在もなお存続している。12世紀以降、写
本挿絵として発達したミニアチュールは、チム
ール朝、サファビー朝で黄金時代を迎え、ま
た、トルコのオスマン朝でも発展した。アゼル
バイジャンでは、ミニアチュール芸術は、バク
ーやギャンジャの様な大都市で、主に個人によ
って行われ継承されている。イランでは、テヘ
ラン、アルボルズ、イスファハン、東アーザル
バーイジャーン、カズビーン、ファールス、ラ
ザヴィー・ホラーサーンの各州の諸都市で人
気が高い。トルコでは、国内で広く知られてい
るが、イスタンブールやアンカラの大都市に愛
好者が多い。ウズベキスタンでは、ミニアチュ
ール芸術は、最初は、ブハラやサマルカンドで
行われていたが、現在は、首都のタシケントを
はじめ広く行われているデザインと描画の二面
性を有する手工芸である。ミニアチュール芸術
は、師弟関係（ノンフォーマル教育）を通じて
行われる伝統工芸で、それぞれの社会の社会
的、文化的なアイデンティティである。
2020年
アゼルバイジャン／イラン／トルコ／ウズベキ
スタン

⓭ナル・バイラム：伝統的ざくろ祭りと文化
（Nar Bayrami、traditional pomegranate festivity and
culture）
ナル・バイラム：伝統的ざくろ祭りと文化は、
アゼルバイジャンの中央部、ギョイチャイ県で
行われている自然及び万物に関する知識及び慣
習、口承及び表現、芸能、社会的慣習、儀式及
び祭礼行事、伝統工芸技術である。伝統的ざく
ろ祭り：ナル・バイラムは、毎年10月／11月
に、シルヴァン渓谷にあるギョイチャイ県の県
都ギョイチャイ市で行われる。ザクロの先端は
王冠の冠の形をしており、ギリシャ神話では平
和の象徴、そして、豊穣を意味している。ざく
ろ祭りは、ザクロの女王が来て、ザクロジュー
ス、ザクロクッキー、ザクロ料理など、ザクロ
尽くしのフェスティバルで、アゼルバイジャン

中から集められたザクロの品評会のほか、ザクロを使った数々の名物料理を楽しむことができる。毎年の祝祭は何世紀も続いた伝統の誇りを提示すると共に果物に関連したこのお祭りと文化は、地域社会、それに観光客などの訪問者間での交流をもたらしている。
2020年

アルバニア共和国

❶アルバニア民衆の同音多声音楽
（Albanian folk iso-polyphony）
アルバニア民衆の同音多声音楽は、アルバニア北部のゲグ族と、南部に住むトスク族とラブ族の2つの主要なグループによって演じられる伝統的なアルバニアの合唱音楽である。アイソという言葉は、ビザンチンの教会音楽のイゾンに関連し合唱を伴う持続低音に関係する。2声の同音の合唱は、アルバニアの合唱の最も簡単な形態で、アルバニア南部では大衆的である。同音多声音楽は、主に男性によって行われるが、女性の歌手も多い。同音多声音楽は、結婚、葬儀、収穫祭、宗教的な祝賀式典、それにギロカストラの有名なアルバニア民謡祭の様なフェスティバルなど、幅広い社会的なイベントで演じられる。文化観光の高まりがアルバニアの同音多声音楽の復活に貢献している。
2008年 ← 2005年第3回傑作宣言

アルメニア共和国

❶ドゥドゥクとその音楽（Duduk and its music）
ドゥドゥクとその音楽は、紀元前95〜55年のアルメニアのティグラン大王の時代を起源とするアルメニアの木管楽器の伝統芸能である。ドゥドゥクは、アンズの木からつくられる、暖かく、柔らかい鼻音の音色の楽器で、大衆的なアルメニアの伝統的な歌や踊り、結婚式や葬式などの社会的行事で伴奏される。ドゥドゥクは、主に2人の音楽家によって演奏され、一人は、主旋律を、もう一人は、メロディーと即興を受け持つ。ドゥドゥクは、長さや音域が異なる主に4つのタイプがある。アルメニアのドゥドゥクの人気は、特にその発祥地である田舎で衰退し、現在では、ドゥドゥクの演奏者は、エレバンに集中している。プロによる舞台演奏は増えているものの、社会的な祭典での演奏の機会は減少している。
2008年 ← 2005年第3回傑作宣言

❷ハチュカルの象徴性と工芸技術、アルメニアの十字架石
（Symbolism and craftsmanship of Khachkars, Armenian cross-stones）
ハチュカルの象徴性と工芸技術、アルメニアの十字架石は、アルメニア語でハチュカルと言い、職人が、石に彫刻した野外の石柱の十字架のことで、アルメニア正教独特のものである。ハチュカルの高さは、1.5mで、中程に、装飾された十字架が、残りの部分には、植物の幾何学模様、聖人、動物と一緒に、象徴である永遠の太陽、或は、車輪が彫られている。ハチュカルは、通常、地元産の石を使用し、彫刻刀、金型、シャープペン、ハンマーを使用して彫られる。
2010年

❸アルメニアの叙事詩「サスン家のダヴィド」の上演
（Performance of the Armenian epic of 'Daredevils of Sassoun' or 'David of Sassoun')
アルメニアの叙事詩「サスン家のダヴィド」の上演は、アルメニアを代表する英雄叙事詩である。アルメニアの歴史に関する伝説や英雄物語を取り入れながら、民間の語り手によって何代にもわたって伝承されてきた。この作品は、「サナサルとバグダサル兄弟」、ダヴィドの父を描く「大ムヘル」、「サスン家のダヴィド」、「小ムヘル」の4部からなる。サスンの地を敵の攻撃から守るアルメニアの人々の戦いをテーマにしたこの叙事詩は、851年に起きたアラブの徴税官に対する農民蜂起を題材にしている。この叙事詩は、1873年に初めて記録され、その後ホヴハンネス・トゥマニヤンなどの多くのアルメニア詩人が、この作品に霊感を得て作品を生み出したといわれ、現在でもアルメニア文化の象徴的存在となっている。 2012年

❹ラヴァッシュ、アルメニアの文化的表現としての伝統的なアルメニア・パンの準備、意味、外見
（Lavash, the preparation, meaning and appearance of traditional Armenian bread as an expression of culture in Armenia）
ラヴァッシュ、アルメニアの文化的表現としての伝統的なアルメニア・パンの準備、意味、外見は、コーカサス地方のアルメニアの全土、なかでも農村地域のアララト、アルマヴィル、シラク、アラガツォトゥン、コタイク、シュニク、ヴァヨツ・ゾルの、北東部のロリ、タヴシュの各地方で普及している。ラヴァッシュは、小麦粉と水で作ったシンプルなパン生地を、麺棒で薄く延ばし、燃料が薪のパン焼き窯の内側に貼り付

けて焼く、アルメニア料理には欠かせない伝統的な薄いパンで、その準備は、女性の小グループが行い、努力、調整、経験、特別のスキルを必要とする。ラヴァッシュを焼くグループでの仕事は、家族、コミュニティ、社会的な結束を強くする。　2014年

❺コチャリ、伝統的な集団ダンス
（Kochari, traditional group dance）
コチャリ、伝統的な集団ダンスは、アルメニアの都会や田舎を問わず、あらゆる地域社会で行われているラインダンスである。アルメニアの西部のアラガツォトゥン地方のアシュタラクなどのコミュニティ、北東部のタヴシュ地方のイジェヴァン、ディリジャン、ベルドなどのコミュニティ、首都のエレバンなどである。コチャリは、祝日、お祭り、家族の儀式、社会のイベントでよく踊られる。すべての参加者、年齢、男女、或は、社会的地位にかかわらず、すべての参加者にとって開放的である。コチャリは、アイデンティティの共有と連帯、歴史、文化、民族の記憶の連続性、全年齢の地域社会のメンバー間の相互尊重に貢献している。
2017年

❻アルメニア文字とその文化的表現
（Armenian letter art and its cultural expressions）
アルメニア文字とその文化的表現は、アルメニアの首都エレバンをはじめ全土での何世紀も続いているアルメニア書体の芸術、豊かな装飾文字の文化である。アルメニア文字とその文化的表現は装飾文字によって区別され、鳥、動物、架空の生き物など異なる形が特色である。その主要機能は情報の記録や通信だけではなく、アルメニア文字の芸術は、ほとんどあらゆる社会の階層、特に民俗芸術に浸透している。あらゆるレベルの教育機関、若者センター、アルメニア使徒教会がその継承に主要な役割を果たしている。
2019年

❼聖タデウス修道院への巡礼
（ Pilgrimage to the St。 Thaddeus Apostle Monastery）
イラン／アルメニア
2020年　→　イラン

アンドラ公国

❶ピレネー山脈の夏至の火祭り
（Summer solstice fire festivals in the Pyrenees）
ピレネー山脈の夏至の火祭りは、アンドラのアンドラ・ラ・ベリャ、サン・ジュリアー・ダ・ロリア、エスカルデス・エンゴルダニの3か所、スペインのアラゴン州やカタルーニャ州の26か所、フランスのピレネー＝オリアンタル県、オード県、アリエージュ県、オート＝ガロンヌ県、オート＝ピレネー県、ピレネー＝アトランティック県の34か所の3か国にまたがる63か所で行われている夏至の火祭りで、毎年、太陽が最高点となる夏至の夜にピレネー山脈で行われる。夜になると、人々は、ピレネー山脈の麓から伝統的に組み上げられた建物にかがり火を照らす為に、燃えている松明を運ぶ。ピレネー山脈の夏至の火祭りは、若者にとって思春期から成人期への移行を示す特別の瞬間であり、社会的結束や帰属意識を強め再生する。
アンドラ／フランス／スペイン　2015年

イタリア共和国

❶オペラ・デイ・プービ、シチリアの操り人形劇
（Opera dei Pupi, Sicilian puppet theatre）
オペラ・デイ・プービ、シチリアの操り人形劇は、19世紀初期にシチリア島で発展した大衆芸能の一つで、長さ1m程のあやつり人形を人形師が上から糸で操り、劇の題材は、シャルルマーニュ帝の12騎士のパラディーニとサラセン人が戦う中世騎士道物語、宗教的なもの、歴史的なもの、シェークスピアものと多様なストーリーを人々に披露する。地方によって多少人形の作りなどが異なり、シチリア州の州都パレルモの人形は、身長0.8～1mで重さは8kg、関節があるのでヒザが曲がり、人形師は横から人形を操る。シチリア州第2の都市カターニアの人形は、身長1.1～1.3mで重さ25kgとパレルモのものより大きくヒザ関節がないので、人形師は上から人形を操る。物語はシチリア方言のイタリア語で語られる。
2008年　←　2001年第1回傑作宣言

❷カント・ア・テノーレ、サルディーニャ島の牧羊歌
（Canto a tenore, Sardinian pastoral songs）
サルディーニャ島は、イタリア半島の西180km、ティレニア海に浮かぶ島で、イタリアではシチリア島に次いで2番目に大きな島。島

代表リスト

の住民のほとんどは、牧羊、農業を生業としてきた。カント・ア・テノーレは、サルディーニャ島のバルバージャ地方と北部と中部の田園（牧羊）文化の中で牧羊歌として発展した。4人の男が1グループで、バス、コントラ、ボヘ、メス・ボヘと呼ばれる4つの異なる声で合唱する形式の口承による伝統と表現である。カント・ア・テノーレの特色の一つは、バスとコントラの声色が、深い喉音の音楽であることで、輪になって演じられ、リード・ボイスは、主旋律を歌い、他の3つの声色は、合唱を形づくる。自身の声色、他の歌手の声色を同時に聴き、全体が調和する様に、歌手は片方の耳を閉じたままにする。現在は、地方の酒場で演じられるだけではなく、結婚式、羊毛刈り、宗教的な祭りやバルバージア地方のカーニバルで演じられる。

2008年 ← 2005年第3回傑作宣言

❸地中海料理（Mediterranean diet）
ギリシャ／イタリア／スペイン／モロッコ／キプロス／クロアチア／ポルトガル
2010年＊／2013年　　→スペイン
＊2010年にスペインなど4か国で登録、2013年にポルトガル、キプロス、クロアチアを加え、7か国で新規登録となった。

❹クレモナの伝統的なバイオリンの工芸技術
（Traditional violin craftsmanship in Cremona）
クレモナは、イタリアの北部、ロンバルディア州にあるバイオリンなどの楽器職人の工房がある町として知られている。なかでも巨匠のアントニオ・ストラディヴァリ（1644〜1737年）は世界的にも有名で、クレモナのバイオリンの工芸技術は、ストラディヴァリ弦楽器製作者協会やイタリア弦楽器製作者連盟を中心にその伝統が守られている。
2012年

❺大きな構造物を担いでの行列の祝賀行事
（Celebrations of big shoulder-borne processional structures Big shoulder-borne）
大きな構造物を担いでの行列の祝賀行事は、イタリアの各地で行われるカトリックの行列で、カンパニア州ナポリ県のノーラ、カラブリア州レッジョ・カラブリア県のパルミ、サルデーニャ自治州サッサリ県のサッサリ、ラツィオ州ヴィテルボ県のヴィテルボの4つの歴史都市で行われるものが圧巻だ。ノーラの「百合祭り」は、毎年6月に、木と紙粘土で作った高さ25mの8つの百合の塔、それに1つの船が聖パウロの帰還を祝福する。パルミの「パルミ祭り」は、毎年8月の最終

日曜日に行われる聖母マリアに敬意を表した高さ16mの巨大な人間の塔を200人で運ぶ。サッサリの「ロウソク祭り」は、毎年8月14日に、聖母マリアの昇天を祝って行われる行列で、巨大な木の蝋燭が、町の中心部からフランチェスコ修道会のサンタ・マリア・ディベトレム教会まで運ばれる。ヴィテルボの「サンタ・ローザの車」の行列は、毎年9月3日の夜に、13世紀にサンタ・ローザの遺体が移転されたのを記念して行われる。高さ28m、重さ5tにも及ぶ巨塔を150人のファッキーノと呼ばれる白装束に身を包んだ大きな肩甲骨の男たちが担いで、消灯した夜の町を練り歩き、サンタ・ローザ教会へ向かう。この様な伝統的な祝祭行事を通じて、地域社会の人々の参画、交流、対話、連帯、結束が図られている。
2013年

❻パンテッレリア島の地域社会の「ヴィーテ・アド・アルベレッロ」（剪定されたぶどうの木）を耕作する伝統農業の実践
（Traditional agricultural practice of cultivating the 'vite ad alberello' (head-trained bush vines) of the community of Pantelleria）
パンテッレリア島の地域社会の「ヴィーテ・アド・アルベレッロ」（剪定されたぶどうの木）を耕作する伝統農業の実践は、イタリアの南部、シチリア州ラーパニ県、シチリア島の沖合の離島、パンテッレリア島で行われているぶどうの栽培方法である。ここでは樹勢を低く抑えて仕立てる野生ぶどうの栽培が行われており、2500年以上前にこの島にやってきたフェニキア人によってもたらされたと言われている。ジビッボ（別名：マスカット・オブ・アレキサンドリア）と呼ばれるぶどうから、主にパッシート・ディ・パンテッレリアと呼ばれるぶどうを陰干しする手法を用いた甘口のワインが造られている。現在パンテッレリア島には約500haのぶどう畑があり、伝統的なぶどうの栽培方法を維持することと共に、島の環境や景観を保持することも求められている。
2014年

❼鷹狩り、生きた人間の遺産
（Falconry, a living human heritage）
アラブ首長国連邦／カタール／サウジ・アラビア／シリア／モロッコ／モンゴル／韓国／スペイン／フランス／ベルギー／チェコ／オーストリア／ハンガリー／カザフスタン／パキスタン／イタリア／ポルトガル／ドイツ
2010年＊／2012年＊／2016年

→アラブ首長国連邦

＊2010年にアラブ首長国連邦など11か国で
登録、2012年にオーストリア、ハンガリー、
2016年にカザフスタン、パキスタン、イタリア、
ポルトガル、ドイツを加え、新規登録となった。

❽ナポリのピザ職人「ピッツァアイウォーロ」の芸術 （Art of Neapolitan 'Pizzaiuolo'）

ナポリのピザ職人「ピッツァアイウォーロ」の芸
術は、イタリアの南部、カンパニア州の州都で
あり、ナポリ県の県都でもあるイタリア第3の
都市ナポリ（1995年、「ナポリの歴史地区」が世界
遺産登録）の伝統的な知識と技術の職人技であ
る。ナポリに住むピザ職人であるピッツァアイ
ウォーロは約3,000人といわれており、16世紀
の発祥以来、ピザの伝統として、ピザの達人
のピッツァアイウォーロから若者へ世代から世
代へと継承され、歌や物語をも含めた由緒ある
儀式のような姿となった。ナポリのピザは、空
気を混ぜ混むために空中に生地を回し投げなが
らピザを作り、れんがのオーブンで薪を使って
焼かれ、薄目の生地の淵の部分が厚く膨らむの
が特徴である。伝統的なメニューとして、トマ
ト、ニンニク、オレガノなどを使った「マリナ
ーラ」、トマト、モツァレラチーズなどを使っ
た「マルゲリータ」が有名である。地元の協
会、特に、ナポリ・ピッツァアイウォーロ協会
がピザ職人の永続化の強力な役割を演じる。今
日でも、ナポリのピザ職人「ピッツァアイウォ
ーロ」の芸術は、ナポリにおいて、重要な社会
的、文化的な機能を果たし続けている。
2017年

❾空石積み工法：ノウハウと技術 （Art of dry stone walling, knowledge and techniques）

クロアチア／キプロス／フランス／ギリシャ／
イタリア／スロヴェニア／スペイン／スイス
2018年　→クロアチア

❿セレスティアンの贖罪の祝祭 （Celestinian forgiveness celebration）

セレスティアンの贖罪の祝祭は、イタリアの中部、
アブルッツォ州の州都ラクイラが発祥でここを中心
に毎年8月16日〜23日に行われる伝統的な祝祭行事で
ある。セレスティアンの贖罪の祝祭は、歴史的な大
勅書を発行したローマ教皇のケレスティヌス5世
（1210年頃〜1296年）を地域住民の間での祝祭行事で
ある。この伝統は儀式と祝祭が一体となっており、
地域の80km以上の「贖罪のウォーク」と呼ばれをキ
ャンドル・ライトで伝統的な行程を行列・行進す
る。参加者は、もてなし、連帯、平和の3つの気持を
持って歩く。地域社会の祝祭行事への絶えることの
ない参加は時を超えて確保されている。
2019年

⓫移牧、地中海とアルプス山脈における家畜を季節ごとに移動させて行う放牧 （Transhumance, the seasonal droving of livestock along migratory routes in the Mediterranean and in the Alps）

オーストリア／ギリシャ／イタリア
2019年　→オーストリア

⓬アルピニズム （Alpinism）

フランス／イタリア／スイス
2019年　→フランス

⓭ガラスビーズのアート （The art of glass beads）

ガラスビーズのアートは、イタリアとフランス
の2か国にまたがる伝統工芸技術である。イタ
リアでは、歴史都市のヴェネチアに集中してお
り、ヴェネチアの干潟に浮かぶ島々、ムラーノ
島、ブラーノ島、トルチェッロ島で行われてい
る。フランスでは、フランス・ビード・アーテ
ィスト協会の本部はパリにあるが、ビーズ細工
人の仕事場は、イル・ド・フランス、オーヴェ
ルニュ・ローヌ・アルプ、ヌーヴェル・アキテ
ーヌ、オクシタニーなどの地域にある。ガラス
ビーズのアートは、材料であるガラスと要素で
ある火の知識と熟達の豊かさに関連している自
然及び万物に関する知識及び慣習、口承及び表
現、伝統工芸技術である。両国において、実践
は、主に、ワークショップで継承され、専門家
の職人の監督のもとに、徒弟は、観察、実験、
実践を通じて、知識を習得する。継承は、ま
た、専門技術の学校教育を通じて行われる。
2020年
イタリア／フランス

⓮ホルン奏者の音楽的芸術：歌唱、息のコントロール、ビブラート、場所と雰囲気の共鳴に関する楽器の技術 （Musical art of horn players, an instrumental technique linked to singing, breath control, vibrato, resonance of place and conviviality）

フランス／ベルギー／ルクセンブルク／イタリア
2020年　→フランス

⓯イタリアにおけるトリュフ・ハンティングと採取、伝統的な知識と慣習 *New*

（Truffle hunting and extraction in Italy、traditional knowledge and practice）

イタリアにおけるトリュフ狩りと採取、伝統的な知識と慣習は、イタリアの北部、中部、南部の各地で行われている。イタリアの多くの村落では何世紀もの間、トリュフ狩りの技術が継承されてきた。トリュフ狩りには、高度な知識と技術が不可欠である。まず、トリュフを見つけることが容易でない。これは、専門的な訓練を受けた犬の力を借りて行う。そして、土壌に関する深い知識を基に、トリュフが育つ環境を破壊しないように細心の注意を払って採取しなくてはならない。トリュフ狩りには2つのステップがある。トリュフ狩りと採取、トリュフ狩りは、トリュフが生える地域の識別から始まる。このステップは、特別な訓練を受けた犬のhelpで行われる。ハンターは、それから、土壌を痛めることのない様に、特別の鋤を使ってトリュフを採取する。トリュフ狩りには、自然生態系の管理や犬ートリュフ・ハンターの関係に関連した、気候、環境、植生など幅広い技量と知識を要する。この知識は、地元の文化的アイデンティティを反映する物語、寓話、逸話を通じて継承されると共にトリュフ狩りのコミュニティの連帯を創出する。トリュフの季節は、しばしば、人気のあるごちそうとも関連している。なかでも、ピエモンテ・トリュフは白色で、風味はフランス産の黒いトリュフに劣らず優れている。生（なま）ですりおろし、パスタ、リゾット、卵料理など高級イタリア料理に用いられている。

2021年

ウクライナ

❶ウクライナ装飾民俗芸術の事象としてのペトリキフカの装飾絵画

（Petrykivka decorative painting as a phenomenon of the Ukrainian ornamental folk art）

ウクライナ装飾民俗芸術の事象としてのペトリキフカの装飾絵画は、ウクライナ東部のドニプロペトローウシク州のペトリキフカ村で、家屋の壁や日用品に花や鳥などの自然を描く独特な絵画芸術である。ペトリキフカ村の人たちは、地元の植物や動物を注意深く観察し作品の模様に反映させる。この芸術は、豊かな象徴主義で、雄鶏は、目覚め、鳥類は、明るさ、調和、幸福を表わす。また、絵を描くこと自体が悲しみや悪魔から人々を守ってくれる信仰の対象でもある。地元の人たち、特に女性は年齢を問わず、この伝統的な民俗芸術に関わっている。あらゆる家族には、少なくとも1人の実践者がおり、日常生活の一部分でもある。地元の学校では、すべての子供にペトリキフカの装飾絵画の基礎を学ぶ機会を与え教える。コミュニティは、興味を示す人には誰にでもその技術や秘訣を喜んで教える。装飾芸術の伝統は、歴史的、精神的な記憶を更新させ、コミュニティ全体の帰属意識を高めている。

2013年

❷コシウの彩色陶器の伝統

（Tradition of Kosiv painted ceramics）

コシウの彩色陶器の伝統は、ウクライナの西部、沿カルパッチャ地方イヴァーノ・フランキーウシク州のコシウ市、クティ町、ピスティン村で制作されている。コシウ陶器は、白を背景に緑、黄、茶の3色で彩られた点が特徴である。コシウ陶器には、イヴァーノ・フランキーウシク州を中心とする山岳民族のフツル人の生活、オーストリア軍、聖なる伝承等が描かれる。

2019年

❸オルネック、クリミア・タタール人の装飾と関連知識 *New*

（Ornek、a Crimean Tatar ornament and knowledge about it）

オルネック、クリミア・タタール人の装飾と関連知識は、ウクライナの南部、主にクリミア自治共和国で行われている。オルネックは、クリミア・タタールの伝統的な模様で、幾何学模様、植物模様の種類があり、服装や食器類などから内装までの飾り模様として使われてきた。クリミア・タタール人は、クリミア半島に起源を持つテュルク系先住民族である。オルネック、刺繍、織物、陶器、彫刻、宝石類、木彫刻、ガラス、壁画で使用される。オルネックには、全部で約35のシンボルがあり、それぞれに、独特の意味がある。例えば、バラは既婚の女性、ポプラ或はヒノキは大人の男性、チューリップは若い男性、アーモンドは未婚の女性或は少女、カーネーションは年長者、知恵、人生経験、バラの中のチューリップは恋愛或は男女の結合などである。この様な関連知識と技量は家族やコミュニティ内の熟練した職人によって継承される。

2021年

エストニア共和国

❶キーヌ地方の文化的空間
（Kihnu cultural space）
キーヌ地方の文化的空間は、エストニアの海岸の沖合にある600人の人が住む小さなバルト諸島のキーヌ島とマンジャ島に伝わる文化的空間。キーヌ地方は、エストニアの主島から地理的にも隔絶されている為、伝統的な生活様式が何世紀にもわたって保護されてきた。これらは、季節的な習慣、伝統音楽、遊戯、様々な手工芸、舞踊、結婚式を含む。これらの機会に、装飾品や刺繍で装飾された色彩豊かな衣装が着られる。有名なキーヌの衣服、特に、スカート、ミトン、手袋、ストッキング、ソックスの主な原料は、この地方で生産された羊毛である。
2008年 ← 2003年第2回傑作宣言

❷バルト諸国の歌と踊りの祭典
（Baltic song and dance celebrations）
バルト諸国の歌と踊りの祭典は、エストニアやラトヴィアでは5年毎に、リトアニアでは4年毎に開催される民俗芸術。1869年にエストニアで、1873年にラトヴィアで、最初に組織化され、リトアニアは1924年に開催した。これらの壮大なイベントは、2～3万人の歌手、1万人の踊り子が繰り出し、数日間にわたって展開され圧巻である。この祝事の参加者のほとんどは、アマチュアの聖歌隊と舞踊団体である。エストニア、ラトヴィア、リトアニアの古代から現代に至るまでの広範な伝統音楽からなる。バルト諸国の歌と踊りの祭典は、バルト諸国が、1920年代初期にソ連から独立した後に、バルト諸国の文化的アイデンティティを結びつける手段として、人気を博した。
エストニア／ラトヴィア／リトアニア
2008年 ← 2003年第2回傑作宣言

❸セト・レーロ、セトの多声音楽の伝統
（Seto Leelo, Seto polyphonic singing tradition）
セト・レーロ、セトの多声音楽の伝統は、エストニア南東部のセトのコミュニティとロシア連邦のペチョールイ地区で受け継がれてき古代の伝統的な多声音楽レーロが、現代のアイデンティティの礎石になっている。セト人は、ロシア正教徒で、独特の文化の伝統を維持してきた。レーロは、伝統的なメロディと衣装で演じられる。
2009年

❹ヴォル県のスモーク・サウナの伝統
（Smoke sauna tradition in Voromaa）
ヴォル県のスモーク・サウナの伝統は、エストニアの南部、丘と森が広がるヴォル県で最も普及しているスモーク・サウナで、家族の日常的な社会的慣習であり、心身を清める儀式の場であり、地域社会のアイデンティティである。ヴォル県の人口の3分の2は、何世代にも渡って住んでおり、これらの家族は、スモーク・サウナに入る慣習を口承による伝統及び表現として継承、サウナの建設、薪作り、肉の燻製の様な伝統工芸技術、自然及び万物に関する知識や慣習もサウナの伝統と関連している。スモーク・サウナは、薪を焚いて燻したサウナ室の中の煙が消えるのを待ち、それから入るサウナなので、決して煙たくはない。煙突が無いのが薪サウナとの大きな違いで、その為、煙が室内に充満し木の燻製された独特の香りがする。通常、家族の年長者は、継承者の子供と一緒にサウナの準備をする。
2014年

オーストリア共和国

❶シェーメンラオフ、オーストリアのイムストのカーニバル
（Schemenlaufen, the carnival of Imst, Austria）
シェーメンラオフ、オーストリアのイムストのカーニバルは、オーストリアの西部、サンクト・アントンとインスブルックのほぼ真ん中にあるチロル州の都市イムストで、4年毎にクリスマス・シーズンの前の日曜日に行われる仮面と仮装の行列のパレード。何百もの数の仮面の主人公はベルトに大きな鈴をつけたシェラーと、小さな鈴をつけたロラーは、シャインと呼ばれる大きな頭飾りをつけており、ロラーの仮面は若い女性的な形相をしている。シェーメンラオフは、チロルで最も伝統的なお祭で、ファッシング（謝肉祭）の日に催される。アルプス山岳地域の多くの仮面行列のなかでも、約400年の歴史をもつ最も大規模で派手な祭りといわれている。
2012年

❷鷹狩り、生きた人間の遺産
（Falconry, a living human heritage）
アラブ首長国連邦／カタール／サウジ・アラビア／シリア／モロッコ／モンゴル／韓国／スペイン／フランス／ベルギー／チェコ／オーストリア／ハンガリー／カザフスタン／パキスタン／イタリ

代表リスト

ア／ポルトガル／ドイツ
2010年＊／2012年＊／2016年
→アラブ首長国連邦
＊2010年にアラブ首長国連邦など11か国で登録、2012年にオーストリア、ハンガリー、2016年にカザフスタン、パキスタン、イタリア、ポルトガル、ドイツを加え、新規登録となった。

❸ウィーンのスペイン馬術学校の古典馬術
（Classical horsemanship and the High School of the Spanish Riding School Vienna）
ウィーンのスペイン馬術学校の古典馬術は、オーストリアの北東部、首都ウィーンの3つの異なる場所にある、16世紀にスペインのアンダルシア馬と他種とを交配したリピッツァナー種の種馬の飼育、調教、乗馬の伝統的な芸術であり技である。ウィーンのスペイン馬術学校は、ホーフブルク王宮の一角にある古典馬術の維持保存と現代に継承することを目的とした組織である。学校の社会的な慣習、祝祭、儀式は、ブリーダー、厩（きゅう）務員、職人、騎手、馬の間の長きにわたる関係を反映している。調教の知識と馬具の使用は、厩務員や経験のある騎手によって、実習生に継承される。独自性や調教に関連した技術を守る伝統は、学校内のコミュニティに受け継がれている。　2015年

❹藍染め　ヨーロッパにおける防染ブロックプリントとインディゴ染色
（Blaudruck/Modrotisk/Kekfestes/Modrotlac, resist block printing and indigo dyeing in Europe）
藍染め　ヨーロッパにおける防染ブロックプリントとインディゴ染色は、チェコ、スロヴァキア、ドイツ、オーストリア、ハンガリーによる国境を越えた共同登録である。藍染めは、古代から広く世界各地で行われてきた染色技法であるが、「ヨーロッパの藍染め」は、技法的には型染めの一種で、木製あるいは金属製の凸版の版木で布地に防染剤を置いたのち、藍の染料槽に布を浸すことで、防染した部分の地の白色が残り、模様が染め出されるというもの。職人たちは、現在でも古いものでは300年前の版木を使っており、模様は一般的なもののほか、キリスト教のモティーフや地域の動植物を表現したものなど様々。現在、「藍染め」は各国の、主に小規模な家族経営の工房において製造されている。それぞれの工房が代々受け継いできた19世紀にさかのぼる記録を現在に至るまで守り、また実践を通し伝えていることが評価された。今回の登録は、「藍染め」の価値が国際的にも認められたという大きな意味を持つ。しかしグ

ローバリゼーションにより均一化されたものが溢れている今、多くの地域や、民族の手仕事に注目が集まっている。そしてグローバリゼーションの時代だからこそ、それぞれの手仕事が、国を越えて広がる可能性も大きい。
オーストリア／チェコ／ドイツ／ハンガリー／スロヴァキア
2018年

❺雪崩のリスク・マネジメント
（Avalanche risk management）
スイス／ オーストリア
2018年　→スイス

❻移牧、地中海とアルプス山脈における家畜を季節ごとに移動させて行う放牧
（Transhumance, the seasonal droving of livestock along migratory routes in the Mediterranean and in the Alps）
移牧、地中海とアルプス山脈における家畜を季節ごとに移動させて行う放牧は、オーストリア、ギリシャ、イタリアにおける季節ごとに決まった放牧地間を移動する放牧の一形態である。毎年春と秋のお祭りを合図に、何千もの動物が夜明けから夕暮れまで、決まった放牧地間を 犬や馬を連れた牛飼いや羊飼いのグループによって移動させられる。その慣習は、平原地域或は高原地域での季節で移動する水平移牧と夏に標高の高い草地（アルプ）で放牧し、冬に低地に移動する山岳地域での垂直移牧からなる。その活動は 人々、動物、生態系の関係で形成され、土地、森林、水などの資源を分かち合うなど慣習的な行為であると共に、環境、生態学、気候変動に滞欧した最も持続可能で効率的な牧畜の一つである。
オーストリア／ギリシャ／イタリア
2019年

オランダ王国

❶風車や水車を動かす製粉業者の技術
（Craft of the miller operating windmills and watermills）
風車や水車を動かす製粉業者の技術は、オランダの全域にわたって1200の製粉小屋があり、技術が普及している。なかでも、南ホラント州は、風車の数が最大で、水車は、主に、オーファーアイセル州、ヘルダーラント州、北ブラバント州、リンブルフ州で見られる。オランダのボランティア製粉業者の組合は、すべてのボランティア製粉業者を結束し、伝統的な小麦粉製造業者の組合は、オランダ風水車協会の様に全国的である。フリジア製粉業者の組合は、フリースラント州の製粉業者を束ねている。2017年

❷コルソ文化、オランダにおける花とフルーツのパレード New
（Corso culture、flower and fruit parades in the Netherlands）

コルソ文化、オランダにおける花とフルーツのパレードは、オランダの西部、南部のズンデルトやファルケンスワールト、東部のリヒテンフォールデやシント・ヤンスクローステルで行われている。コルソは、19世紀後期に、花、フルーツ、野菜で装飾された、長さ20m、高さ10mの山車或は 舟のパレードである。パレードは、通りや川で行われるが、楽団や劇場公演もある。フランスとイタリアが発祥で、19 世紀にオランダに普及した。山車づくりとそれに伴うすべての作業は、1年の大半を友人のグループや地域社会の全体が関わる社会的かつ創造的な過程である。山車づくりは、競争であり、最良のものには賞が与えられる。老いも若きも、男も女も一緒に働き、働いた後には飲食を共にする。その文化は、見習い、学校行事、毎年恒例のパレードへの参加を通じて、世代を超えて受け継がれている。
2021年

❸鷹狩り、生きた人間の遺産
（Falconry, a living human heritage）　2021年
→　アラブ首長国連邦

北マケドニア共和国
（マケドニア・旧ユーゴスラヴィア共和国）

❶シュティブの四十人聖殉教者祭
（Feast of the Holy Forty Martyrs in Stip）

シュティブの四十人聖殉教者祭は、マケドニア旧ユーゴスラヴィアの東部地方のシュティブ市で、毎年3月22日に行われる4世紀のセバステの四十人の殉教者を称えるお祭りである。四十人聖殉教者祭は、シュティブ市の西端にある中世の要塞都市遺跡で考古学遺跡保護地域のイサルの丘で行われる。儀式は、シュティブ市の通りや公共広場に参加者が集合し、イサルの丘に登る儀式が始まる。登山中、参加者は40人の知人に挨拶し、近くのアーモンドの木から40の花、或は小枝、それに40の小石を集める。丘の頂上に到着すると参加者は、下に流れるブレガルニカ川へ39個の小石を投げる。残った小石は、眠る前に枕の下に置かれる。音楽バンドは、終日、丘の上で演奏し続ける。
2013年

❷コパチカタ、ピジャネク地方のドラムス村の社交ダンス
（Kopachkata, a social dance from the village of Dramche, Pijanec）

コパチカタ、ピジャネク地方のドラムス村の社交ダンスは、マケドニア・旧ユーゴスラヴィアの北東部、ピジャネク地方のドラムス村のツルニチカ・マハラとベルチンスカ・マハラが中心で、集会、結婚式、宗教的な休日に村の最善の男の踊り子達によって演じられる躍動的で情熱的な社交ダンスである。コパチカタは、マケドニア東部の村々にも普及している。ダンスは、ドラム、バイオリン、時にはタンブーラ・リュート、或は、バグパイプの伴奏で、半円で演じられる。地元の聴衆にとってコパチカタのダンスは、ドラムス村のコミュニティのみならずピジャネク地方においての文化アイデンティティの象徴である。
2014年

❸春の祝祭、フドゥレルレス
（Spring celebration, Hdrellez）
マケドニア／トルコ　2017年　→トルコ

❹3月1日に関連した文化慣習
（Cultural practices associated to the 1st of March）
ブルガリア／マケドニア／モルドヴァ／ルーマニア
2017年　→ブルガリア

キプロス共和国

❶レフカラ・レース、或は、レフカリティカ
（Lefkara laces or Lefkaritika）

レフカラ・レース、或は、レフカリティカは、キプロス南東部のレフカラ村での14世紀に遡るレース編みの伝統工芸である。1489年の初めに、キプロスを支配したヴェネチアの刺繍と、古代ギリシャとビザンチンの幾何学模様の影響を受けたレフカラ・レースは、ヘムステッチ、カット・ワーク、サテン・ステッチ、縫い針での縁取りの4つの基礎的な要素を組み合わせたデザインの手工芸である。　2009年

❷シアティトサの詩的決闘
（Tsiattista poetic duelling）

シアティトサの詩的決闘は、キプロスの東部のラルナカ地区とファマグスタ地区で、古くから行われてきた音楽の伴奏のもと、韻をふんだ詩の朗読、すなわち、音楽性や語彙の豊かさを競い合う伝統的な文化で、ラルナカでは、初夏の

カタクリズム（ノアの方舟の大洪水神話）の祭り「カタクリスモス」、それに、結婚式やお祝いの席などで、演じられる。　**2011年**

❸地中海料理（Mediterranean diet）
ギリシャ／イタリア／スペイン／モロッコ／キプロス／クロアチア／ポルトガル
2010年＊／2013年　→スペイン
＊2010年にスペインなど4か国で登録、2013年にポルトガル、キプロス、クロアチアを加え、7か国で新規登録となった。

❹空石積み工法：ノウハウと技術
（Art of dry stone walling, knowledge and techniques）
クロアチア／キプロス／フランス／ギリシャ／イタリア／スロヴェニア／スペイン／スイス
2018年　→クロアチア

❺ビザンティン聖歌（Byzantine chant）　*New*
ビザンティン聖歌は、キプロスとギリシャの全土、2,000年以上の歳月を紡ぐ生きた芸術であるビザンティン聖歌の音楽は、ビザンティン帝国を発祥とする重要な文化の伝統である。音楽的には、ギリシャ正教の教会の礼拝式のtexts にenhanceし、ビザンティン聖歌は、精神生活と宗教崇拝に密接に繋がっている。この声楽は、特有な言葉の望ましい音節を強調する為、異なったリズムをemployする。ビザンティン聖歌は、専門家を問わず、教会の奉仕と献身を通じて継承されている。
キプロス／ギリシャ
2019年

ギリシャ共和国

❶地中海料理（Mediterranean diet）
ギリシャ／イタリア／スペイン／モロッコ／キプロス／クロアチア／ポルトガル
2010年＊／2013年　→スペイン
＊2010年にスペインなど4か国で登録、2013年にポルトガル、キプロス、クロアチアを加え、7か国で新規登録となった。

❷ヒオス島でのマスティックを耕作するノウハウ
（Know-how of cultivating mastic on the island of Chios）
ヒオス島でのマスティックを耕作するノウハウは、ギリシャの東部、エーゲ海の東部に浮かぶギリシャ領の小島、ヒオス島でのマスティックを耕作するノウハウ。マスティックの木は、ヒオス島南部のピルギー地区でのみ唯一生育し、樹液を吹き出し、マスティックガムなどに加工

する。ヒオス島は、吟遊詩人のホメロスの生誕地で、ビザンチン建築の傑作といわれる世界遺産ネア・モニ修道院があることでも知られている。また、1824年にドラクロワが描いた「キオス島の虐殺」も有名な絵画である。ヒオス島の中でもマスティックの木が樹液を吹き出す地は限られている。このマスティック栽培地の一番近くにあるのがピルギー村で、樹液の採集で生計を立てている農民たちが住んでいる。マスティックの文化は、広範囲な社会的行事を代表し、協調や相互扶助のネットワークが確立された。公共での実施は、また、昔話や物語の語りの機会を通じて集合的な記憶を不滅なものにする為である。
2014年

❸ティノス島の大理石の技能
（Tinian marble craftsmanship）
大理石の彫刻の芸術は、ギリシャの中央部、エーゲ海のキクラデス諸島北部にあるギリシア領の島、ティノス島の文化のアイデンティティの表現であり、歴史地域のパノルモスが中心地である。大理石の職人は、構造や大理石の岩石の経験上の知識を保有し、技術は、通常、達人から家族に継承されるのが長年の伝統である。伝統的なモチーフは、主に宗教的、或は、厄除けのヒノキ、花、鳥、船を描き、建物、教会、それに、墓地が配置される。標準的な大理石の船と扇形の窓のデザインは、肥沃と繁栄をもたらした。　2015年

❹モモエリア、ギリシャ・西マケドニア・コザニ県の8村での新年の祝祭
（Momoeria, New Year's celebration in eight villages of Kozani area, West Macedonia, Greece）
モモエリア、ギリシャ・西マケドニア・コザニ県の8村での新年の祝祭は、ギリシャの北西部、コザニ県の8村で12月25日から1月5日にかけて行われる。30人ほどの男性からなるコザニ県の踊手、俳優、それに音楽家は、伝統的な靴、スカート、帽子を身に纏って新年の繁栄を願って、村の通りを演技しながらお互いの家庭を訪問する。モモエリアの踊手は、ギリシャ神話の笑いと風刺を神格化した神モモスやアレクサンダー大王を表しており、村人たちの生活を危険にさらすことないように演技する。
2016年

❺レベティコ（Rebetiko）
レベティコは、現代ギリシャの大衆歌曲で、通常ブズーキの伴奏でギリシャ語で歌われる。

1930年代にギリシャとトルコの住民交換でトルコ領内からギリシャへ移住させられたギリシャ人たちによって始まり、1960年代の民主化の時代に再興があったといわれている。この独特の音楽と文化の伝統は、ギリシャの主な都市センター、それに、主要港(ピレウス港、アテネ港、シロス港、テッサロニキ港、ヴォロス港、ハニア港、レティムノ港、イラクリオン港、パトラス港、カラマタ港、トリカラ港など)で発展した。
2017年

❻空石積み工法：ノウハウと技術
（Art of dry stone walling, knowledge and techniques）
クロアチア／キプロス／フランス／ギリシャ／イタリア／スロヴェニア／スペイン／スイス
2018年　→クロアチア

❼移牧、地中海とアルプス山脈における家畜を季節ごとに移動させて行う放牧 *New*
（Transhumance, the seasonal droving of livestock along migratory routes in the Mediterranean and in the Alps）
オーストリア／ギリシャ／イタリア
2019年　→オーストリア

❽ビザンティン聖歌（Byzantine chant）
キプロス／ギリシャ
2019年　→キプロス

クロアチア共和国

❶カスタヴ地域からの毎年のカーニバルで鐘を鳴らす人のページェント
（Annual carnival bell ringers' pageant from the Kastav area）
カスタヴ地域からの毎年のカーニバルで鐘を鳴らす人の行進は、クロアチア北西部のリエカの北東10km、オパティヤの北東5kmのところにあるプリモリェ・ゴルスキ・コタル郡にあるカスタヴ地域とその近隣で、1月17日と灰の水曜日との間のカーニバルの期間に町の中心で同心円を描きながら鐘を鳴らす約10グループ30人以上の行進である。何人かは仮面をかぶり何人かは発育や豊穣を象徴するかぶりものをする。カーニバルの終わりには、鐘を鳴らす人たちは、彼ら自身の村を通って行進し、それぞれの家でゴミを収集し、それを、玄関の外で燃やす。
2009年

❷ドゥブロヴニクの守護神聖ブレイズの祝祭
（Festivity of Saint Blaise, the patron of Dubrovnik）
ドゥブロヴニクの守護神聖ブレイズの祝祭は、ドゥブロヴニクで、毎年2月3日に行われるドゥブロヴニクの守護神である聖ブレイズの祝祭行事である。ドゥブロヴニクでは、1000年以上に渡り守護聖人ヴラホを称える聖ヴラホ祭りが行われる。ヴェネチアからの攻撃から街を守ったと言い伝えられている聖人ヴラホの祭りは、972年から行われている。ドゥブロヴニクの街はこの守護聖人ヴラホと密接に関係している。2月2日に行われる聖母マリアのキャンドルミサの際は、教会の前で平和の象徴である白鳩が空に放たれる。そして旧市街の中心にあるオルランドの柱にはブレイズの旗印が掲げられる。祭りのメインは2月3日で、周辺の多くの人々がミサに参加し、聖ヴラホの遺物を掲げて街やストラドゥンを練り歩く。　2009年

❸クロアチアのレース編み
（Lacemaking in Croatia）
クロアチアのレース編みは、アドリア海岸のパグ島、クロアチア北部のレポグラヴァ、ダルマチア地方のフヴァル島に集中している。クロアチア北部にあるレポグラヴァに、2009年レース・ミュージアムがオープンした。クロアチアのレースのプロモーションと保存に貢献するとともに、現在のイタリアとベルギーで15世紀に発展したレースも紹介している。また、レポグラヴァでは毎年9月に国際レース・フェスティバルが開催されている。レポグラヴァは、パウロ会が教会と修道院を創設して歴史に深い刻印を残している小さな町で、そこで誕生した有名なボビンレースは、その独創性と高い質で、1937年パリ万博で金メダルを受賞している。パグ島のレースは、細い綿糸を縫い針を使って編むニードルレース。フヴァル島のレースはアロエに似たリュウゼツランの繊維を紡いだ糸を棒針を使って編むニードルレースである。　2009年

❹フヴァール島のザ・クリジェンの行列（十字架に続く）
（Procession Za Krizen(following the cross) on the island of Hvar）
フヴァール島のザ・クリジェンの行列は、クロアチア南部のダルマチア地方のフヴァール島の6つの村落群で、聖金曜日の前夜に行われる十字架を担ぐ手と付き添いによる伝統行事の行列である。このコミュニティーで組織されたザ・クリジェンの行列の各パーティーは、素足、或

は、靴下で歩く、「キリストの苦しみを背負う」十字架の担ぎ手によって誘導される。
2009年

❺ゴリアニからのリエリエ・クラリツェ（女王）の春の行列
（Spring procession of Ljelje/Kraljice(queens) from Gorjani）

ゴリアニからのリエリエ・クラリツェ（女王）の春の行列は、ザグレブの東250km、クロアチア北東部のスラボニア地方のゴリアニ村の若い少女達によって毎年春に行われる伝統的な行列で、ホワイト・サンディと呼ばれるペンテコステ（聖霊降臨祭）を伝統的な歌と踊りで過ごす。　2009年

代表リスト

❻ザゴリェ地方の子供の木製玩具の伝統的な製造
（Traditional manufacturing of children's wooden toys in Hrvatsko Zagorje）

ザゴリェ地方の子供の木製玩具の伝統的な製造は、クロアチアの北部、首都ザグレブの北方にある豊かな自然に囲まれたザゴリェ地方のマリヤ・ビストリツァで、古くから伝わる子供の木製玩具の伝統工芸である。農地が少なく収入が乏しかったこのザゴリェ地方のためにオーストリアのウィーンから木工職人が招かれ、豊富な木材を利用した玩具づくりを住民に教えたのが始まりである。ザゴリェ地方の子供の木製玩具は、19世紀半ばから有名になり、今はクロアチアの子育てには欠かせないものになっている。有名なのは多彩なデザインの「笛」、「蝶」、「馬」など多様である。近年木材でできた玩具に触れる機会が少ない日本の子供たちにこの玩具を浸透させるためクロアチア政府観光局は、日本の幼稚園や小学校にPRする活動もしている。150年以上も前から親子の間で伝えられ続け、様々な親子の物語をつくり続けてきた。
2009年

❼イストリア音階での二重唱と合奏
（Two-part singing and playing in the Istrian scale）

イストリア音階での二重唱と合奏は、アドリア海の東岸、クロアチア西部のイストラ半島のクロアチア、イストロ・ルーマニア、イタリアのコミュニティで保存されている。全音の両端に半音が置かれるイストリア音階での長音階による二重唱と合奏は、活発で、部分的な鼻音の歌唱が特色である。音域は全6度で構成されるダルマチア特有のフォークロアの様式をとり、歌の形式はトレスカヴィッツァ、ヴォイカリツァーと呼ばれる、声を激しく震わせる独特の様式で、バルカンのほかの地域ではみられないもの

である。
2009年

❽北クロアチアのジンジャーブレッド工芸
（Gingerbread craft from Northern Croatia）

北クロアチアのジンジャーブレッド工芸は、クロアチアの北部、スラヴォニア地方のオシジェク、バラニャ、ポジェガなどで、400年にわたって引き継がれてきた伝統的な菓子工芸である。ジンジャーブレッド（生姜パン）工芸の伝統は、中世に、ヨーロッパの修道院で出現しクロアチアに来て工芸品になった。ジンジャーブレッドは、生姜を使った洋菓子の一種で、小麦粉、砂糖、水、重曹、香辛料で作られた固いクッキーを蜜蝋でコーティングした物で、技とスピードを要求される。ザグレブの赤いハートの形をした「リツィタル」は、愛する人への贈り物、新婚夫婦の名前と結婚記念日を記した装飾した結婚用だけではなく、クリスマスの飾りとしても人々に親しまれている。今日、ジンジャーブレッドのメーカーは、地方のお祭り、イベント、集まりに継続的に参加している。
2010年

❾シニスカ・アルカ、シーニの騎士のトーナメント
（The Sinjska Alka, a knights'tournament in Sinj）

シニスカ・アルカ、シーニの騎士のトーナメントは、クロアチアの中南部、スプリットから35km内陸にあるスプリト・ダルマチア郡のシーニ市で、毎年8月の第1週の金曜日から日曜日に行われる伝統的な騎士の競技である。シニスカ・アルカは、侵入する6万人のオスマン帝国軍に対して、シーニ要塞を守った700人の防衛軍の勝利を讃えるシーニ市民によるアルカの競技場などでの3日間続く「アルカの騎士の戦い」という行事で、1715年が発祥、一時中断して1975年に復活して以来、毎年行われている騎士の大会である。アルカという栄光を勝ち取った勝者には、多くの賞品が与えられ、シーニ市民などこの地方の住民からは、翌年のアルカまで、最大の勇者、最高の騎士として賞賛される。
2010年

❿東クロアチアのベチャラックの歌唱と演奏
（Becarac singing and playing from Eastern Croatia）

東クロアチアのベチャラックの歌唱と演奏は、東クロアチアに伝わる音楽の一つで、スラヴォニア地域、ハンガリー南部のバラニャ地域、スリィェム地域の文化に深く根付いている。ベチャラックの語源は、トルコ語のベキャールで、独身、浮かれ者を意味する。先導する歌手は、

パワフルな声と広いレパートリーを有する。この歌唱と演奏は、歌手や演奏者の間でのコミュニケーションが基本である。東クロアチアのベチャラックの歌唱と演奏は、2007年にクロアチアの文化財に登録されている。
2011年

⓫ニイェモ・コロ、ダルマチア地方の内陸部の無音楽円舞
（Nijemo Kolo, silent circle dance of the Dalmatian hinterland）
ニイェモ・コロ、ダルマチア地方の内陸部の無音楽円舞は、クロアチア南部のダルマチア地方の内陸部のコミュニティに伝わる円舞で、前後に声や楽器で音を付けるが、音楽無しで踊る。ニイェモ・コロは、男性のダンサーが女性をパートナーに、熱烈なステップで踊る。伝統的には、カーニバル、祝祭日、結婚式で演じられ、若い男女の出会いの場になってきた。今日では、教会の諸聖人の祝日や祭りの際に踊られ、代々受け継がれている。
2011年

⓬クロアチア南部のダルマチア地方のマルチパート歌謡・クラパ
（Klapa multipart singing of Dalmatia, southern Croatia）
クロアチア南部のダルマチア地方のマルチパート歌謡・クラパは、クロアチアの南部、ダルマチア地方のクラパは、クロアチアの伝統音楽でもあるアカペラ合唱。スプリットはクラパの有名グループを排出する町として知られ、旧市街の街角で歌うグループを見かけることも多い。基本的には男性合唱だが、最近はクラパ・ファ・リンドのように女性のみのユニットも出てきた。
2012年

⓭地中海料理（Mediterranean diet）
ギリシャ／イタリア／スペイン／モロッコ／キプロス／クロアチア／ポルトガル
2010年*／2013年　→スペイン
＊2010年にスペインなど4か国で登録、2013年にポルトガル、キプロス、クロアチアを加え、7か国で新規登録となった。

⓮メジムルスカ・ポペヴカ、メジムリェの民謡
（Medimurska popevka, a folksong from Medimurje）
メジムルスカ・ポペヴカ、メジムリェの民謡は、クロアチアの北西部、アルプス山脈の麓、東側はパンノニア平原に接するメジムリェ郡が発祥の民謡で、歴史的には、女性による主に独唱のジャンルであったが、最近では、個人や団

体、男女によって行われるミュージカルの形式であるが、貴重な知識を有し若い世代に伝統を引き継げる能力があるマスターと見なされる歌手は50人程度である。
2018年

⓯空石積み工法：ノウハウと技術
（Art of dry stone walling, knowledge and techniques）
空石積み工法：ノウハウと技術は、クロアチア・キプロス・フランス・ギリシャ・イタリア・スロヴェニア・スペイン・スイスの8か国にまたがる石の建造物を造るノウハウや技術に関する無形文化遺産である。石のみを使う空石積みは、自然と人間とが調和した美しい景観をつくり上げ、古代の先史時代から使われてきた工法を守り今に伝えている。モルタルを使わず石を積み重ねる空石積み工法は、田舎の農村、主に急傾斜地の居住空間の内外に普及している。空石積み工法：ノウハウと技術は、注意深い石の選択と配置によって構造の安定性が確保されており、地滑り、洪水、雪崩、土地の侵食や砂漠化を防いだり、生物多様性を高めたり、農業の為の適切な気候風土を創ったりするのに効果的な役割を果たしている。（325字）
クロアチア／キプロス／フランス／ギリシャ／イタリア／スロヴェニア／スペイン／スイス
2018年

⓰鷹狩り、生きた人間の遺産 *New*
（Falconry, a living human heritage）　2021年
→　アラブ首長国連邦

ジョージア

❶ジョージアの多声合唱
（Georgian polyphonic singing）
ジョージアの多声合唱は、12世紀から14世紀のジョージア・ルネッサンスの時代に発展したといわれる。ジョージアン・ポリフォニーは、男性2人のソリストと男性多声合唱隊から構成され、ビザンチン聖歌にも似て清らかで澄みきった女性的な響きが特徴。なかでも、チャクルロは、隠喩と複雑な技巧を使う多声歌で、8世紀頃に地方で発展したワイン崇拝と葡萄文化に関連している。ジョージアの多声合唱は、大変複雑な歌声のハーモニーを奏で、多くの聴衆を魅了している。
2008年 ← 2001年第1回傑作宣言

❷古代ジョージアの伝統的なクヴェヴリ・ワインの製造方法

（Ancient Georgian traditional Qvevri wine-making method）

古代ジョージアの伝統的なクヴェヴリ・ワインの製造方法は、ジョージアで紀元前8000年頃から受け継がれてきた「クヴェヴリ」と呼ばれる大型の卵の形をした土の壺を使用する。クヴェヴリ・ワインは、内側がオーガニックの蜂蜜でコーティングされたクヴェヴリを地中に埋め、その中でコーカサス山脈の豊かな湧水で育った多品種のブドウを発酵させる。クヴェヴリ・ワインは、芳醇で健康にも良いワインで、現在もその手づくりの製法の知恵と経験が、家族、隣人、友人などを通じて受け継がれている。クヴェヴリ・ワインの製造の伝統は、地域社会のライフスタイルや文化のアイデンティティそのものであり、ジョージアの伝承や民謡にも、しばしば登場する。　2013年

❸三書体のジョージア文字の生活文化

（Living culture of three writing systems of the Georgian alphabet）

三書体のジョージア文字の生活文化は、ジョージア国内の教会、修道院、神学的な機関、学校、大学、博物館、図書館などの文化空間で見られる。ジョージア文字は4〜5世紀にキリスト教を布教するためにギリシャ文字を参考に作られたといわれている。3つの発達段階を経て、今日も使われている三書体のムルグロヴァニ(丸文字)、ヌスフリ(目録文字、書写文字)、ムヘドルリ(戦士文字、騎士文字)を生み出した。ムルグロヴァニは、少なくとも5世紀には成立していた最古の形態で、直線と円弧の組み合わせで描かれていることが特徴である。9世紀になるとヌスフリと呼ばれる文字が現れ、ムルグロヴァニ文字と共に主にジョージア正教会の教会関係で用いられている。11世紀になるとムヘドルリ文字が現れ、現在に至るまで使われている。「ジョージア国立公文書館に保存されている最古の手書き文書」は、2015年に世界記憶遺産に登録されている。
2016年

❹チダオバ、ジョージアのレスリング

（Chidaoba, wrestling in Georgia）

チダオバは、ジョージアの全ての地域、村、コミュニティで行われている男性による伝統的な武術であるレスリングである。20世紀の最初に、諸都市、特に首都トビリシは、グルジアのレスリングの中心になった。チダオバの技の概要とチャンピオンの為の規約は古代ジョージアの文書の記録にも残されている。チダオバは、レスリング、音楽、ダンスの要素が一緒になって、ジョージアの社会・文化生活で何世紀にもわたって重要な役割を果たし国内で人気を博している。チダオバの試合は5分間続くが、その間、伝統的なハイ・ネックの紡毛のコートを着たレスラーは、多様な技を使って相手を攻め、勝者は、ポイント数で決められる。
2018年

スイス連邦

❶ヴヴェイのワイン祭り

（Winegrowers' Festival in Vevey）

ヴヴェイのワイン祭りは、スイスの西部ヴォー州レマン湖の北岸にあるヴヴェイで開催されるワイン醸造フェスティバルである。ヴヴェイでは、中世から伝わるワイン造りの歴史と伝統があり、25年毎に葡萄の収穫を祝う祭りを行う。ヴヴェイは、19世紀に隣のモントルーとともに湖畔のリゾート地として発展を遂げ、世界各国の王侯貴族や芸術家に愛されてきた。現在はモントルーとともに、「モントルーリヴィエラ」と呼ばれている。ワイン祭りは、前回は1999年に行われ、次回は2024年に開催の予定である。この町を囲む丘陵の「ラヴォー地区の葡萄畑」は、2007年に世界遺産にも登録されている。
2016年

❷バーゼル祭（Basel Carnival）

バーゼル祭は、スイスの北西部のバーゼルで行なわれるスイス最大のカーニバル(ファスナハト)で、14世紀以前まで遡る歴史を有する。日本のねぶた祭りのような装飾を施した大きな灯籠をもって暗闇を練り歩くパレードに始まり、仮装したグループと楽団のパレードなど72時間続けて盛り上がる熱狂の3日間の祭りである。灰の水曜日後の月曜、まだ辺りも暗い早朝4時からのパレード「モルゲシュトライヒ」で幕をあける。18世紀の文献にはすでにみられる暗闇でのパレードだが、当初にはなかった灯籠(ランタン)が19世紀に認められ、現在に受け継がれている。ねぶた祭りのようにペイントが施された大きな灯籠や長いポールのうえにつけたやや小振りの灯籠、そして楽隊が頭の上につけた小さな灯籠が夜闇に浮かび上がるさまは幻想的である。その後にメインのパレードがスタート、バーゼルのカーニバルは、それぞれのグループが時事問題などの「スジェ」（Sujets 仏語でテーマの意）を

決めて、そのテーマにあわせた灯籠や衣装を選ぶのも特徴のひとつ。モルゲシュトライヒの伝統メニューとして知られる、小麦粉スープ「メールズッペ」、チーズやオニオンをピザのような薄い生地にのせたパイ「ツィーベルヴェー」、「ケーゼヴェー」なども登場する。
2017年

❸雪崩のリスク・マネジメント
（Avalanche risk management）
雪崩のリスク・マネジメントは、スイス南部のヴァレー州、オーストリア西部のチロル州にまたがるアルプス山脈の雪崩の危機管理は、毎冬、雪崩の脅威にさらされる住民、旅行者などアルプス関係者の最大の関心事でありコミュニティの連帯責任にもかかわる衆目の一致するところである。雪崩が集団に与える脅威によって、スイスとオーストリアに、この自然の脅威に対する共通の危機管理法が生まれた。また、両国に共通のアイデンティティが形成された。スイスアルプスの雪崩は、1936年以降、約1000回、約2000人近い人が命を落とすなど多くの犠牲や被害をもたらすアルプス最大の自然の脅威の一つである。有名なセント・バーナードなど救助犬の訓練、雪崩を予測するために雪の結晶を拡大鏡で観察するなどの雪崩観測、雪崩警報サービス、観測者ネットワーク、雪崩の歴史の書物としての記録、雪崩防護柵、山岳ガイドの訓練、知識の継承は、何世紀にもわたって、アルプス山脈の住民にこの雪崩現象を克服する為に特別な戦略に発展させた。雪崩に関する経験とノウハウに基づいた広範な知識体系は年世代にもわたって受け継がれてきた。この伝統的な雪崩制御や予測の知識や技術は絶えず発展し、最先端の技術とも融合し予防措置としての雪崩情報やハザードマップの作成されている。
スイス・ オーストリア
2018年 →スイス

❹空石積み工法：ノウハウと技術
（Art of dry stone walling, knowledge and techniques）
クロアチア／キプロス／フランス／ギリシャ／イタリア／スロヴェニア／スペイン／スイス
2018年 →クロアチア

❺メンドリシオにおける聖週間の行進
（Holy Week processions in Mendrisio）
メンドリシオにおける聖週間の行進は、スイスの南部、ティチーノ州の歴史都市メンドリシオで、17世紀の後半以降、聖木曜日と聖金曜日の夜に行われているイベントで、10,000人以上の

観客が集まる。行進中には、街の灯りは消され、通りは、透明、半透明のキャンバス絵画の神秘的な灯りによって明るくされる。聖木曜日の行進は、キリストの受難に専心する、一方、聖金曜日の行進は、もっと厳粛である。人口の大部分が参加する行列は何百人もの男女のボランティアが整理する。
2019年

❻アルピニズム （Alpinism）
フランス／イタリア／スイス
2019年 →フランス

❼機械式時計の製作の職人技と芸術的な仕組み
（Craftsmanship of mechanical watchmaking and art mechanics）
機械式時計の製作の職人技と芸術的な仕組みは、 スイスの北部とフランスの東部の2か国にまたがるジュラ山脈沿いに集中している伝統工芸技術である。時計製作と仕組みの活動はすべてのこれらの地域の建築と都市計画に足跡を残した。スイスのヌーシャテル州のラ・ショー・ド・フォンとル・ロックルの町は時計製造の計画都市として2009年に文化遺産として世界遺産リストに登録された。ラ・ショー・ド・フォンとル・ロックルは、18世紀に時計づくりの為に建設された対をなす工場都市群で、現在も、繁栄を続けている。近代建築の巨匠であるル・コルビュジエの出身地であるラ・ショー・ド・フォンは、時計産業の中心として知られており、ジラール・ペルゴ、タグ・ホイヤーなどの本社があり、また、世界最大規模の時計の博物館である国際時計博物館がある。一方、ル・ロックルには、スイス屈指の高級時計の工房であるルノー・エ・パピがある。また、国境をまたがるフランスのブルゴーニュ・フランシュ・コンテ地域のブザンソンの町も構成資産の候補である。機械式時計の製作の職人技と芸術的な仕組みは、技量、時間厳守、忍耐力、創造性、器用さ、根気、時間計測の精密さへの飽くなき追及など多くの価値をもたらしている。
2020年
スイス／フランス

スウェーデン王国

❶北欧のクリンカー艇の伝統 *New*
（Nordic clinker boat traditions）
2021年 → デンマーク

代表リスト

スペイン王国

❶エルチェの神秘劇 （Mystery play of Elche）

エルチェの神秘劇は、聖母マリアの死と昇天を描いた神聖な歌劇。15世紀以来、そして、1632年にローマ教皇ウルバヌス8世（1568～1644年）から特別の許可を得たエルチェのサンタ・マリア教会のバシリカ聖堂の中で、毎年8月14～15日に過去6世紀もの間にわたって演じられてきた。その歌詞はバレンシア語、そしていくつかの部分はラテン語で書き上げられている。バレンシアの人々のアイデンティティが色濃く反映されているこの歌劇は毎年約300人のボランティアによって演じ続けられており、多くの人々を魅了している。

2008年 ← 2001年第1回傑作宣言

❷ベルガのパトゥム祭 （Patum of Berga）

ベルガのパトゥム祭は、中世のキリスト聖体祭の教典に伴う祭典や行進を起源とする有名なお祭りである。ベルガのパトゥム祭は、バルセロナ北部のカタロニア人のコミュニティの通りでの各種の人形の一連の演芸と行進の形態をとる。パトゥム祭は、毎年5月末～6月末の聖体祭の週に行われる。ベルガのパトゥム祭は、その異端者のルーツを守り、世俗的な祭礼を永続させた宗教的な祭典である。ベルガのパトゥム祭は、変容と歪曲、都市や観光開発などの社会的背景の中で、本来の価値が喪失し脅威にさらされている。

2008年 ← 2005年第3回傑作宣言

❸スペインの地中海岸の潅漑耕作者の法廷群： ムルシア平野の賢人の理事会とヴァレンシア平野の水法廷

（Irrigators' tribunals of the Spanish Mediterranean coast:the Council of Wise Men of the plain of Murcia and the Water Tribunal of the plain of Valencia）

スペインの地中海岸の潅漑耕作者の法廷群は、9世紀～13世紀のイスラムが支配したアル・アンダルス期に遡る水管理の為の伝統的な法廷である。2つの主な法廷、ムルシア平原の賢人の理事会とヴァレンシア平野の水法廷は、スペインの法律の下で認められている。これらの2つの法廷のメンバーは民主的に選ばれ、迅速、透明、公平なやり方で、論争を口頭で解決する。

2009年

❹ゴメラ島（カナリア諸島）の口笛言語、シルボ・ゴメロ

（Whistled language of the island of La Gomera (Canary Islands), the Silbo Gomero）

ゴメラ島（カナリア諸島）の口笛言語、シルボ・ゴメロは、口笛での、ゴメラ島人の習慣的な言語（カスティリャ語）を模写する。カナリア諸島に住む先住民であり遊牧民であるグアンチェ族は、谷を挟んで数km離れた場所にいる仲間とコミュニケーションを取るためにこの口笛言語を用いる。大人から子供まで、何世紀にもわたって引き継がれてきた世界でも数少ない口笛言語で、22,000人以上の住民の大きなコミュニティで発展し実用されている。シルボ・ゴメロは、宗教的な行事など祭典や儀式でも使用されており、また、他のカナリア諸島の消滅した口笛言語のようにならないために、その継承と促進などが図られている。 2009年

❺マヨルカ島のシビルの聖歌

（The chant of the Sybil on Majorca）

マヨルカ島のシビルの聖歌は、スペインの西部、バレアレス諸島自治州のマヨルカ島の教会群で、12月24日の夜の祈祷時に歌われる。聖歌の歌い手は、クリスマスの集会で、祭壇上の蝋燭を持った二人以上の少年、或は、少女に伴われ、剣を目の前に真っ直ぐ携えた一人の少年、或は、少女によって、厳かに内陣まで行進し、歌い終わると剣で宙に十字架を描く。中世の宗教的なフォークロアが今も生きている一例である。歌手の衣装は、通常、白色、或は、カラーのチューニック、時々、首とへり周りが刺繍のものを身につける。頭は、上着チューニックと同じ色の帽子をかぶり、儀式は、マヨルカ島のすべての教会の教区で行われる。 2010年

❻フラメンコ （Flamenco）

フラメンコは、スペインの南部、アンダルシア地方に伝わる芸能で、歌、踊り、ギターの伴奏が主体となっている。ギターの音に合わせて、魂の奥底から響き渡るような深いしわがれ声のカンテ・ホンドで歌う素朴なジプシー民謡と数々の困難、迫害を受けたジプシーたちの悲しく苦しい思いを込めた動きの激しい踊りバイレを特徴としている。インドの北西部に発祥を持つ流浪の民のジプシーは、中東からヨーロッパまで様々な国を通過して15世紀半ばにアンダルシア地方にやって来た。フラメンコの歴史と発展には、16世紀から18世紀の長きにわたって迫害の歴史がある、スペインのジプシーであるヒターノ（女性はヒターナ）が重要な役割を果たし

ており、ムーア人の影響も見られる。アンダルシアへやってきた一部のジプシーの民が、自らの音楽とアンダルシア土着の音楽をミックスして作り上げたものが、今日のスタイルに一番近いフラメンコだといわれている。フラメンコは、宗教的な祭事、儀式、それに、民間の祝事の際に演じられる。　2010年

❼人間の塔 （Human towers）

人間の塔は、スペインの北東部、カタルーニャ地方の町や村の毎年の祭りで行われる伝統行事。例えばバルセロナのメルセ祭では、サン・ジャウメ広場で行われる。オーボエによる背景音楽は、そのリズムとメロディで人間の塔を築き上げる過程を表現する。精神的、物理的なバランスが共有された時に、人間の塔は築き上げられる。人間の塔は、カタルーニャ精神のドラマチックな表現と言える。　2010年

❽地中海料理 （Mediterranean diet）

地中海料理は、スペインのソリア、ポルトガルのタヴィラ、ギリシャのコロニ、キプロスのアグロス、イタリアのチレント、クロアチアのブラチ島とフヴァル島、モロッコ北部のシャウエンなどのヨーロッパや北アフリカ諸国の地中海沿岸地域の料理。地中海料理は、オリーブ油、ブドウ酢、ナッツ類、野菜、果物をふんだんに使うのが特徴。地中海地域では、食事とは知恵を分かち合う目的で食卓を囲む社会的な交流であり、ゆったりと時間をかけるのが食文化である。地中海沿岸地域の人たちは、コレステロールが低く、体に良い材料を使用する健康的な食文化のおかげで心疾患による死亡率が低いと言われている。2010年にギリシャ、イタリア、スペイン、モロッコの4か国で共同登録したが、2013年にキプロス、クロアチア、ポルトガルの3か国が加わり、7か国による共同登録となった。
ギリシャ／イタリア／スペイン／モロッコ／キプロス／クロアチア／ポルトガル
2010年＊／2013年
＊2010年にスペインなど4か国で登録、2013年にポルトガル、キプロス、クロアチアを加え、7か国で新規登録となった。

❾鷹狩り、生きた人間の遺産 （Falconry, a living human heritage）

アラブ首長国連邦／カタール／サウジ・アラビア／シリア／モロッコ／モンゴル／韓国／スペイン／フランス／ベルギー／チェコ／オーストリア／ハンガリー／カザフスタン／パキスタン／イタリア／ポルトガル／ドイツ

2010年＊／2012年＊／2016年
→アラブ首長国連邦
＊2010年にアラブ首長国連邦など11か国で登録、2012年にオーストリア、ハンガリー、2016年にカザフスタン、パキスタン、イタリア、ポルトガル、ドイツを加え、新規登録となった。

❿アルヘメシの健康の乙女の祭礼 （Festivity of'la Mare de Deu de la Salut'of Algemesi）

アルヘメシは、ヴァレンシアの南部約30kmにある。「健康の乙女の祭礼」は、毎年9月7日、8日の二日間は約1,400人を超す人々が旧市街を舞台に芝居や音楽、ダンスに興じ、メノール・デ・サン・ハイメ教会からトロバヤ礼拝堂まで聖母像を担いだ宗教行列が行われる。教会の鐘の音を合図に民族衣装に身を包んだ男女のパレードが始まり、教会前では合唱団や楽団によるパフォーマンスが行われる。再び鐘の音が鳴り響くと、子供達による宗教劇 "Els Misteris"（ミステリー）が始まる。続いて伝統音楽の演奏と共に "人間の塔" やダンスなどが催される。翌朝にはアラゴン国王ハイメ一世と王妃を模した巨大な人形も行進に加わる。メインとなる宗教行進は聖書の登場人物や12使徒の詩を表している。この町をあげてのお祭りで用いられる民族衣装やアクセサリー、飾りなどは全部手作りで、先祖代々受け継がれた舞踊や民謡が楽しめる。2011年

⓫コルドバのパティオ祭り （Fiesta of the patios in Cordova）

コルドバのパティオ祭りは、スペイン南西部、アンダルシア地方コルドバ県の県都コルドバのサン・アグスティン地区、サン・ロレンソ地区、サン・バシリオ地区、ユダヤ人街で、毎年5月初旬に12日間行われるパティオの美しさを競う伝統的な祭り。パティオとは、中庭の意味で、普段は扉の向こうにあり、通りからはほとんど観ることができない家々の中庭、バルコニー、格子窓に丹精こめて創りあげら咲き誇るヒタニージャ（ゼラニウム）など自慢の花や観葉植物で埋尽くされたパティオのコンクールに参加した家々が一般公開される。コンクールでは、最も美しいパティオを持つ6軒に賞が贈られる。世界遺産に登録されている旧市街の広場や街角では、アマチュアのフラメンコグループが歌や踊りに興じ、多くの見物人で賑わう。14世紀にビアナ侯爵家の住居として建造されたビアナ宮殿には、イスラム風やフランス風など様々な様式のパティオがあり、パティオ博物館とも呼ばれている。2012年

⑫ピレネー山脈の夏至の火祭り
（Summer solstice fire festivals in the Pyrenees）
アンドラ／フランス／スペイン　2015年
→アンドラ

⑬ヴァレンシアの火祭り
（Valencia Fallas festivity）
ヴァレンシアの火祭りは、スペインの東部、ヴァレンシア州ヴァレンシアの地域社会での春の到来を告げる伝統的な習俗で、ヴァレンシアで最も国際的な祭りである。ラス・ファジャスと呼ばれるこの火祭りは、3月19日の週には「ファジャ（ニノット）」と呼ばれる巨大な張子人形で埋め尽くされる。ボール紙で作られ、芸術性、独創力、センスの良さを競い合う数々の巨大な張子人形は、何か月もかけて準備され、一瞬にして焼き尽くされてしまう。昔、大工職人達が冬に仕事場の照明として使っていた「パロット」と呼ばれる木製のランプをサン・ホセの日（守護聖人サン・ホセの祝日）前夜に街中で燃やしていたことがその起源であると言われており、サン・ホセの火祭りとも呼ばれている。
2016年

⑭タンボラーダス、ドラム演奏の儀式
（Tamboradas drum-playing rituals）
タンボラーダス、ドラム演奏の儀式は、スペインの北から南、アンダルシア、アラゴン、バレンシア、ムルシアなどにまたがる。タンボラーダスは、カトリックの聖週間の一部である。聖週間の祝典は何世紀もの歴史と伝統の上に成り立ち、そのなかでイエス・キリストの情熱と死が思い起こされる。この宗教儀式は各地方、各都市で行われるが、同時にユニークで独特な祭りでもある。春が近づくと、スペインでも何世紀にもわたる歴史を持つ、真に純粋で感動的な宗教の祭典の一つである聖週間がやってくる。多くの街や村々の街角は熱情と宗教献身の舞台となり、宗教行列の音楽、芸術、色彩と魔術とともにキリストの死を思う哀悼と黙想が合い混じって、多くの群集が宗教的な像を先頭とする厳かな行列に続く。スペイン全土で聖週間が祝われるが、各地域によって、その祝い方に特徴がある。この祭りは、何世紀にもわたって一般的なイメージが根付いているが、芸術とも密接な関係がある。例えば、イエス・キリストと聖母の数々の宗教像、リアルに彫刻された聖像、ファン・デ・フニ、カスティージャ・イ・レオン地方の静寂で厳格な聖週間を体験するには、レオン、　サモラ、サラマンカ、そしてバジャ

ドリの謹厳さの中にトランペットと太鼓の音のみが響きわたり、練り歩く宗教像の行列がある。アルバセテ県のエジンの聖週間のクライマックスは、太鼓祭りで、およそ2万個の太鼓の音が絶え間なく鳴り続ける。（598字）
2018年

⑮空石積み工法：ノウハウと技術
（Art of dry stone walling, knowledge and techniques）
クロアチア／キプロス／フランス／ギリシャ／イタリア／スロヴェニア／スペイン／スイス
2018年　→クロアチア

⑯メキシコのプエブラとトラスカラの職人工芸のタラベラ焼きとスペインのタラベラ・デ・ラ・レイナとエル・プエンテ・デル・アルソビスポの陶磁器の製造工程
（Artisanal talavera of Puebla and Tlaxcala (Mexico) and ceramics of Talavera de la Reina and El Puente del Arzobispo (Spain) making process）
メキシコ／スペイン
2019年　→メキシコ

⑰ロス・カバージョス・デル・ビノ
（Los Caballos del Vino (Wine Horses)）
ロス・カバージョス・デル・ビノは、スペインの南東部、ムルシア州のカラバカ・デ・ラ・クルスで、毎年の5月1〜3日に行われる300年以上の伝統を持つお祭りで、自然及び万物に関する知識及び慣習、社会的慣習、儀式及び祭礼行事、伝統工芸技術である。乗馬の儀式は馬が主人公の一連のイベントからなる。馬具のハーネスは絹や金の糸で刺繍された美しい外套をまとっている。多様なパレードが徒歩で行われ、4人の調教師に伴われた馬や外套を披露される。遂に、最も待ちわびた瞬間は4人の調教師と共に要塞まで走るレースで、そこで表彰される。育種、馬具の装着、馬の取り扱いに関する知識と技術は、家族やグループ内で継承される。刺繍の技術は、ワークショップや家族内で学ばれる。尊重と協働に基づく人間と馬との関係は、複数世代にわたって受け継がれる。ブドウ栽培と馬の繁殖の2つの活動はこの地域固有の経済、歴史、文化を形成している。
2020年

スロヴァキア共和国

❶フヤラとその音楽 （Fujara and its music）

フヤラは、スロヴァキアの羊飼いによって演奏される3つの指の穴がある非常に長いフルートで、中央スロヴァキアの伝統的な文化である。フルートの主な管は、160〜200cmの長さがあり、50〜80cmの短い管に接続されている。憂鬱で熱狂的な音楽は、羊飼いの日常生活や仕事に関連した歌の内容に沿って構成される。フヤラは、楽器そのものではなく、装飾を精巧に施した芸術的な価値がある工芸品である。19〜20世紀に、フヤラは、羊飼いのものとしてだけではなく、広く知られ評価された。祭事などを通じて、ポドポラニエ地方出身の音楽家によって演奏される楽器は、スロヴァキア中の認知と人気を得た。フヤラは、年間を通じて、主に春から秋にかけて、デトヴァ、ヘルパ、コカヴァ、リマヴィツォウなどの都市のフェスティバルで、羊飼いや音楽家によって演奏される。
2008年 ← 2005年第3回傑作宣言

❷テルホヴァーの音楽 （Music of Terchova）

テルホヴァーの音楽は、スロヴァキアの北西部、ジリナ県のテルホヴァー村で行われる音楽である。テルホヴァーは小さな村ではあるが、伝説的な義賊であるユライ・ヤーノシーク（1688〜1713年）の出生地として有名であると共に、集団的な声楽と楽器の音楽で知られている。テルホヴァーの音楽は、3、4、或は、5人のメンバーの弦楽アンサンブルが小さな2弦のバス、或は、全音階のアコーディオンで演奏し、多声の声楽と民俗舞踊が伴う。テルホヴァーの音楽は、記念日、祝祭日、それにヤーノシークの日の国際フェスティバルで演じられる。この伝統的な音楽文化は、テルホヴァー並びに周辺地域の住民の誇りであると共にアイデンティティである。
2013年

❸バグパイプ文化 （Bagpipe culture）

バグパイプ文化は、スロヴァキアの全土での楽器製造、音楽のレパートリー、形式、それに、踊る為の装飾、特別の言葉の表現、民俗の慣習である。多くの特質は、スロヴァキアの伝統的な民俗文化の特徴であり、楽器の製造の為に使われる自然素材の様な環境にリンクする。コミュニティは、ローカル・イベントで、公共のアイデンティティを引き起こす音楽としてのバグパイプのプレーヤーを持つことは誇りである。スキルは、家族とコミュニティ内の訓練を通じて継承される。
2015年

❹スロヴァキアとチェコの人形劇 （Puppetry in Slovakia and Czechia）

スロヴァキアとチェコの地域社会での人形劇は、スロヴァキアの西部のブラチスラヴァ、ニトラ、中部のバンスカー・ビストリツァ、ズヴォレン、ジリナ、モドリー・カメニュ、東部のコシツェ、チェコの西部の東部ボヘミア、南部ボヘミアのプラハ、西部ボヘミアのプルゼニ、それに北部ボヘミアのリベレツ地域で行われている。伝統的な民俗娯楽であると共に世界観と道徳的価値観を教えてくれて、地方の劇場と文学的伝統を統合して、社会化、創造性、それに参加者のアイデンティティに貢献している。
2016年
チェコ／スロヴァキア

❺ホレフロニエの多声音楽 （Multipart singing of Horehronie）

ホレフロニエの多声音楽は、スロヴァキアの中央部のホレフロン地方、フロン川の上流の周辺地域で歌われている。ホレフロン地方は、北は低タトラ山脈、南はムラーン高原、ポラナ丘陵と境界に接しており、ホレフロニエの多声音楽は、感情のこもった声で、丘陵や渓谷の周辺の森にこだまし力強く響きわたる。その歌い方は、スロヴァキアのフォークソングで、しばしば聞くことができる。この様式は、自然条件や牧畜生活などが影響を与え、14世紀のホレフロニエの植民地化の時代から何世紀にもわたって発展してきた。ホレフロニエ音楽は、変化のある独唱に特徴がある。歌のジャンルは、農作業、家族、季節行事と関連があり、また、新曲は、人々の生活に影響を与える社会的な行事に符号して生まれる。　2017年

❻藍染め　ヨーロッパにおける防染ブロックプリントとインディゴ染色 （Blaudruck/Modrotisk/Kékfestés/Modrotlač, resist block printing and indigo dyeing in Europe）

オーストリア／チェコ／ドイツ／ハンガリー／スロヴァキア　2018年　→オーストリア

❼ドロタルスツヴォ、ワイアの工芸と芸術 （Drotárstvo, wire craft and art）

ドロタルスツヴォ、ワイアの工芸と芸術は、スロヴァキアの北西部、キスツェ地域（前「ドロタリア」地域）で見られるワイアを使った製造技術である。ドロタルスツヴォ、ワイアの工芸と芸術は、18世紀に発展した。専門の職人たちは、ユーティリティの生産用のワイアの面白

いproperties、 それに、溶接、或は、はんだ付け、技術での生産や修理の単純な技術を発見、今日に至っている。現在、担い手たちは主に芸術作品をつくって働いており、ある担い手たちは、関連の技術と知識を継承する多世代の伝統ある家族の出身である。
2019年

❽鷹狩り、生きた人間の遺産
　（Falconry, a living human heritage）　2021年
→　アラブ首長国連邦

スロヴェニア共和国

❶シュコーフィア・ロカのキリスト受難劇
　（Škofja Loka passion play）
シュコーフィア・ロカのキリスト受難劇は、スロヴェニアの北西部、上カルニオラ地方にある町シュコーフィア・ロカで、6年毎に行われる民俗行列である。レント(受難節)とイースター(復活祭)の期間(3～4月頃)、町の中心部の通りや広場が野外劇場になって行われるスロヴェニア最古の演劇である。　2016年

❷家から家を巡るクレンティ
　（Door-to-door rounds of Kurenti）
家から家を巡るクレンティは、スロヴェニアの北東部、プトゥイ市、オルモジュの町などで2月2日の聖燭祭から灰の水曜日(復活祭の46日前)まで行われるキリスト教の懺悔節の習慣である。クレンティとして知られる堂々とした仮面をかぶった人物が、家々を巡回、戸別訪問する。クレンティを構成するグループ、一人、或は、複数の悪魔は、馬から馬へ走り、中庭の中に円を形成しオーナーのまわりをジャンプする。騒々しい鳴鐘と木の杖で威嚇してあらゆる悪魔を追い払い、彼らが訪問する人々に幸福をもたらす。男性、女性、それに子供は、すべての活動に積極的に加わる。クレンティは、通常はグループを形成し協会を設立する。人間の絆を強化すると共に地域のアイデンティティとして大切で、幼稚園や小学校、学校教育の課程、非公式なワークショップの維持に役立っている。関連知識やスキルは、一般的には、家族内で継承されるが、若者もグループの高齢者のメンバーから学び、学校、博物館は、活動、ワークショップ、コンテストを組織化することによって重要な役割を演じている。
2017年

❸スロヴェニアのボビン・レース編み
　（Bobbin lacemaking in Slovenia）
スロヴェニアのボビン・レース編みは、スロヴェニアの西部、イドリャなどの各地で行われている伝統的な民芸品である。イドリャはスロヴェニアのレースが作られる最古の街で、この街には1876年に創設されたレースを作る学校がある。最も特徴的な技術は「リス」といい、それは6から8個のボビンで編んでいく伝統的なボビン・レースである。スロヴェニアがまだオーストリア統治下にあった時代は、レースの形は丸かったり四角かったりしたが、第二次世界大戦後にはイタリアの影響も受けて細長いレースも作られるようになった。
2018年

❹空石積み工法：ノウハウと技術
　（Art of dry stone walling, knowledge and techniques）
クロアチア／キプロス／フランス／ギリシャ／イタリア／スロヴェニア／スペイン／スイス
2018年　→クロアチア

セルビア共和国

❶スラヴァ、家族の守護聖人を称える日の祝福
　（Slava, celebration of family saint patron's day）
スラヴァ、家族の守護聖人を称える日の祝福は、セルビアの全土で行われている、9世紀ごろに始まったセルビア正教会の習慣で、地方で異なり多様である。スラヴァは、家族の守護聖人を称える正教会の習慣で、父から息子へ受け継がれ、それぞれの家族が一堂に集まって、親戚、隣人、友人の為にスラヴァを祝う。スラヴァの前の1週間は、スラヴァの日に領聖するため家族で断食をし、その間にスラヴァのためのスラヴスキ・コラチュ(スラヴァ・ケーキ)とゆでた小麦で作られるコリヴォ(ジト)など豪華な食事が用意される。スラヴァの日は聖ニコラウスの12月19日、聖ゲオルギウスの5月6日、洗礼者ヨハネの1月20日、サロニカの聖ディミトリウスの11月8日などがある。
2014年

❷コロ、伝統的なフォークダンス
　（Kolo, traditional folk dance）
コロ、伝統的な民俗舞踊は、セルビアの中央部で19世紀後半に最初に演じられた伝統舞踊で、20世紀には、西バルカン地域などのセルビア国内に普及した。セルビア語でコロと呼ばれる車輪に由来する輪舞は、セルビアの踊りの基調

で、大勢が円や半円になるなど輪になって踊る。古代ギリシアのコロスの踊りに由来するものといわれるコロは、通常、オープン・サークルで、右に左に前後に、2～3のパターンで構成されている。移動は小さく、常に上下動があり、背筋を伸ばして踊る。コロは、グループで手を繋いだり、腰紐や肩を掴み、笛、アコーディオン、打楽器の2拍子の伴奏が流れるなか、腰より上をほとんど動かすことなく踊る円舞である。ヴランヤンカ系、チャチャク系は5小節単位であるが、ほとんどの踊りは4小節単位である。隣の人のベルトを持つナレッサ・ホールド、一人向こうの人と手をつなぐバスケット・ポジションなどの踊りもある。ブランコ・ツヴェトコビッチ民族舞踊団は、東日本大震災復興支援などで来日している。
2017年

❸グスレの伴奏の声楽
（Singing to the accompaniment of the Gusle）
グスレの伴奏の声楽は、セルビアの北部、西部、南西部など全土で見られる。グスレは、叙事詩、口承文芸の弾き語りに用いられる民族楽器で、1弦または2弦の擦弦楽器で、簡単な馬毛の弓で奏す。背の丸い胴（材質はマツ、トネリコ、オリーブの木など）の表面に皮膜をはって響板に馬の毛をよって弦を張る。棹にフレットはついておらず、先端に馬や山羊などの頭が刻んである。馬の毛をよった１本（時には２本）の弦を張り、簡単な馬毛の弓で奏す。叙事詩、口承文芸の弾き語りに用いられる。
2018年

❹ズラクサの製陶業：ズラクサ村の手回し轆轤による陶器の製作
（Zlakusa pottery making、hand-wheel pottery making in the village of Zlakusa）
ズラクサの製陶業：ズラクサ村の手回し轆轤による陶器の製作は、セルビアの西部、ウジツェとポジェガの間にあるズラクサ村で行われている自然及び万物に関する知識及び慣習、伝統工芸技術である「ズラクサ焼」である。「ズラクサ焼」の原料であるグニィラという粘土は、ズラクサ村から18kmのところにあるセルビアのポジェガ自治体にあるヴランジャニ村、カルサイト（方解石）は近隣のルペリェボ（ポジェガ自治体）から切り出される。ズラクサの陶器はセルビアの家庭やレストランで使用される素焼きの主に土鍋などの焼き物である。ズラクサの製陶業は、粘土やカルサイトで作られ、轆轤は専ら手回しで一つ一つ丁寧に成形し模様をつけて

焼く窯ではなく、直火で焼くところが特徴で、粘土と方解石の性質によって大きくて丈夫な土鍋を作ることをできる。「ズラクサ焼」のルーツは3～4世紀ともいわれ、時代を超えて受け継がれてきた技術をズラクサ村の人々が守り続けてきた。大量生産が一般的な時代でもそれは変わらず、一点一点手で作りあげる。大勢の客を招く祝宴などで、「ズラクサ焼」の土鍋は煮込み料理を作るのに多用される。
2020年

チェコ共和国

❶スロヴァーツコ地方のヴェルブンク、兵隊募集の踊り
（Slovacko Verbunk, recruit dances）
スロヴァーツコ地方のヴェルブンクの踊りは、チェコの南モラヴィア地方とズリーン地方に住む少年や男性によって演じられる進歩的な舞踊である。舞踊の名前は、ドイツ語の募集を意味するヴェルブンクから由来するもので、18世紀の軍隊の為のダンサーや兵隊の募集が歴史的な起源になっている。今日ではスロヴァーツコ地方のほとんどの町や村のフォークダンスのグループによって、毎年の地域社会の祝宴の様なお祭事の際に演じられる伝統芸能になっている。スロヴァーツコ地方のヴェルブンクの踊りは、新・ハンガリーの歌と呼ばれる音楽に合わせて踊られ、通常３つのパートから構成されている。スロヴァーツコ地方のヴェルブンクの踊りの保存にあたっては、若者や中年の都市への移住、伝統的な手づくりの衣装や楽器の製作と維持、財政的な支援などが課題になっている。
2008年 ← 2005年第3回傑作宣言

❷フリネツコ地域の村落群での戸別訪問する仮面行列のカーニバル
（Shrovetide door-to-door processions and masks in the villages of the Hlinecko area）
フリネツコ地域の村落群での戸別訪問する仮面行列のカーニバルは、チェコの東北部、東ボヘミア地方のフリネツコ地域のフリネツコの町と6つの近隣の村落群で、大斎節の前の期間の冬の終りに行われる豊作と家族の繁栄を願っての個別訪問の行列と赤や黒の仮面のお祭り。
2010年

代表リスト

代表リスト

❸鷹狩り、生きた人間の遺産
（Falconry, a living human heritage）
アラブ首長国連邦／カタール／サウジ・アラビア／シリア／モロッコ／モンゴル／韓国／スペイン／フランス／ベルギー／チェコ／オーストリア／ハンガリー／カザフスタン／パキスタン／イタリア／ポルトガル／ドイツ
2010年＊／2012年＊／2016年
→アラブ首長国連邦
＊2010年にアラブ首長国連邦など11か国で登録、2012年にオーストリア、ハンガリー、2016年にカザフスタン、パキスタン、イタリア、ポルトガル、ドイツを加え、新規登録となった。

❹チェコ共和国南東部の王の乗馬
（Ride of the Kings in the south-east of the Czech Republic）
チェコ共和国南東部の王の乗馬は、キリスト教の祝祭の一貫として、チェコ独自の衣装をまといながら、王が乗馬して行進する伝統行事。この行事は、ズリーン州のハルク、クノヴィツェ、スコロニツェ、南モラヴィア州のヴルチュノフのペンテコステ（聖霊降臨）の伝統の一環として毎年春に行われ、この地方の人々の民俗信仰を今も伝えている。　2011年

❺スロヴァキアとチェコの人形劇
（Puppetry in Slovakia and Czechia）
チェコ／スロヴァキア　2016年
→スロヴァキア

❻藍染め　ヨーロッパにおける防染ブロックプリントとインディゴ染色
（Blaudruck/Modrotisk/Kekfestes/Modrotlac, resist block printing and indigo dyeing in Europe）
オーストリア／チェコ／ドイツ／ハンガリー／スロヴァキア　2018年　→オーストリア

❼吹きガラスビーズによるクリスマスツリーの装飾の手作り生産
（Handmade production of Christmas tree decorations from blown glass beads）
吹きガラスビーズによるクリスマスツリーの装飾の手作り生産は、チェコの北部、クルコノシェ山脈やイゼラ山脈の山中のリベレツ州とフラデツ・クラーロヴェー州の諸都市で100年以上続く行われている社会的慣習、儀式及び祭礼行事、伝統工芸技術である。文化・教育機関、特に、博物館はワークショップを組織化すること

によって関連知識を継承するのを助けており、クルコノシェ山脈やイゼラ山脈の伝説的な支配者であるクラクノスについての民話などを題材にした吹きガラスとガラスビーズのクリスマスの装飾の創作などの手工芸である。2020年

デンマーク王国

❶北欧のクリンカー艇の伝統　*New*
（Nordic clinker boat traditions）
北欧のクリンカー艇の伝統は、デンマーク、フィンランド、アイスランド、ノルウェー、スウェーデンの各地で受け継がれ、日常生活においても、重要な役割を果たしている。。クリンカー艇とは、ボートの外板が重なり合った鎧張りになっているものをいう。北欧のクリンカー艇は、　長さが5〜10mの小さくオープンの木造のボートである。約2000年間、北欧地域（含むフィンランド、ノルウェー、スウェーデン）の先住民族のサーミ人、ノルウェーのクヴェン人、スウェーデンのトルネダリアン、フィンランドのスウェーデン語を話す人たちなど少数グループ）の人々が同じ基本技術でクリンカー艇を建造してきた。伝統的なクリンカー艇の建造者たちは、知識と技量が必要で長い時間を要する。北欧の海岸の共通の遺産であり、シンボルでもあるクリンカー艇は、伝統的に、釣りや漁、物や人を海岸から海岸へ運搬するのに使用されてきたが、今日は、主に、伝統的なお祭り、レガッタ、スポーツ・イベントで使用されている。また、クリンカー艇の航海中や漕ぐ間、伝統的な歌が歌われている。
デンマーク／フィンランド／アイスランド／ノルウェー、スウェーデン　2021年

ドイツ連邦共和国

❶鷹狩り、生きた人間の遺産
（Falconry, a living human heritage）
アラブ首長国連邦／カタール／サウジ・アラビア／シリア／モロッコ／モンゴル／韓国／スペイン／フランス／ベルギー／チェコ／オーストリア／ハンガリー／カザフスタン／パキスタン／イタリア／ポルトガル／ドイツ
2010年＊／2012年＊／2016年
→アラブ首長国連邦
＊2010年にアラブ首長国連邦など11か国で登録、2012年にオーストリア、ハンガリー、2016年にカザフスタン、パキスタン、イタリア、ポルトガル、ドイツを加え、新規登録となった。

❷協同組合における共有利益を組織する理念と実践
（Idea and practice of organizing shared interests in cooperatives）
協同組合における共有利益を組織する理念と実践は、ドイツ東部ザクセン自由州デーリッチュ市のヘルマン・シュルツェ・デーリチュ協会、西部ラインラント・プファルツ州ワイヤーブッシュ市のフリードリッヒ・ヴィルヘルム・ライファイゼン協会を中心に行われてきた。協同組合は、共通の利益と価値を通じてコミュニティづくりを行うことができる一体的、持続的な組織であり、新たな雇用の創出や高齢者の支援から都市の活性化や再生可能エネルギープロジェクトまで、多様な社会的な問題や課題への創意工夫あふれる解決策を編み出している。協同組合は、人々の自治的な組織であり、自発的に手を結んだ人びとが、共同で所有し民主的に管理する事業体を通じて、共通の経済的、社会的、文化的なニーズと願いをかなえることを目的とした仕組みの組織である。19 世紀に英国やドイツなど各国で生まれた協同組合の思想と実践は、全世界に広がり、現在は世界100か国以上で10億人の組合員が協同組合に参加している。
2016年

❸オルガン製造技術と音楽
（Organ craftsmanship and music）
オルガン製造技術と音楽は、オルガン音楽に伴うオルガンの建設現場、オルガンのコンサート、教会の礼拝などで、ドイツの至るところ、それに、ほぼすべてのヨーロッパの国で見られる。オルガンの工芸技術と音楽は、ヨーロッパから世界の多くの国々へ輸出された。中世から現在に至るまで、オルガンの建設の発展におけるすべての本質的な段階、それに、オルガン音楽の組成は、ヨーロッパで実行された。
2017年

❹藍染め　ヨーロッパにおける防染ブロックプリントとインディゴ染色
（Blaudruck/Modrotisk/Kekfestes/Modrotlac, resist block printing and indigo dyeing in Europe）
オーストリア／チェコ／ドイツ／ハンガリー／スロヴァキア　2018年　→オーストリア

トルコ共和国

❶大衆語り部、メッダの芸術
（Arts of the Meddah, public storytellers）
大衆語り部、メッダの芸術は、椅子に座って物語を語る語り部であり、物まね師でもあるワン・マン・ショーである。その伝統は、中央アジアに住むトルコ人によって発展した。なかでも、18〜19世紀には、イスタンブールにおいて、宮殿の生活や大衆の社会生活など、政治的にも社会的にも重要な役割を果たした。歴史的には、この物語のジャンルは、アラブ、ペルシャ、クルド人の間にもあった。現代のトルコでは、大衆語り部、メッダの芸術は、ムスリムの義務の一つラマザン（イスラム歴の9月の断食月）など宗教的な機会に演じられる。その教育的、娯楽的な機能や世論に及ぼす影響は、マス・メディアの発達によって消失しつつある。しかしながら、数少ない大衆語り部のうち十数人は、この古代の物語芸術のマスターとして認知されている。
2008年　← 2003年第2回傑作宣言

❷メヴェヴィー教団のセマーの儀式
（Mevlevi Sema ceremony）
メヴェヴィー教団のセマーの儀式は、1273年にコンヤで始められたスーフィ教の条理で、次第にオスマン帝国中に普及した。今日メヴェヴィーは、世界中の多くのトルコ人の社会で見られるが、最も積極的で有名な場所は、コンヤとイスタンブールである。メヴェヴィーは、回転ダンスの有名な慣習が知られている。彼らのダンスの儀式やセマーでは、ayinと呼ばれる特殊な音楽のレパートリーが演じられる。最も古い音楽の作曲は、ペルシャとトルコの音楽の伝統が結合する16世紀の半ばから流れが止まった。
2008年　← 2005年第3回傑作宣言

❸アーシュクルク（吟遊詩人）の伝統
（Asiklik (minstrelsy) tradition）
アーシュクルク(吟遊詩人)の伝統は、トルコの全土で普及しているが、特に、カルス、エルズルム、アルトビン、スィヴァス、カイセリ、ガジアンテップ、アルダハン、アダナ、コルム、カスタモヌ、トカット、カフラマンマラシュで保護されている。アーシュクと一般的に呼ばれる芸術家たちにより、村々を歩き回ることによって演じられてきた。アーシュクとは、アラビア語で、「愛」を意味し、伝統的な衣服を着て、結婚式、コーヒー・ハウスなどで演技する。伝統の起源は、古代の中央アジアの「オザン」に遡る。それ故に、伝統の異なるバージョンは、アゼルバイジャン、ジョージア、ロシア、シリア、イランなど中央アジアからバルカンの地域にわたって多様な民族やコミュニティによって保護されている。アーシュクルク（吟遊詩人）

は、バーラマなどの弦楽器やダヴルなどの打楽器を伴って詩を朗読する伝統である。
2009年

❹カラギョズ（Karagoz）
カラギョズは、16世紀にエジプトから伝えられた伝統的な影絵芝居で、トルコの全土で広く上演されている。なかでも、アーティストは、イスタンブール、ブルサ、アンカラ、アダナ、ガズィアンテプ、イズミルの都市部に集中している。カラギョズは、トルコ語で「黒い瞳」を意味する主人公の名前で、相手役のハジワットとの掛け合いを中心に行われる風刺劇で、転じて影絵人形劇の総称となった。人や物の形をした切り絵風の人形はラクダや牛の皮でつくられる。白い布幕のスクリーンの裏に演じ手がいて、1本、または2本の棒で人形を動かす。音楽、吟詠、歌謡などを伴って行われ、祭りや結婚式などの夜に上演される。ブルサには、カラギョズ博物館がある。
2009年

❺ネヴルズ（Nevruz）
アフガニスタン／アゼルバイジャン／インド／イラン／イラク／カザフスタン／キルギス／パキスタン／タジキスタン／トルコ／トルクメニスタン／ウズベキスタン
2009年＊／2016年　→イラン
＊2009年にアゼルバイジャンなど7か国で登録、2016年にアフガニスタン、イラク、カザフスタン、タジキスタン、トルクメニスタンを加え、12か国で新規登録となった。

❻クルクプナルのオイル・レスリングの祭典
（Kirkpinar oil wrestling festival）
クルクプナルのオイル・レスリングの祭典は、トルコとギリシャの国境の街エディルネで、毎年6月から7月にかけて全国大会が開催される。オイルレスリングは650年を超える歴史を持つ伝統的な格闘技であり、トルコの国技とされ、ヤール・ギュレシとも呼ばれる。ヤールは、「オイル」、ギュレシは、「レスリング」を意味する。クルクプナルは、「40の泉」を意味し、参加レスラーの数は約1,800名、格闘技の大会としては世界最古とされている。　2010年

❼セマー、アレヴィー・ベクタシの儀式
（Semah, Alevi-Bektasi ritual）
セマー、アレヴィー・ベクタシの儀式は、トルコの北西部、マルマラ海地方のバルケシル県のチェプニとタフタジュをはじめとするトルコのア

レヴィー・ベクタシのコミュニティで行われるリズミカルに体を動かす、神秘的、審美的な旋舞である。アレヴィー・ベクタシは、預言者ムハンマドの後の第4代カリフのアリを称える信仰の仕組みである。　2010年

❽伝統的なソフベットの談話会
（Traditional Sohbet meetings）
伝統的なソフベットの談話会は、トルコの民俗的な文学、舞踊、音楽を語り継いでいくのに重要な役割を果たしている。トルコ人は、地元の社会的、文化的な問題を議論、伝統を守る、相互の尊重、連帯感を醸成する為、特に冬場に室内で定期的に会合する。談話会は、郷土料理を食べながら、音楽、舞踊、演劇を楽しむ。ソフベットの談話会は、社会正義、寛容、慈愛、尊敬の様な倫理的な価値観を伝えることにより、重要な教育的機能も果たしている。　2010年

❾ケシケキの儀式的な伝統
（Ceremonial Keskek tradition）
ケシケキの儀式的な伝統は、伝統的なトルコの儀式料理で、結婚式、割礼、雨乞いなどの儀式、宗教的な特別の日に社会的慣習として用意される。ケシケキは、小麦、肉類、タマネギを食材に香辛料、水、油で味付けし一晩かけて煮込んだ麦のピラフ、或は、麦粥で、トルコの伝統的な料理で、今でもトルコの多くの地域で食べられている。この料理を調理する過程では、歌を歌いながら独特の音楽に合わせて小麦を脱穀し、すり潰したりする儀式全体が特徴である。ケシケキに関係したイベント、ケシケキの研究、記録等の保護措置が課題である。既に「代表リスト」に登録されている「フランスの美食」、「地中海料理」、「伝統的なメキシコ料理」と共に社会的慣習としての食文化の分野の無形文化遺産である。　2011年

❿メシル・マージュヌ祭り
（Mesir Macunu festival）
メシル・マージュヌ祭りは、トルコの西部、エーゲ海地方のマニサ市で500年近く続く伝統的な祭りである。メシル・マージュヌは、スレイマンの任地マニサで暮らすことになったハフサ・ハトゥンが体調を崩した時に考案された滋養強壮食品で、薬効だけではなく味も素晴らしい。マニサの人々は、ハフサ・ハトゥンの善行を記念する祭りであるメステイルを毎年行い、モスクのミナレットから投げられるメシル・マージュヌを食べてその年の無病息災を祈る。
2012年

代表リスト

⓫トルコ・コーヒーの文化と伝統
（Turkish coffee culture and tradition）

トルコ・コーヒーは、昔は、イスラムの修行僧のための飲み物だったが、イスタンブールを発祥に社交場の飲み物として開花した。16世紀中頃のオスマン帝国時代に、コスタンティニエ（現在のイスタンブール）でコーヒーが振る舞われ、知識人が集まりコーヒーを飲んでいたという。会話を楽しんだり情報を交換したりする一種の社交場でもあり、まさにカフェの原型となるもので、現在もその伝統が受け継がれている。トルコ・コーヒーの特色は、トルコ式のミルで、コーヒー豆を極細の粉に挽き、水と一緒にジェズべという小さな銅製の鍋で煮出して、上澄みだけを飲む原始的な方法である。上澄みを飲み終わった後に、器にソーサーをかぶせてひっくり返し、器の底の粉の状態で、コーヒー占いをしたりもする。　2013年

⓬エブル、マーブリングのトルコ芸術
（Ebru, Turkish art of marbling）

エブル、マーブリングのトルコ芸術は、7世紀頃、中央アジアからトルコへと伝わったマーブリングの技法で、首都イスタンブールで受け入れられてから、オスマン帝国時代に大きく発展、トルコの全土で見られるようになった伝統工芸技術である。その後、オスマン帝国を旅していたヨーロッパ人からヨーロッパに伝わり、マーブリングとして世界中に伝えられた。マーブリングとは、器の中に水溶液を入れ、その中にインクを落として模様を作り、模様を紙に写し取る技法の芸術の一つで、現在でもトルコでは、国民にとても愛されている芸術の一つで、日本の「墨流し」と同じ技法である。エブルはその技法の性質上、同じ絵は二度と出来ないと言われており、全ての絵は世界にたった一つの絵になる。エブルの集合芸術は、友好的な会話を通じて、対話を促進し、社会の結束を強化し、個人とコミュニティ間の関係を強化する。
2014年

⓭チニ製造の伝統的な職人技
（Traditional craftsmanship of Cini-making）

チニ製造の伝統的な職人技は、トルコの北西部のイズニクやチャナッカレ、西部のキュタヒヤ、中部のアヴァノスで行われている。チニとは、トルコ語で「陶器、タイル」のことで、トルコで作られる建物の壁面や家庭で見られる多彩な模様で描かれた伝統的な手造りの装飾タイルとセラミックスである。チニは、もともとはペルシャ語で、Çinは中国、Çiniは中国の物を

意味し、オスマン朝時代の人々にとって、中国から運ばれてきた陶磁器は貴重であった。
2016年

⓮フラットブレッドの製造と共有の文化：
ラヴァシュ、カトリマ、ジュプカ、ユフカ
（Flatbread making and sharing culture: Lavash, Katyrma, Jupka, Yufka）

アゼルバイジャン／イラン／カザフスタン／キルギス／トルコ　2016年　→アゼルバイジャン

⓯春の祝祭、フドゥレルレス
（Spring celebration, Hidrellez）

春の祝祭、フドゥレルレスは、春の日、或は、自然の目覚めとされる毎年5月6日に行われる行事である。マケドニアの南東部のヴァランドヴォ、ラドヴィシュ、シュティプ、ストルミツァなどの都市や田園地域、マケドニア西部のジューパ、デバル、ゴスティヴァル、テトヴォに住むトルコ人のコミュニティや、首都スコピエのシュッカなどの地域に住むローマ人によって行なわれている。「フドゥレルレスHidrellez」は、「Hidir」と「Ilyas」から派生した複合名詞で、地球と水の保護者であり、個人、家族、コミュニティのヘルパーであると信じられている。
マケドニア／トルコ　2017年

⓰デデ・クォルクード／コルキト・アタ／
デデ・コルクトの遺産、叙事詩文化、民話、民謡
（Heritage of Dede Qorqud/Korkyt Ata/Dede Korkut, epic culture, folk tales and music）

アゼルバイジャン／カザフスタン／トルコ
2018年　→アゼルバイジャン

⓱伝統的なトルコ弓術
（Traditional Turkish archery）

伝統的なトルコ弓術は、トルコの各地で、徒歩で、それに、馬に乗って行われる。伝統的なトルコ式弓術は、トルコでは伝統的な弓を使ったスポーツとして位置づけられている。何世紀にもわたって形づくられた原則、決まり、慣習、伝統的な手法で作られた道具、鍛錬、矢を放つテクニックが特色である。また、登録に際して作成された伝統的なトルコ弓術の特徴すべてを反映するプロモーション映画も高く評価された。
2019年

⓲ミニアチュール芸術（Art of miniature）
アゼルバイジャン／イラン／トルコ／
ウズベキスタン
2020年　→　アゼルバイジャン

代表リスト

⑲伝統的な知的戦略ゲーム：トギズクマラク、トグズ・コルゴール、マンガラ/ゲチュルメ
（Traditional intelligence and strategy game: Togyzqumalaq、Toguz Korgool、Mangala/Göçürme)
カザフスタン／キルギス／トルコ
2020年　→カザフスタン

⑳ヒュスニ・ハット：トルコのイスラム芸術における伝統書道　*New*
（Hüsn-i Hat、traditional calligraphy in Islamic art in Turkey)
ヒュスニ・ハット：トルコのイスラム芸術における伝統書道は、トルコの北西部のマルマラ地方、首都イスタンブールで行われているアラビア書道である。ヒュスン（hüsn）は「美」という意味、ハット（hat）は「アラビア書道」を表わす。アラビア書道はトルコ語ではHATという。ヒュスニ・ハットは、オスマン帝国時代に発展を遂げたトルコの伝統書道芸術で、アラビア文字を独特の書体で「美しく」表す書道芸術で、近年、ラテン文字も対象とされている。ヒュスニ・ハットは、書道芸術だが、「書く」よりも「描く」がふさわしいほど、イスラムの経典クルアーン（コーラン）や、オスマン帝国時代の君主であるスルタン達の署名に遣われている。今日では、宗教的な文書、イスラム礼拝所であるモスク、公衆浴場などで見ることができる。書家が伝統的な道具を使って、独特の書体でアラビア文字を描き上げる。これは情報伝達の手段であり、視覚芸術でもある。
2021年

ノルウェー王国

❶セテスダールにおける伝統音楽と舞踊の慣習、演奏、舞踊、歌唱（ステヴ／ステヴィング）（Practice of traditional music and dance in Setesdal、playing、dancing and singing (stev/stevjing)）
セテスダールにおける伝統音楽と舞踊の慣習、演奏、舞踊、歌唱（ステヴ／ステヴィング）は、ノルウェーの南部、アウスト・アグデル県にある渓谷と伝統的な地区のセテスダールで行われている。セテスダールにおける伝統音楽と舞踊は、一緒に行われる。メロディーは「ガンガー」ダンスと「ステヴ」歌に因むもので、しばしば、踊りと音楽メイキングの合間に、一人或は二人或は多くの歌手によって演じられる。踊りはカップルで時計回りの円で、音楽はノルウェーの民族楽器であるハーディングフェ

ーレとジャウハープで演奏される。この慣習は、18世紀以降、絶えることなく継承されており、新しい歌やメロディーの整然とした構成で進化しつづけている。
2019年

❷北欧のクリンカー艇の伝統　*New*
（Nordic clinker boat traditions）
2021年　→　デンマーク

ハンガリー共和国

❶モハーチのブショー祭り：仮面をつけた冬の終わりの祭りの慣習
（Buso festivities at Mohacs:masked end-of-winter carnival custom）
モハーチのブショー祭り：仮面をつけた冬の終わりの祭りの慣習は、ハンガリー南部モハーチで、2月下旬のイースター7週間前の日曜日に開催される、羊の角をつけた恐ろしい形相の木製の鬼の仮面および大きな毛皮の衣装を身につけた町の男達によるブショーと名付けられた6日間の冬の終わりを告げ春の到来を祝うお祭りである。正確には、ブショー・ヤーラーシュ祭りという。ブショーは、ハンガリー語で、鬼、ヤーラーシュはで練り歩きを意味する。
2009年

❷マチョー地域の民俗芸術、伝統的なコミュニティの刺繍
（Folk art of the Matyo, embroidery of a traditional community）
マチョー地域の民俗芸術、伝統的なコミュニティの刺繍は、ハンガリーの北東部、マチョー地域のメズークヴェシュドの町と周辺のコミュニティの伝統的な民俗芸術である。ハンガリーは刺繍が盛んで、マチョー刺繍は、花をモチーフにした刺繍の模様が特徴的であり、伝統的なフォークダンスの衣装にも用いられる。
2012年

❸鷹狩り、生きた人間の遺産
（Falconry, a living human heritage）
アラブ首長国連邦／カタール／サウジ・アラビア／シリア／モロッコ／モンゴル／韓国／スペイン／フランス／ベルギー／チェコ／オーストリア／ハンガリー／カザフスタン／パキスタン／イタリア／ポルトガル／ドイツ
2010年＊／2012年＊／2016年
→アラブ首長国連邦

＊2010年にアラブ首長国連邦など11か国で登録、2012年にオーストリア、ハンガリー、2016年にカザフスタン、パキスタン、イタリア、ポルトガル、ドイツを加え、新規登録となった。

❹藍染め　ヨーロッパにおける防染ブロックプリントとインディゴ染色 *New*
（Blaudruck/Modrotisk/Kekfestes/Modrotlac, resist block printing and indigo dyeing in Europe）
オーストリア／チェコ／ドイツ／ハンガリー／スロヴァキア　2018年　→オーストリア

フィンランド共和国

❶フィンランドのサウナ文化
（Sauna culture in Finland）
フィンランドのサウナ文化は、フィンランドの全土に普及している、自然及び万物に関する知識及び慣習で、フィンランド初の「代表リスト」入りである。サウナは、フィンランド人の日常、お祝い、幸福、生活習慣において切っても切れない文化で、サウナ内では、人間関係の平等さやお互いを尊重することが重視される。サウナの加熱方法、サウナに関する慣習や伝統、また、歌、神話、昔話にあるサウナ入浴など、一つ一つが生きた遺産である。フィンランド人の90％近くの550万人が週に1回サウナ入浴していることが、サウナ入浴の継承においての重要点である。フィンランドには、民家や別荘に約330万件のサウナが存在する。伝統的な諸都市にある公共サウナは、1950年代後にほとんど消滅したが、近年、新しい公共サウナが建設されている。フィンランドのサウナ文化の伝統は、親から子へ、または無数の様々なサウナクラブによって、継承されている。サウナクラブの相互協力など、この分野における活動が今後さらに増えることが期待されている。
2020年

❷カウスティネンのフィドル演奏と関連の慣習及び表現 *New*
カウスティネンのフィドル演奏と関連の慣習及び表現は、フィンランドの西部、首都ヘルシンキより北に450km、中部ポフヤンマー県のカウスティネンで行われている。フィドル（ヴァイオリン）が主旋律のシンコペーションとアクセントのある踊りやすいリズムである。独自のスタイルと演奏技術は250年以上前から耳コピーで伝えられてきて、数百曲のレパートリーがある。カウスティネン民俗音楽フェスティバルも人気で、

国内外のプロの演奏家だけではなく、アマチュアも演奏者として広く参加でき、入場者数が10万人を超える、スカンジナビア地域最大の民俗音楽フェスティバルとしても知られている。毎年テーマが決まっており、それに沿った内容でプログラムが組まれている。国内外の民俗音楽や民俗舞踊、数々のパフォーマンス、ワークショップ、街頭演奏、即興演奏などを楽しむことができる。カウスティネンには、公立の民俗音楽研究所もあり、ヘルシンキ大学の音楽学者との連携が進んでいる。
2021年

❸北欧のクリンカー艇の伝統
（Nordic clinker boat traditions）
2021年　→　デンマーク

フランス共和国

❶ベルギーとフランスの巨人と竜の行列
（Processional giants and dragons in Belgium and France）
ベルギーとフランスの巨人と竜の行列は、伝統的な祭礼儀式の独創的な調和を包含するものである。この行事は、本質的には、巨人、動物、或は、竜の巨大な人形の行列から構成される。これらの文化的な表現は、最初は16世紀西欧の都市の宗教的な行列として出現し、今日でも尚、ベルギー（アトの巨人祭り、ブリュッセルのメイブーム、メッヘレンとデンデルモンドのオメガング、モンスのデュカスの祭り）やフランス（カッセル、ペズナス、タラスコン）の町の伝統として生き残っている。これらの巨人や竜は、高さが9m、重さが350kgのスケールの大きい模型である。それらは、架空の英雄或は動物、現代の人物、歴史、聖書、伝説上の登場人物等である。ベルギーとフランスの巨人と竜の行列は、消滅の脅威にさらされているわけではないが、町の中心部の変化などの問題、この伝統的な祭礼儀式の本質や行列などの適切な管理が求められている。ベルギー／フランス
2008年　←　2005年第3回傑作宣言

❷オービュッソンのタペストリー
（Aubusson tapestry）
オービュッソンのタペストリーは、フランスの中央部、マシフサントラル（中央山地）の北西部、リムーザン地方クルーズ県の南部にあるオービュッソンやフェルタンなど数多くの地方都市で、16世紀以前からカーペットと共に手織り

の製造が行われてきた伝統的なタペストリーの織物工芸である。15世紀にフランドル人によってタペストスリーの技術が伝えられ、16世紀にはプロテスタントの拠点となるが、1685年のナントの王令廃止後、工匠たちが亡命した為、タペストリーは、一時衰退したが、18世紀に再興された。オービュッソンのタペストリーがユネスコの無形文化遺産に登録されたことに呼応して、2016年夏に「国際タペストリー都市」がオープンした。オービュッソン国際装飾美術学校の跡地を全面改修した施設は、ユネスコの無形文化遺産に登録された遺産を普及させること、何世紀にもわたるオービュッソンのタペストリーの技術に関する見識を育み、形式化し、分かりやすく提供すること、収蔵品・地域・タペストリー関係者の間の結びつきを再構築すること、新しい館内演習アプローチを通じてオービュッソンのタペストリーを建築との強固な歴史的関係の中に改めて位置づけることを企図している。　2009年

❸マロヤ（Maloya）

マロヤは、マダガスカル島の東方沖のインド洋に浮かぶフランスの海外県のレユニオン島の大衆的な音楽、歌、踊りで、砂糖のプランテーションで、マダガスカルとアフリカの奴隷によって創られた伝統芸能である。マロヤの言語は、クレオール言語であるが、マラガシ語、マクア語、タミル語の名残りも見られる。ルーレと呼ばれる、上にまたがって叩く太鼓などの打楽器、サトウキビの茎を簾状の箱を揺すって鳴らすカヤンブと呼ばれる楽器などに合わせて、奴隷の哀歌を起源とするクレオール言語で歌う音楽である。マロヤは、長い間アフリカとマダガスカル発祥の奴隷の遺産であり慣習として、レユニオン全土に適合していたが、社会環境の変化で消滅の危機にさらされている。2009年

❹フランスのティンバー・フレーム工法のスクライビングの伝統

（The scribing tradition in French timber framing）
フランスのティンバー・フレーム工法のスクライビングの伝統は、シャンパーニュ地方やノルマンディ地方の旧家や教会で見られる伝統的な木造建築工法で、柱や梁で強度を作る、いわゆる木造軸組み工法である。スクライビングは、13世紀以降のフランスのティンバー・フレーム工法による建物の設計での画像処理の伝統工芸技術である。　2009年

❺知識とアイデンティティを仕事を通じて継承する為の徒弟制度組合のネットワーク

（Compagnonnage network for on-the-job transmission of knowledge and identities）
知識とアイデンティティを仕事を通じて継承する為の徒弟制度組合（コンパニオナージュ）のネットワークは、ロワール渓谷地方を拠点とする石、木、金属、皮革、繊維、食物を扱う皮革職人、鍛冶屋、紡績工、ワイン樽職人の仕事上の知識やノウハウを継承するユニークな仕組みである。専門留学の為のツール・ド・フランスなどを通じて、コンパニオン達は、プロ精神にのっとって最高傑作を創り続けている。トゥールには、徒弟制度博物館がある。　2010年

❻アランソンのかぎ針レース編みの工芸技術

（Craftsmanship of Alençon needle lace-making）
アランソンのかぎ針レース編みの工芸技術は、フランス北西部のノルマンディ地方のアランソンの町で、古くから継承されている。1cm²に7時間もの時間を要する精緻で根気を要するニードル・レースの工芸技術を習得する為には、7〜10年の修業が必要とされる。1976年には、レース製造技術を守る為、国立アランソン・レース工房が設立され、「芸術とレースの博物館」にはアランソン・レースが常設展示されている。2010年

❼フランスの美食

（Gastronomic meal of the French）
フランスの美食は、出産、結婚、誕生日、記念日、事を成し遂げた時、親睦など家族や友人の人生の重要な瞬間を祝う為に食事を共にする社会慣習で、嗅覚や味覚などの嗜好の喜びを分かち合い、人間と自然の産物とのバランスなどの一体感を重視したもので、アペリティフ（食前酒）、前菜、野菜を添えた魚、或は、肉、チーズとデザート、食後酒が出る食事の順序、料理とワインとの相性の良い組み合わせ、丸いテーブルの真ん中に美しい花を置く左右対称のテーブル・セッティングなどがフランス式の食事の重要な要素になっている。　2010年

❽鷹狩り、生きた人間の遺産

（Falconry, a living human heritage）
アラブ首長国連邦／カタール／サウジ・アラビア／シリア／モロッコ／モンゴル／韓国／スペイン／フランス／ベルギー／チェコ／オーストリア／ハンガリー／カザフスタン／パキスタン／イタリア／ポルトガル／ドイツ
2010年＊／2012年＊／2016年
→アラブ首長国連邦

＊2010年にアラブ首長国連邦など11か国で登録、2012年にオーストリア、ハンガリー、2016年にカザフスタン、パキスタン、イタリア、ポルトガル、ドイツを加え、新規登録となった。

❾フランスの伝統馬術
（Equitation in the French tradition）
フランスの伝統馬術は、馬の身体能力や気性を考慮して操るもので、人間と馬の調和のとれた馬術として知られる。フランスの伝統馬術は、国内の各地で行われてきたが、最も広く知られているのは、フランスの西部、メーヌ・エ・ロワール県ソミュールの国立馬術学校をベースにしたカードル・ノワールである。カードル・ノワールは、学問と教育を重視した調教師と指導者からなり、指導者は、フランスの伝統馬術を存続させる役目も担っており、フランスの伝統馬術の中枢であるソミュール国立馬術学校の指導集団の役割を果たしている。
2011年

❿フェスト・ノズ、ブルターニュ地方の伝統的な舞踊の集合の慣習に基づく祭りの集い
（Fest-Noz, festive gathering based on the collective practice of traditional dances of Brittany）
フェスト・ノズ、ブルターニュ地方の伝統的な舞踊の集合の慣習に基づく祭りの集いは、フランス北西部、ブルターニュ地方に残る伝統文化で、ボンバルドやビニウなどの楽器で演奏される独自のケルト音楽に合わせて、老若男女が手をつないで輪になって踊るチェーン・ダンス・パーティー。フェスト・ノズは、ブレイス語で、フェスト（祭り）とノズ（夜）を組み合わせたもので、この地方では毎週末いたる場所で行われている。　2012年

⓫リムーザン地方の7年毎の直示
（Limousin septennial ostensions）
リムーザン地方の7年毎の直示は、フランスの中南部、起伏に富んだ高原地帯であるリムーザン地方＜リムーザン地域圏のオート・ヴィエンヌ県（リモージュ）、クルーズ県（ゲレ）、ポワトゥー・シャラント地域のシャラント県（アングレーム）、ヴィエンヌ県（ポワチエ）＞の19の場所で7年毎に行われる直示と呼ばれる、各教会に保存されているカトリックの聖人の遺物を崇拝する為に行われる宗教的な儀式と行列である。この行事は、地元の町や村で、広く支持されており、旗、バナー、装飾、仮装、合唱、音楽バンドなど非常に多くの人が参加する。また、祝祭行事の準備を通じて、家族、親戚、知人など社会的な

絆が強化される。リムーザン地方の7年毎の直示は、1659年から7年毎に行われており、2009年には記念すべき50回目が行われた。
2013年

⓬グオカ：グアドループのアイデンティティを代表する音楽、歌、舞踊、文化的実践
（Gwoka: music, song, dance and cultural practice representative of Guadeloupean identity）
グオカ：グアドループのアイデンティティを代表する音楽、歌、舞踊、文化的実践は、フランスの海外県グアドループ、カリブ海に浮かぶ西インド諸島のなかのリーワード諸島の一角をなす島嶼群で、最も大きい島はグアドループ島を結成し、バス・テール島、グランド・テール島、マリー・ガラント島、ラ・デジラード島、プティ・テール諸島、レ・サント諸島など6つの島々からなる。今日、グオカは、グアドループ人が住むところ、特にパリ地域とフランスの主要な大学都市では何処でも行われている伝統芸能であり、伝統工芸技術である。グオカは、アイデンティティを強化すると共に、コミュニティの発展と個人のプライドを喚起し、陽気さ、抵抗、尊厳の価値を伝える。
2014年

⓭ピレネー山脈の夏至の火祭り
（Summer solstice fire festivals in the Pyrenees）
アンドラ／フランス／スペイン
2015年
→アンドラ

⓮グランヴィルのカーニバル
（Carnival of Granville）
グランヴィルのカーニバルは、フランスの北部、ノルマンディー地方のマンシュ県アヴランシュ郡グランヴィルで、毎年2月から3月ころのマルディ・グラ（謝肉祭の最終日である火曜日）頃に開催されるお祭りである。漁にでる漁師たちが、長く厳しい航海を前に、ご馳走を囲み、楽しんだのが始まりだといわれている。有名人やその年話題の人をかたどった山車が、4日間熱狂的に街を練り歩く。　2016年

⓯グラース地方の香水に関するノウハウ：香料植物の栽培、天然原料の知識とその加工、香水を調合する技能
（The skills related to perfume in Pays de Grasse: the cultivation of perfume plants, the knowledge and processing of natural raw materials, and the art of perfume composition）

グラース地方の香水に関するノウハウ：香料植物の栽培、天然原料の知識とその加工、香水を調合する技能は、フランスの南東部、プロヴァンス・アルプ・コート・ダジュール地域圏、アルプ・マリティーム県のグラース地方で行われている。香水創作のすべての工程を網羅し、南仏のグラース地方の栽培農家、原料加工の専門家と職人、調香師を対象としている。グラース地方は、香水のメッカとしてよく知られ、18世紀終わりから香水産業が盛んで、現在ではフランスの香水・香料の三分の二がグラースで作られているといわれている。 フランスの連続テレビ映画「美しき花の香り」の舞台にもなっている。
2018年

⑯空石積み工法：ノウハウと技術
（Art of dry stone walling, knowledge and techniques）
クロアチア／キプロス／フランス／ギリシャ／イタリア／スロヴェニア／スペイン／スイス
2018年　→クロアチア

⑰アルピニズム（Alpinism）
アルピニズムは、フランス、イタリア、スイスの3か国にまたがるアルプス山脈のモンブラン、モンテ・ローザ、マッターホーン（イタリア・スイス）、ドロミティとグラン・サッソ（イタリア）、ヴァノワーズ・グラン・パラディゾ、メルカントゥール・マリティム・アルプス（フランス・イタリア）、オーバーラント、エンガディン（スイス）、エクラン（フランス）を主に、季節を問わず、岩の或は凍った地形の高山群の頂上や壁に登る高度な登山技術を必要とする登山のことである。アルピニズムは、適切な技術、装備、斧や登山用アイゼン（クランポン）の様な高度な特別用具を使っての身体的、技術的、知的能力。アルピニズムは、高山の環境の知識、登山の歴史、スキルなどを分かち合う文化を特色とする伝統的、身体的な実習である。自然環境、日和の変化、自然災害の知識も必須である。アルピニズムは、美学に基づくものであり、アルピニストは、優雅な登山の動作、眺望の期待、自然環境との調和の為に努力する。20世紀以降、3か国からなるアルパイン・クラブは、多様なレベルでの2か国或は3か国の会合を通じて発展している。いわゆる近代登山としてのアルピニズムの幕開けとなったのは、1786年、アルプスの最高峰モン・ブラン（4810m）の登頂である。
フランス／イタリア／スイス
2019年

⑱ホルン奏者の音楽的芸術：歌唱、息のコントロール、ビブラート、場所と雰囲気の共鳴に関する楽器の技術
（Musical art of horn players, an instrumental technique linked to singing, breath control, vibrato, resonance of place and conviviality）
ホルン奏者の音楽的芸術：歌唱、息のコントロール、ビブラート、場所と雰囲気の共鳴に関する楽器の技術は、フランス、ベルギー、ルクセンブルク、イタリアの4か国にまたがる芸能、社会的慣習、儀式及び祭礼行事である。ホルン奏者の音楽的芸術は、ヨーロッパで最大の奏者を有するフランス、特に、ロワール渓谷、イル・ド・フランス地域、サントル地域で発達している。また、ベルギー（主にワロン地域とフランドル地域）、ルクセンブルク、イタリア（ピエモンテ州）についてもそうである。4つの国のすべての奏者は、歌唱、息のコントロール、ビブラート、場所と雰囲気の共鳴に関する楽器の技術など長年の伝統に基づく交流を続けている。
フランス／ベルギー／ルクセンブルク／イタリア
2020年

⑲機械式時計の製作の職人技と芸術的な仕組み
（Craftsmanship of mechanical watchmaking and art mechanics）
スイス／フランス
2020年　→スイス

⑳ガラスビーズのアート
（The art of glass beads）
イタリア／フランス
2020年　→イタリア

ブルガリア共和国

❶ショプロウク地方のビストリツァ・バビの古風な合唱、舞踊、儀礼
（Bistritsa Babi, archaic polyphony, dances and ritual from the Shoplouk region）
シュプロウク地方のビストリツァ・バビの古風な合唱、舞踊、儀礼は、ブルガリアのショプロウク地方の婦人のグループであるビストリツァ・バビによって演じられる伝統芸能である。現在は主に舞台で演じられる合唱の社会的な機能は、20世紀に変化したが、ビストリツァ・バビは、地域の文化生活や若い世代間での伝統的な文化的表現の促進においても重要な要素と見做

されている。ビストリツァの村は、この伝統的な合唱が保存され世代を越えて伝統されてきたブルガリアの最後の地域の一つである。ビストリツァは、首都ソフィアに近いこともあって、若者の地域社会を基盤にした伝統への関心は薄れつつある。

2008年 ← 2005年第3回傑作宣言

❷ネスティナルストヴォ、過去からのメッセージ：ブルガリの村の聖人コンスタンチンおよび聖エレナの祝日パナギル

（Nestinarstvo, messages from the past:
the Panagyr of Saints Constantine and Helena
in the village of Bulgari)

ネスティナルストヴォ、過去からのメッセージ：ブルガリの村の聖人コンスタンチンおよび聖エレナのパナギルは、ブルガリア南東部のストランジャ山地方のブルガリの村で、パナギルと呼ばれる村の聖人コンスタンチンおよび聖エレナの祝日である6月3日と4日に、毎年、行われる村の安寧と豊穣を願って開催される伝統的な焔舞の儀式で、キリスト教と古代の多神教の混合から生まれたものである。ネスティナルストヴォの火の儀式舞踊は、二人の聖人のイコンを持って、残り火の上で裸足で踊り、パナギルの儀式が最高潮に達する。　2009年

❸チプロフツイ・キリム、絨毯製造の伝統

（Chiprovski kilimi, the tradition of carpet-making
Chiprovtsi)

チプロフツイ・キリム、絨毯製造の伝統は、ブルガリアの北西部、西バルカン山地の外れ、モンタナ州の人口が約2000人の谷間にある小さな町チプロフツイで伝統的に行われてきた絨毯製造で、他の絨毯の製造地との交流で繁栄した。チプロフツイ・キリムのデザインは、特有の構成、モチーフ、色調を有している。オスマン帝国がブルガリアを支配している間、軍隊は、チプロフツイの絨毯を注文していた。また、後には、英国のロンドンにある大英博物館やヴィクトリア・アルバート博物館などの一流のコレクションでも展示されてきた。　2014年

❹ペルニク地方のスルヴァ民俗祭

（Surova folk feast in Pernik region)

ペルニク地方のスルヴァ民俗祭は、ブルガリアの西部のペルニク地方の村々で、毎年、新年を祝福する1月13日と14日に行われる。夜に、スルヴァと呼ばれる伝統的な仮面踊りが、町の中心部で演じられる。恐ろしい仮面と衣装、低く響く鈴の音が、悪魔を退散させ健康をもたらすと信じられている。また、1月最後の週末には、スルヴァ仮面踊り国際フェスティバルが開催され、国内外からの仮面踊り団体のパレードの他、多くの舞台、実演、バザールなどがある。　2015年

❺3月1日に関連した文化慣習

（Cultural practices associated to the 1st of March)

3月1日に関連した文化慣習は、ブルガリア、マケドニア、モルドヴァ、ルーマニアのすべての町や村で行なわれている慣習である。マルツィショールと呼ばれる春の訪れを祝う祭りで、男性が女性に何か小さな物、ブローチやペンダントトップ、ヒヤシンスやチューリップなどの花を贈る。そして、その贈り物には必ず赤と白によられた紐がついてくる。赤は火・血・情熱、女性を、白は潔白・雪・雲・そして男性の知恵を表し、男女の固い愛の絆を体現している。3月1日が近づくと、町中に赤と白を基調として作られたものや春の花々が並ぶ。この日に男性から贈られたものを女性は12日間身に着けて過ごし、その年の健康を祈る。昔は魔よけの意味があったが、現在は愛情、友好、尊敬を示している。

ブルガリア／マケドニア／モルドヴァ／ルーマニア
2017年

❻ブルガリア南西部のドレンとサトフチャのヴィソコ多声歌唱　*New*

（Visoko multipart singing from Dolen and
Satovcha, South-western Bulgaria)

ブルガリア南西部のドレンとサトフチャのヴィソコ多声歌唱は、ブルガリアの南西部、ブラゴエフグラート州のレン村とサトフチャ村で行われている伝統的な慣習である。ヴィソコ多声歌唱には、低音、高音、2つの組合せの3つのタイプがある。低音の歌唱は、2つの声楽パートによる歌唱からなる。高音の歌唱も2つの声楽パートもあるが、両方の声からの繰り返しの叫び声が特色である。ヴィソコの歌の2つの組合せのタイプは、4つの声楽のパートと共に、低音と高音の歌唱の組合せを伴う。ヴィソコの歌詞の典型は、自然を想起させる。過去には、ヴィソコの歌は、夏の歌としても、知られており、田畑で働く女性によって、野外で歌われた。鍬入れまたは収穫の間、女性グループは、ヴィソコの歌で、ある畑から大声で呼ぶと、もう一つのグループは、ある畑から返答する。大声で呼ぶ今日、ヴィソコの主な演奏者は、2つの村のコミュニティ・センターからの歌唱グループの女性たちと少女たちである。この高音の

多声歌唱は、ドレンとサトフチャのコミュニティのアイデンティティの証しで、近隣の村々と区別できる大切な伝統である.
2021年

ベラルーシ

❶ブツラフの聖画像イコンを称える祝典（ブツラフの祭り）
（Celebration in honor of the Budslau icon of Our Lady (Budslau fest)）
ブツラフの祭りは、ベラルーシ の中央部、ミンスク地方のブツラフ村が発祥で毎年7月の最初のウィークエンドに日に行われる17世紀以降のお祭りで、数万の巡礼者がベラルーシの各地から、それに、他の国々からブツラフの聖画像イコンを称える祝典に参加する為、この地にやってくる。ブツラフの聖画像イコンは、大きさが72x65cmで、ブツラフの修道院に来るまでの発祥や経緯は定かではないが、最初の所有者は1598年にヴァチカンへの巡礼に際にクレメンス8世から得たミンスク市長のジャン・パクで、彼は、それを宮殿に保管し生涯、それを崇拝した。2014年に ブツラフの祭りは、ベラルーシの歴史文化遺産になった。
2018年

❷木を利用する養蜂文化
（Tree beekeeping culture）
ポーランド／ベラルーシ
2020年　→ポーランド

ベルギー王国

❶バンシュのカーニバル（Carnival of Binche）
バンシュのカーニバルは、ブリュッセルの南59kmの小さな町バンシュ(エノー州)で、毎年、告解日曜から火曜までの3日間にわたって行われるヨーロッパで最も有名なカーニバル。バンシュのカーニバルは、道化師の「ジル」が登場する最終日がクライマックスになることから、「ジルのカーニバル」とも呼ばれる。ジルの起源は、1549年にこの地方を統治していたハンガリーのマリ 総督が催した宴に、当時征服したインカ帝国の服装をした踊り手を登場させたのが始まりである。ジルは、オレンジ、黄色、黒など色とりどりの衣装をまとい、1m近い大きなダチョウの白い羽飾りがついた帽子をかぶって、木靴を踏み鳴らしながら踊る。手には、オレンジの入った籠をもち観客にオレンジを投げる。

ジルのキャラクターは、カーニバル、それにバンシュの町の記章になっている。
2009年

❷ベルギーとフランスの巨人と竜の行列
（Processional giants and dragons in Belgium and France）
ベルギー／フランス
2008年 ← 2005年第3回傑作宣言 →フランス

❸ブルージュの聖血の行列
（Procession of the Holy Blood in Bruges）
ブルージュの聖血の行列は、西フランダース州のブルージュで、毎年春、キリスト昇天祭に行われる市民たちが十字軍騎士をはじめとする中世時代の装束をまとって町中を練り歩く市民パレード。この祭りは、13世紀の第2回十字軍遠征の折、当時の公主フランドル伯爵がエルサレムからキリストの聖血を持ち帰ったことに由来しており、毎年3〜4.5万人の観客が集まる。
2009年

❹アールストのカーニバル
（Aalst carnival）
アールストのカーニバルは、ベルギーの北部、東フランダース地方のフレミッシュ州のデンダー川にある都市アールストで行われるカーニバル。アールストのカーニバルの歴史は1928年にまで遡り、期間中には8万人が訪れる一大イベントである。キリスト教では、四旬節が始まる前日の火曜日（懺悔の火曜日）を境に、復活祭までの40日間、食事制限をするが、祭りの最後の夜は懺悔の火曜日にあたり、この時期にフランダース地方各地でカーニバルが開催される。2019年の第14回無形文化遺産委員会ボゴタ会議で、正統派ユダヤ教徒を風刺したかぎ鼻の人形が金袋に座った山車が登場し、4万人に上るベルギーのユダヤ人らから怒りの声が上がったことなど「人種差別や反ユダヤ主義の表現が繰り返された」ことが理由で、前例がない「代表リスト」からの登録抹消の最初のケースとなった。
2010年／2019年登録抹消

❺ハウテム・ヤールマルクト、スィント・リーヴェンス・ハウテムの毎年冬の縁日と家畜市場
（Houtem Jaarmarkt, annual winter fair and livestock market at Sint-Lievens-Houtem）
ハウテム・ヤールマルクト、スィント・リーヴェンス・ハウテムでの毎年冬の縁日と家畜市場は、ベルギーの北西部、東フランダース地方のオースト・フランデレン州にある村スィント・

代表リスト

リーヴェンス・ハウテムで、毎年11月11日と12日に行われる縁日と牛や純血種の馬の家畜市場縁日である。ハウテム・ヤールマルクトは、家畜の飼育者、取引業者、農夫、熱心な訪問客が一堂に会し、町は、移動遊園地さながらの賑わいをみせる。
2010年

❻クラケリンゲンとトネケンスブランドゥ、ヘラーズベルケンでの冬の終りのパンと火の饗宴
（Krakelingen and Tonnekensbrand, end-of-winter bread and fire feast at Geraardsberg）
クラケリンゲンとトネケンスブランドゥ、ヘラーズベルケンでの冬の終りのパンと火の饗宴は、ベルギーの北部、フランダース地方のヘラーズベルケンで、毎年3月の第一月曜日に開催される市場で、8日前の日曜日のクラケリンゲンとトネケンスブランドゥの祭りで、冬の終りを祝う。祭りに先立ち、パン屋は、聖職者が群衆に撒く祝祭用の輪の形をしたクラケリンゲンと呼ばれるパンを焼く。アウデンベルグの丘で、木の樽のトネケンスブランドゥに火を点し、春の到来を祝福する。　2010年

❼鷹狩り、生きた人間の遺産
（Falconry, a living human heritage）
アラブ首長国連邦／カタール／サウジ・アラビア／シリア／モロッコ／モンゴル／韓国／スペイン／フランス／ベルギー／チェコ／オーストリア／ハンガリー／カザフスタン／パキスタン／イタリア／ポルトガル／ドイツ
2010年＊／2012年＊／2016年
→アラブ首長国連邦
＊2010年にアラブ首長国連邦など11か国で登録、2012年にオーストリア、ハンガリー、2016年にカザフスタン、パキスタン、イタリア、ポルトガル、ドイツを加え、新規登録となった。

❽ルーヴェンの同年輩の通過儀礼
（Leuven age set ritual repertoire）
ルーヴェンの同年輩の通過儀礼は、ベルギーの首都ブラッセルの東30km、フランダース地方の首都であり、フラームス・ブラバンド州の州都であるルーヴェンで、男性が40歳から50歳の誕生日を迎えるにあたって行われる伝統行事で、同じ年に生まれたことが参加の条件である。ルーヴェン市内と周辺に住む男性にとって、社会文化と慈善の活動と儀式は、40歳で始まり、預言者アブラハムの像がある周辺のセントラル・パークで祝賀行事が行われるアブラハム・デイの50歳で最高潮に達する。
2011年

❾アントル・サンブル・エ・ムーズの行進
（Marches of Entre-Sambre-et-Meuse）
アントル・サンブル・エ・ムーズの行進は、ベルギーの中部、ワロン地方、サンブル川とムーズ川に囲まれた地域の様々な村や町で、5月〜9月の間に行われている中世を起源とする軍服を着た参加者の行進である。現在でも各地で行われている行進のうち、代表的な15の行進が、宗教的、民族的、伝統的な要素を兼ね備えていることで登録された。　2012年

❿オーストダインケルケでの馬上での小エビ漁
（Shrimp fishing on horseback in Oostduinkerke）
オーストダインケルケでの馬上での小エビ漁は、ベルギーの北西部、西フランダース地方の北海に面する海岸砂丘地帯にあるコクセッドのオーストダインケルケで行われている漁法である。オーストダインケルケは、伝統的な小エビ漁が見られる世界で唯一の場所である。小エビ漁の漁師は、製網や牽引馬の知識など、それぞれが専門性を持っている。春から秋にかけて、1週間に2度程度、ブラバント地方で育った強力な馬は、打ち寄せる波に向かって、漏斗型の網を引きながら胸深く歩き小エビを取り込む。オーストダインケルケの小エビ漁は、伝統的な文化価値と漁師間の相互依存を原則に成り立っている。小エビ漁の漁師は、初心者には、熟練の技を見せて、網、潮の干満、潮流などの専門知識を伝授、継承している。　2013年

⓫ベルギーのビール文化
（Beer culture in Belgium）
ビールの製造と飲用は、ベルギーの国全体を通じての生きた遺産の一部で、お祭りの機会ばかりでなく、日常生活でも息づいている。ベルギーには、200近くの醸造所があり、約1500種類のビールが醸造されている。規制が緩やかなため、果物などを漬け込んで味を付けることも広く行われており、風味や色、アルコール度数などの幅が多種多様なことが特徴である。ベルギーにはどんな場面にもそれぞれ適した多様なビールがある。3つの公用語を持つ国民のアイデンティティ形成につながっていると認めた。国民食にはビールが含まれ、国内には30あまりのビール博物館もある。
2016年

代表リスト

代表リスト

⑫ブリュッセルのオメガング、毎年の歴史的な行列と大衆祭り
（Ommegang of Brussels, an annual historical procession and popular festival）
ブリュッセルのオメガング、毎年の歴史的な行列と大衆祭りは、ベルギーの中心部、ブリュッセルの歴史地区で世界遺産になっているグランプラスで、毎年7月の第1木曜日の夜とその直前の火曜日の夜に盛大に開催されるベルギーを代表する祭りである。「オメガング」とは「輪になって歩く」の意味で、14世紀にサブロン教会に祀られたマリア像の周囲を行列したことが起源とされている。現在の形になったのは1549年、神聖ローマ帝国のカール大帝とその息子フェリペがブリュッセルを訪問した際に、歓迎の意を込めて行われたのを再現している。祭りはブリュッセルの旗と楽隊を先頭に、宮廷貴族、馬にまたがった騎士、司祭、ギルド職人、道化師などが練り歩く、中世を再現する絢爛豪華な一大ページェントである。皇帝カール5世、貴族諸侯に扮するのは、本物のベルギーの貴族たちである。祭りのフィナーレにはバンシュの「ジル」（道化師）が登場し、祭りを一層盛り上げる。
2019年

⑬ホルン奏者の音楽的芸術：歌唱、息のコントロール、ビブラート、場所と雰囲気の共鳴に関する楽器の技術
（Musical art of horn players、an instrumental technique linked to singing、breath control、vibrato、resonance of place and conviviality）
フランス／ベルギー／ルクセンブルク／イタリア
2020年　→フランス

⑭ナミュールの高床式馬上槍試合 *New*
（Namur stilt jousting）
ナミュールの竹馬騎馬戦（Namur stilt jousting）
ナミュールの竹馬騎馬戦は、ベルギーの南部、ワロン地域のナミュールで、15世紀初頭に始まった竹馬騎馬戦で、ナミュールの町の文化を象徴するイベントとして今日も続けられている。試合は、旧市街を代表する黒組と新市街を代表する赤組のチーム対抗で行ない、伝統的な黄色と黒色、赤色と白色の衣装を着て竹馬に乗った参加者たちが戦う。相手チームの全員を竹馬から落とせば勝ちである。長い歴史を通じて男性しか参加が許されていなかったが、ナミュール騎馬戦協会は、2018年から女性にも門戸を開放した。竹馬騎馬戦は、ナミュールのアイデンティティであり、ナミュールの居住者にとっての結束と統合の行事になっている。尚、ナミュールの鐘楼（Beffroi de Namur）は、印象的な中世の塔であるが、1999年にユネスコ世界遺産に登録された「ベルギーとフランスの鐘楼群」の構成資産の1つである。
2021年

ボスニア・ヘルツェゴヴィナ

❶ズミヤネの刺繍（Zmijanje embroidery）
ズミヤネの刺繍は、ボスニア・ヘルツェゴヴィナの北西部、スルプスカ共和国の北西部の民族地域である ズミヤネ地域が発祥で発展した刺繍で、やがて、移住や教育などを通じて、近隣の都市地域やリブニクやバニャ・ルカの町へと広がった。ズミヤネの刺繍は、ズミヤネの村々の女性によって実践されている特有の技術で、伝統的に、ウエディング・ドレス、スカーフ、衣服やベッド用リネン製品など女性の衣装や家財道具などの装飾に使われる。刺繍は、音楽、儀式、口承、手工芸、象徴的な表現などの文化遺産の多くの要素と共に結びついている。
2014年

❷コニツ木彫（Konjic woodcarving）
コニツ木彫は、ボスニア・ヘルツェゴヴィナの南部、ヘルツェゴヴィナ・ネレトヴァ県に属するコニツ自治体の伝統のある芸術的な工芸である。木彫は、伝統的な生産技術を使用しての家具、インテリア・デザイン、手彫りの装飾品などで、象徴的なモチーフやビジュアル・アイデンティティが認められ、地域社会の文化の向上、室内装飾の美しさと快適さへのこだわりなど伝統文化を代表するものになっている。コニツ木彫は、豊富で貴重な広葉樹など自然環境と調和した生活のシンボルとしてコニツ住民の家族や個人の間で広く普及している。家族が主宰してきたワークショップでは、コニツ木彫の保存と活用、後継者の育成、学生への教育、知名度の向上などに努めている。
2017年

❸オズレン山のフナバシソウ摘み
（Picking of iva grass on Ozren mountain）
オズレン山のフナバシソウ摘みは、ボスニア・ヘルツェゴヴィナの北部、西にボスナ川、北にスプレツァ川が流れる低山の地域にあるオズレン山（海抜1174m）で行われている毎年9月11日、洗礼者聖ヨハネが斬首された日にオズレン

山の周辺の村人は、フナバシソウを摘む為に行く。丘の斜面を歩いて登った後に全ての村人は、フナバシソウを摘む。フナバシソウは注意深く摘まれ、通常数時間かかる。フナバシソウ摘みが終わると民俗衣装を着て伝統的な音楽を歌ったり踊ったりする。薬草であるフナバシソウは世界の山岳地域に育つ癒される植物である。
2018年

❹クプレスの芝刈り競技の風習
（Grass mowing competition custom in Kupres）
クプレスの芝刈り競技の風習は、ボスニア・ヘルツェゴヴィナの西部、第十県のクプレス地域、特に「ストゥルリャーニッツァ」と呼ばれる牧草地で17世紀から行われている自然及び万物に関する知識及び慣習、口承及び表現、芸能、社会的慣習、儀式及び祭礼行事、伝統工芸技術である。このイベントは芝刈りなど農業用の器具を販売したり地元の男性が未婚女性を探したりする場でもある。ストゥルリャーニッツァに加えて、クプレスの町では、家族や友人は家庭や広場、街路などで行う公共スペースでの社会的なイベントになっている。クプレス芝刈り機協会などはクプレスの芝刈り競技の風習を保護している。芝刈り日はこの地域の古くからの伝統で慣習である。毎年、この類ない文化イベントに何千人もの訪問客や支持者が参加する。手作りの大鎌での芝刈りの風習と芝刈り機での競争は毎年人気を博している。
2020年

ポーランド共和国

❶クラクフのキリスト降誕（ショプカ）の伝統
（Nativity scene (szopka) tradition in Krakow）
クラクフのキリスト降誕（ショプカ）の伝統は、ポーランドの南部、マウオポルスカ県の県都であるクラクフの冬の風物詩である。クラクフは、ポーランドで最も歴史ある都市の一つであり、17世紀初頭にワルシャワに遷都するまではポーランド王国の首都であった。ショプカは、キリストの降誕の場面を再現したもので、クリスマス・シーズン中は、街中、教会、家庭でも飾られる。19世紀頃から、大工やレンガ職人達が冬の間の副職としてショプカを作り販売するようになった。腕を競い合い、クラクフならではの建築物やドラゴンやライコニックなどのキャラクターが盛り込まれ、独自の進化を遂げ

た。毎年12月の第一木曜日、中央広場のアダム・ミツケヴィッチ像で開催される「ショプカコンテスト」は、毎年多くの人が見物に訪れるイベントとなっている。ショプカは、ダンボールや厚紙、木を、アルミホイル、綺麗なお菓子の包み紙、色とりどりのセロファンなどで装飾し、更に、粘土やプラスチックなどで細工を施している。伝統的に、ショプカには、塔が1つはあり、聖マリア教会やヴァヴェル城の大聖堂、旧市庁舎の塔などを模している。加えてクラクフの名所である、バルバカン、織物会館、フロリアンスカ門、教会や劇場などの建物も盛り込み、塔の上には愛国的シンボルの国章の白鷲やポーランド国旗が飾られることが多い。
2018年

❷木を利用する養蜂文化
（Tree beekeeping culture）
木を利用する養蜂文化は、ポーランドとベラルーシンの2か国にまたがる自然及び万物に関する知識及び慣習、社会的慣習、儀式及び祭礼行事、伝統工芸技術である。養蜂とは、蜂蜜あるいは蜜蝋や花粉をとるためにミツバチを飼育することである。木を利用する養蜂文化は、森林の木の幹に穴をくりぬいて巣箱を作り、そこに、野生のミツバチに営巣させて蜂蜜を得る。ポーランドの南東部に「養蜂の村」と呼ばれる集落があり、ヨーロッパでも珍しい養蜂の高等専門学校がある。今日、木を利用する養蜂文化は、地理学的な森林と密接にリンクしている。典型的には、木を利用する養蜂者のコミュニティは、原生林の森林の近くにある村々の居住者であり、養蜂者は、森林の木の巣箱の世話をする、或は、村々の近くにある丸太の巣箱の中にいる野生の蜂を飼う伝統を育んでいる。ベラルーシでは、中央部のブレスト州のナリボキの森や北部のブラスラフ湖の地域、ポーランドでは、北東部のクルピエ森林、アウグストゥフ森林、ピリカ森林である。また、両国にまたがるビャウォヴィエジャ森林は、1979年／1992年／2014年に世界自然遺産に登録されている。今日、木を利用する養蜂文化の継承は、ワークショップなどでのグループ活動を通じて行われている。
2020年

❸聖体祭行列のためのフラワー・カーペットの伝統 *New*
（Flower carpets tradition for Corpus Christi processions）
聖体祭行列のためのフラワー・カーペットの伝

統は、ポーランドの中央部、ウッチ県、ウニエユフ町の村に担い手は住んでいる。フラワー・カーペットを整備する伝統は、本質的に、ポーランドの聖体祭の祝宴にリンクしている。聖体祭は、聖体拝領にちなんだキリスト教カトリックの祝日で、復活祭から50日目の日曜日の次の木曜日である。ポーランドでは、この日は全国各地で民族衣装などを着て地域のマリア像やキリスト像などをまわる行列が出る。祝宴の為、楽しい行列が教会から街路へと続く。幾つかの村の家族は、彼らの家の前の道路にカラフルで象徴的なカーペットにするために花を使用する。フラワー・カーペットは教会からの村の道路の長さは約2kmに及ぶ。花は、周辺の畑や家庭の庭から摘まれる。土、砂、木の樹皮、刈りたての草、或は、菖蒲の葉も使用される。家族は、祝福の数日前に花を集め始め、聖体祭の朝早くからカーペットを整備する。芸術作品の集合は、宗教性、創造性、自然美の鑑賞を表現している。伝統は、コミュニティの全体を結束させ、地域アイデンティティを形成した。この慣習は、何世代にもわたって、特に、家族内で継承されている。模様制作のワークショップは、教区と非政府組織の支援で、定期的に、学校でも開催されている。
2021年

❹鷹狩り、生きた人間の遺産 *New*
（Falconry, a living human heritage）　2021年
→　アラブ首長国連邦

ポルトガル共和国

❶ポルトガルの民族歌謡ファド
（Fado, urban popular song of Portugal）
ファドは、ポルトガルに生まれた民族歌謡。ファドとは、運命、または宿命を意味し、このような意味の言葉で自分たちの民族歌謡を表すのは珍しい。1820年代に生まれ、19世紀中ごろにリスボンのマリア・セヴェーラの歌によって現在の地位を得た。イタリアにカンツォーネ、フランスにシャンソン、アルゼンチンにタンゴ、ブラジルにリンバがあるように、ポルトガルにはファドがある。ファドはレストランなどで歌われる大衆歌謡で、主にギターで伴奏される。日本では、ファドは女性が歌うものとの認識が強いが、実際には性別に関係なく歌われる。また、ファドは暗く悲しいものだという誤解をもって紹介されることも多いが、わが町を賛美し

たり、街のうわさ話などを題材とした陽気なファドも数多くある。アマリア・ロドリゲス（1920〜1999年）が国民的歌手として国内外で知られ、その人気は死後も衰える兆しを見せない。首都リスボンと中北部の中心都市コインブラでそれぞれ独特のファドが育まれ、コインブラのそれはコインブラ大学の学生たちのセレナーデとして存在している。
2011年

❷地中海料理（Mediterranean diet）
ギリシャ／イタリア／スペイン／モロッコ／キプロス／クロアチア／ポルトガル
2010年＊／2013年　　　→スペイン
＊2010年にスペインなど4か国で登録、2013年にポルトガル、キプロス、クロアチアを加え、7か国で新規登録となった。

❸カンテ・アレンテジャーノ、ポルトガル南部のアレンテージョ地方の多声音楽
（Cante Alentejano, polyphonic singing from Alentejo, southern Portugal）
カンテ・アレンテジャーノ、ポルトガル南部のアレンテージョ地方の多声音楽は、ポルトガルの南部、アレンテージョ地方の伝統的な多声音楽の芸能である。アレンテージョとは、「テージョ川越え」の意で、テージョ川の以南の地をさし、北東部はアルトアレンテージョ地方、南西部はバイショアレンテージョ地方と呼ばれる穀倉地帯であり、カンテ・アレンテジャーノは、社会的慣習、儀式及び祭礼行事である。16〜17世紀、エヴォラ大聖堂に多声音楽のためのエヴォラ学校が開設され、ポルトガル音楽史に重要な役割を担った。継承は、主に老若の合唱グループのリハーサルで行われる。
2014年

❹鷹狩り、生きた人間の遺産
（Falconry, a living human heritage）
アラブ首長国連邦／カタール／サウジ・アラビア／シリア／モロッコ／モンゴル／韓国／スペイン／フランス／ベルギー／チェコ／オーストリア／ハンガリー／カザフスタン／パキスタン／イタリア／ポルトガル／ドイツ
2010年＊／2012年＊／2016年→アラブ首長国連邦
＊2010年にアラブ首長国連邦など11か国で登録、2012年にオーストリア、ハンガリー、2016年にカザフスタン、パキスタン、イタリア、ポルトガル、ドイツを加え、新規登録となった。

代表リスト

❺エストレモスの土人形の工芸技
（Craftsmanship of Estremoz clay figures）
エストレモスは、ポルトガルの東部、アレンテージョ地方エヴォラ県、エストレモス自治体にある町で、大理石の産地としても知られている。ポルトガルの土人形の生産は、少なくとも16世紀に遡り、キリスト降誕に関連している。前世紀には、小さな生産センターは、ポルトガル西海岸のリスボン県のマフラ、ヴィゼウ県のリボーリョス、モレロス、ブラガ県のバルセロス、マデイラ諸島のポルト・サント島、アゾレス諸島のサンミゲル島などにあった。素焼きのカラフルな土人形が町の広場などで売られている。　2017年

❻冬の祭典、ポデンセのカーニバル
（Winter festivities, Carnival of Podence）
冬の祭典、ポデンセのカーニバルは、ポルトガルの北部、マセド・デ・カヴァレイロスの小さな村ポデンセで行われる冬の終りと春の到来を祝う祭典の鬼祭りである。祭典は、村の通りで3日以上行われ、相互に隣人の家を訪問する。冬の祭典、ポデンセのカーニバルの間、カレートス –カラフルな衣装とカウベルを着て、仮面をかぶったキャラクターが、宴会の儀式で、家族と親戚の家を訪問する。参加は幼年時代に始まり、カレートス協会のグループがカーニバルの存続に主要な役割を果たす。
2019年

❼カンポ・マイオールの地域の祭　New
（Community festivities in Campo Maior）
カンポ・マイオールの地域の祭は、ポルトガルの南部、アレンテージョ地方ポルタレグレ県、スペインとの国境に非常に近い古城がある静かで平穏な田舎あ町で行われている紙花まつりである。通常、このフェスティバルは、通常、9月の第1週に開催される。この町の住民は断固とした性格を持っていることで有名で、町民の希望が一致する年、時期に、ポルトガル全土で最も興味深く、人気の高いフラワーフェスティバルがここで開催される。このフラワーフェスティバルは、また、国民のフェスティバル（フェスタ・ド・ポヴォ）としても知られている。この時には、各通りの住民が一緒になって、楽しく色彩鮮やかにアレンジされた紙の花で付近を飾りつけ、狭い路地はトンネルの様になっている。膨大な量の彩り鮮やかな紙で装飾された町の路地や石畳の広場を見学するために毎年数千人の人が訪れる。
2021年

マルタ共和国

❶イル・フティーラ：マルタにおけるサワードウを使ったフラットブレッドの調理法と文化
（Il-Ftira、culinary art and culture of flattened sourdough bread in Malta）
イル・フティーラ：マルタにおけるサワードウを使ったフラットブレッドの調理法と文化は、マルタの南部、オルミで行われている社会的慣習、儀式及び祭礼行事、伝統工芸技術である。マルタは 人口密度が高く、68の市町村のうち14 がゴゾ島にある。小さなパン屋の数が減少しているのにもかかわらず、それぞれの町には、まだ、少なくとも一つのパン屋があるが、一般的に家族経営の職人が新鮮なフティーラ・パンをつくるパン屋で、マルタの中心部にあるオルミに集中しており、毎年10月にパン祭りが開催される。サワードウは、小麦やライ麦の粉と水を混ぜてつくる生地に、乳酸菌と酵母を主体に複数の微生物を共培養させた伝統的なパン種である。サワードウを使ったパンは特有の強い酸味と風味を持っている。フラットブレッドはシンプルなパンで、最も簡単なものでは穀粉、水と塩を混ぜてパン生地を作り、それを平らにのばして焼いて作られる。フティーラをつくる職業訓練は観光学研究所で行われる。フティーラは、家庭、学校、仕事場、レストラン、カフェ等で食べられるマルタ諸島の居住者の文化遺産である。
2020年

❷アーナ、マルタの伝統民謡　New
（L-Ghana、a Maltese folksong tradition）
アーナ、マルタの伝統民謡は、マルタの南東部、ゼイトゥン中心にマルタ島とゴゾ島の各地で行われている伝統的なマルタの民俗音楽である。アーナ（「アナ」と発音される）には、2つの意味がある。一つは、豊かさ、富、繁栄、もう一つは、歌、詩、リズム、それに、ゆっくりのリズムで歌うカンタリエナである。マルタのリズム民謡アーナには、3種類の形式がある。最もポピュラーなアーナの形式は「機知に富んだ」アーナ、リズム、説得力のある論争、機知に富んだ相手に焦点をあてた、1〜2対の歌手の間での即興の決闘である。「事実」アーナは、ソリストによって歌われる長い、物語詩であり、通常、地元の重要なイベントを記録する為のものである。「ボルムラ」アーナ は、シンプルな歌詞を、広い声域を使って歌う特殊な声の形式である。この「ボルムラ」アーナは、歴史的には、女性によって歌われていた

代表リスト

が、今日では、男性優位の「機知に富んだ」アーナと比較した場合には衰退している。アーナは、開催地、公私、「アーナ・フェスト」（毎年6月 於：アーゴッティ庭園）などのフェスティバル、祝賀会などを問わず、一年中、各地各所で開催されている。
2021年

モルドヴァ共和国

❶男性グループのコリンダ、クリスマス期の儀式
（Men's group Colindat, Christmas-time ritual）
男性グループのコリンダ、クリスマス期の儀式は、ルーマニアとモルドヴァの全土で行われるクリスマスの時に行われる儀式であるが、特に、ルーマニアのカルパチア山脈地域と南東部とモルドヴァの北部、中央部から東部、それに南部で盛んである。ルーマニアの民族音楽は、四季の祭りや結婚式、宗教的儀礼に密接に結びついているものが多い。なかでもクリスマスから新年にかけて歌われるコリンダは、キリスト教以前の民間信仰を反映し、音楽的にも特徴がある。この地域のクリスマスの習慣の一つに、友人、知人、隣人から、コリンダを歌いながらの訪問を受け、親交を深めるためにクリスマスのお祝いを共にする。
ルーマニア／モルドヴァ
2013年

❷ルーマニアとモルドヴァの伝統的な壁カーペットの
職人技
（Traditional wall-carpet craftsmanship in Romania and the Republic of Moldova）
ルーマニア／モルドヴァ　2016年
→ルーマニア

❸3月1日に関連した文化慣習
（Cultural practices associated to the 1st of March）
ブルガリア／マケドニア／モルドヴァ／ルーマニア
2017年　→ブルガリア

モンテネグロ

❶コトルの海洋組織ボカの文化遺産：
記念的文化的アイデンティティの祭祀表現
New（Cultural Heritage of Boka Navy Kotor: a festive representation of a memory and cultural identity）
コトルの海洋組織ボカの文化遺産：記念的文化的アイデンティティの祭祀表現は、モンテネグロの西部、コトル（年3回）、ティヴァト、ヘルツェグ・ノヴィ、ペラスト（毎年）で行われる。ボカ地方は長い海軍の伝統があり、中世以来強力な海軍艦隊を擁してきた。海洋組織ボカは、伝統的な、非政府の海洋組織で、809年にコトルで設立された。その起源は、コトルの守護聖人である3世紀の聖トリフォンにリンクしている。軍事的、経済的、教育的、人道的機能のある船員のコミュニティで構成され、海洋組織ボカは200年間にわたって、海洋史や伝統を守るのに重要な役割を果たした。メンバーシップは自主的で、男女、年齢を問わず開放されており、組織は、人権を尊重して創られている。祝賀行事では、メンバーはカラフルな伝統的な制服を着て、歴史的な武器を運び、伝統的な円舞コロ・ダンスを演じる。尚、コトルの自然と文化・歴史地域（Natural and Culturo-Historical Region of Kotor）は、1979年に世界文化遺産に登録されている。2021年

ラトヴィア共和国

❶バルト諸国の歌と踊りの祭典
（The Baltic Song and Dance Celebrations）
エストニア／ラトヴィア／リトアニア
2008年 ← 2003年第2回傑作宣言
→エストニア

リトアニア共和国

❶十字架工芸とそのシンボル
（Cross-crafting and its symbolism）
十字架工芸は、リトアニアのキリスト教化後の15世紀頃から始まったとされている。花模様や幾何学模様をあしらった高さが1.2〜2mの十字架は、キリストや聖人の彫像で飾られ、リトアニア国内の泉や十字路の近くの森や原野に単独で、或は、一群を成して数多く立てられている。リトアニアの十字架は、宗教的、社会的な意義だけではなく、リトアニアの政治的な象徴でもあり、1920年代以降、国の祝日を祝うのに使用されている。リトアニアの十字架工芸は、後継者難もあるが、約200人程の十字架職人が存在している。
2008年 ← 2001年第1回傑作宣言

❷バルト諸国の歌と踊りの祭典
（Baltic song and dance celebrations）
エストニア／ラトヴィア／リトアニア
2008年 ← 2003年第2回傑作宣言
→エストニア

❸スタルティネス、リトアニアの多声音楽
（Sutartines, Lithuanian multipart songs）
スタルティネス、リトアニアの多声音楽は、リトアニアの北東部、東アウクシュタイティヤ地方の北部の村々で伝統的に歌い継がれてきた特別な歌。スタルティネスという言葉は、元来、「合意」、「調和」を意味し、その名の通り歌い手たちの完璧な調和が必要とされるため、古くから2～4名の女性の小グループが歌うものであった。リトアニアの農村ではもはや途絶えてしまったこのスタリティネスの伝統は、現在、様々な民俗音楽グループが伝統を守る取り組みを行っている。
2010年

ルクセンブルク大公国

❶エシュテルナッハの舞踏行列
（The hopping procession of Echternach）
エシュテルナッハの舞踏行列は、ルクセンブルク東部のグレーヴェンマハ広域行政区のエシュテルナッハで、毎年開催される礼拝行進である。エシュテルナッハは、ノーサンブリア王国出身の修道士で、のちに初代ユトレヒト司教となり、フリジア人のキリスト教化に尽力した聖ウィリボードが698年に創建したエヒタナハ修道院を中心に発展した。毎年ペンテコステ(聖霊降臨祭)の3日目には、彼にちなむ舞踊付きのダンシング・プロセッションが行われている。
2010年

❷ホルン奏者の音楽的芸術：歌唱、息のコントロール、ビブラート、場所と雰囲気の共鳴に関する楽器の技術
（Musical art of horn players、an instrumental technique linked to singing、breath control、vibrato、resonance of place and conviviality）
フランス／ベルギー／ルクセンブルク／イタリア
2020年 →フランス

ルーマニア

❶カルーシュの伝統 （The Calus Tradition）
カルーシュの伝統は、ルーマニアの南部、ワラキア地方のオルト県で行われているカルーシュの儀式的な舞踊である。カルーシュの伝統は、ブルガリア北部とセルビアの間でも見かけられる。カルーシュの名前の由来は、馬の頭部につける、おもがいの木のマウスピースである。この舞踊で使われる音楽の最も古い書き物は17世紀に遡る。カルーシュは、2つのバイオリンと1つのアコーディオンに伴われた全て男性の踊り子によって演じられる。カルーシュの儀式は、ゲーム、寸劇、歌、踊りが一連になっているのが特色である。
2008年 ← 2005年第3回傑作宣言

❷ドイナ （Doina）
ドイナは、ルーマニアの北部のモルダヴィア、マラムレシュ、ナサウド、北西部のオアシュ地域、南西部のゴルジュ県、メヘディンチ県、ヴルチャ県、西部のオアシ地方、南東部のムンテニア地方、南部のドルジュ県とテレオルマン県、東部のヴランチャ県など、ルーマニアの至る所で、ドイナ、ドイナスなどと呼ばれている民謡である。ドイナは即興で作られ、詩的でメランコリックな聖歌で、ルーマニアの民俗音楽の本質として、1900年まで、それは国の多くの地方の唯一の音楽のジャンルであった。ドイナという言葉の起源は不明であるが、屋外や自宅、職場など、どこでも自由な歌やリズムで楽しむことができる。葉のような単純な楽器からフルート、バイオリンなど様々なタイプの楽器で演奏される。ドイナは、喜怒哀楽など幅広い表現力を持っており、自然への憧れを歌うところから民族舞踊など他の芸術ジャンルを生み出した。しかし、今日、ドイナは非常にローカルなものになってきており、親から子への継承などが危ぶまれている。
2009年

❸ホレズの陶器の職人技
（Craftsmanship of Horezu ceramics）
ホレズの陶器の職人技は、ルーマニアの中南部、オルテニア地方ヴルチェア県の北部にあるホレズ村で培われてきたユニークな伝統的工芸技術である。ホレズ村は、世界遺産に登録されているホレズ修道院があることでも世界的に有名。17世紀にホレズ修道院が設立された後、ホレズ修道院は地域文化の中心になり、絵画、彫刻、建築、陶器などの技術が発達した。現在の

ホレズ村には、17～18の家族が先祖代々から伝わる陶芸技術を継承し、一般的には男女が作業を分担する。男性は近くの山から陶器の材料となる土の塊を選び、こげ茶、赤、緑、青、アイボリーなど陶器が醸し出す様々な色を窯で焼いて抽出する。女性は特定の技術と道具で皿に絵を描くなど装飾を担当する。彼らの陶器の職人技は、家族を通じて継承されている。
2012年

❹男性グループのコリンダ、クリスマスの儀式
（Men's group Colindat, Christmas-time ritual）
ルーマニア／モルドヴァ　2013年
→モルドヴァ

❺ルーマニアの若者のダンス
（Lad's dances in Romania）
ルーマニアの若者のダンスは、ルーマニアの中央部、西部、北西部、マラムレシュ地方、北西モルダヴィア地方、クリシャナ地方、バナト地方、トランシルヴァニア地方で演じられているルーマニアの男性のフォークダンスで、祭事にステージで演じられる。ダンスのリーダーの一人はグループを訓練し、二番目のリーダーはダンスをリードする。参加者の年齢は、5歳から70歳で、ルーマニアのみならず、ハンガリーやローマのダンサーを含み、異文化間の対話や社会的な結束に貢献する。ダンスは、伝統的な集落において、彼らの地位を強化する為に、若者、特に結婚が予想される女性と彼らの家族をヘルプする。
2015年

❻ルーマニアとモルドヴァの伝統的な壁カーペットの職人技
（Traditional wall-carpet craftsmanship in Romania and the Republic of Moldova）
ルーマニアとモルドヴァの伝統的な壁カーペットの職人技は、ルーマニアの東北部のモルダヴィア、南部のワラキアと、モルドヴァのオルゲ県、カララシ県、グロデニ県などで行われている。両国のコミュニティの織工達によって製造された壁カーペットは、過去には、装飾と断熱だけではなく、葬式、展示会、それに花嫁の持参金の一部として使用された。今日、これらは、芸術作品として評価されている。
ルーマニア／モルドヴァ
2016年

❼3月1日に関連した文化慣習
（Cultural practices associated to the 1st of March）
ブルガリア／マケドニア／モルドヴァ／ルーマニア
2017年　→ブルガリア

ロシア連邦　＊ロシア連邦は、条約未締約

❶セメイスキエの文化的空間と口承文化
（Cultural space and oral culture of the Semeiskie）
セメイスキエは、トランスバイカル地方の離村に住んでいるロシア正教会旧教徒のコミュニティ。17世紀中頃、ロシアの東方正教に新しい教義、儀式が伝えられ、そのことによりロシア正教会信徒の間に分裂がおきた。従来の教義を固く守り通そうとしたロシア旧教徒たちは、主流の教会から分かれ、ラスコルニク、分裂派と呼ばれるようになった。ロシア正教会から自由にはなったものの、逃亡の生活は苛酷であった。彼等の生活様式は、伝統的な家屋、衣装、音楽、儀式、格言、慣用句、信仰など、16～17世紀のロシアの民俗文化を色濃く反映している。彼等は、中世ロシアの歴史、そして、ウクライナ、ベラルーシ、ポーランドの伝統、信仰、民話、民謡の影響を受けこれらを保護してきた。セメイスキエは、17世紀以前に遡る旧ロシア正教会音楽のユニークな多声合唱音楽で大変よく知られている。1935年以来、この音楽に造詣が深いいくつかの村の多声合唱団が誕生した。
2008年 ← 2001年第1回傑作宣言

❷オロンホ、ヤクートの英雄叙事詩
（Olonkho, Yakut heroic epos）
オロンホ、ヤクートの英雄叙事詩は、ロシアの北東にあるサハ共和国で演じられる口承の伝統と表現である。オロンホは、トルコ・モンゴル民族の最も古い叙事詩の属し、数多くのヤクートの詩的な物語の原典に関わる言葉である。オロンホは、ヤクートの信仰、シャーマニズム、慣習を描写し、生活や伝説を物語る。第2次世界大戦前には、400人以上の語り部がいたが、その後の政治体制や言語の変更等の為、オロンホを取り巻く環境は変わり、保存と継承が危ぶまれている。
2008年 ← 2005年第3回傑作宣言

〈ラテンアメリカ・カリブ〉

アルゼンチン共和国

❶タンゴ（Tango）
タンゴは、ウルグアイとアルゼンチンの伝統舞踊である。タンゴは、アルゼンチンとウルグアイの両国の間を流れるラプラタ川流域のブエノスアイレスやモンテビデオの労働者階級が集うミロンガと呼ばれるダンスホールで20世紀初めに誕生し、老若男女の熱狂的なファンが踊り伝えてきた。口にバラをくわえほおを寄せ合い踊るタンゴは、アルゼンチンとウルグアイの両国の間を流れるラプラタ川の歴史と強い結びつきがあり、その流域に19世紀後半に移り住んだ貧しい移民と元奴隷の人びとの歴史と密接な関係がある。欧州からの移民とアフリカ系奴隷の子孫、そしてクリオジョと呼ばれる地元生まれの住人が混ざり合い、幅広い習慣、信仰、儀式が融合して独特の文化的アイデンティティーに変容していった。踊り、詩、歌の誇り高き伝統であり、タンゴの悲しげな詩は、都市の生活における苦悩や郷愁を表現している。南米の情熱を表す代名詞となっている。
アルゼンチン／ウルグアイ　2009年

❷ブエノスアイレスのフィレテ・ポルテーニョ伝統的な絵画技術
（Filete porteño in Buenos Aires, a traditional painting technique）
ブエノスアイレスのフィレテ・ポルテーニョは、アルゼンチンの北東部、首都ブエノスアイレスのバス、トラック、店舗、家屋で見られる、鮮やかな色と特有の字体を使用した伝統的、装飾的な絵画技術である。聖母・聖人などの聖画像、賞賛されている政治家、音楽やスポーツのアイドルなど、社会的・宗教的な要素がしばしば組み込まれ、都市遺産の構成資産となった。名言やことわざも使われる。フィレテの工芸人は、形式的な教育を求められることなく、学びたい人なら誰にも技術を継承している。　2015年

❸チャマメ（Chamamé）
チャマメは、アルゼンチンの東部、コリエンテス州のリトラル地方が発祥のフォルクローレの一つで、口承及び表現、芸能、社会的慣習、儀式及び祭礼行事、伝統工芸技術で、グアラニー語で「気軽にこしらえたもの」という意味である。リトラル地方のフォルクローレであるラスギート・ドブレ、バルセアードとともにリトラル音楽と総称される。ヨーロッパからこの地にやってきたイエズス会の伝道団は18世紀後半にスペイン王によって追放されるまで、地域に文化的な成長の衝動を与え続けた。この地域内でコリエンテス州のヤペユーは、多くのチャマメのオリジナルが生まれた地点の中でも特に音楽文化の中心となった。さらにスパニッシュ・ギターやヴァイオリンやアコーディオンなどの楽器の混成が進み、遂に結果として現在のチャマメになった。20世紀初頭にはレコーディングされ、それ以前はしばしばコリエンテス・ポルカと言及されたが、既に1931年にはチャマメという単語が使われた。チャマメは基本的にアコーディオンとバンドネオンのコンビネーションをギターが伴奏する形式で演奏される、軽快なダンス音楽である。ブラジル、ウルグアイ、パラグアイとの音楽的な交流も盛んで、パラグアイのフォルクローレとの共通項も多い。
2020年

ヴェネズエラ・ボリヴァル共和国

❶ヴェネズエラの聖体祭の悪魔の踊り
（Venezuela's Dancing Devils of Corpus Christi）
ヴェネズエラの聖体祭の悪魔の踊りは、ヴェネズエラの北部、中央海岸地域沿いの小さな集落のサンフランシスコデヤレに古くから伝わる風習で、真っ赤な衣装に身を包んだ「踊る悪魔」が、カトリックの祝祭である「コルプス・クリスティ」（キリスト聖体祭）を祝う。全身を赤い衣装で包み、色の覆面をかぶって悪魔の扮装をしたダンスチーム（ヤレの踊る悪魔）が、善と悪のせめぎ合いを表現、癒しの奇跡を祈って、イエス・キリストと聖体、守護聖人に踊りを捧げる。　2012年

❷グアレナスとグアティレの聖ペドロの祭り
（La Parranda de San Pedro de Guarenas y Guatire）
グアレナスとグアティレの聖ペドロの祭りは、ヴェネズエラの中北部、ミランダ州の小さな町、プラサ市のグアレナスとサモラ市のグアティレで、毎年6月29日の聖ペドロの日に行われる祝祭と儀式である。聖ペドロの聖像が町中の教会に用意され、奴隷の娘を癒した聖ペドロの物語を再演する為、真夜中には、ミサが催され、聖像が持ち出され、旗手、横断幕を持つ人、音楽家、踊り子、吟遊詩人など約250の伝統的な行列が町の通りをパレードする。女性たちは、教会を装飾

し、着飾って、伝統的な料理をつくる。この祭りを通じて、植民地時代の不正義や不平等との闘いを象徴し主張する精神的な活力やエネルギーを垣間見ることもできる。
2013年

❸クラグアの成長と加工に関連した伝統的な知識と技術
（Traditional knowledge and technologies relating to the growing and processing of the Curagua）
クラグアの成長と加工に関連した伝統的な知識と技術は、ヴェネズエラの北東部、モナガス州の南西地域のアグアサイのコミュニティ・アイデンティティを形成するのに重要な役割を果たしている。男性は、クラグアの植物繊維を抽出して加工し、女性は、ハンモックのような職人技のグッズや地域の伝統的なエンブレムを紡ぐ。協力や援助は、エスニック、社会文化、ジェンダーなどのバリアーを克服し、女性は重要な収入の提供者であり、伝統的な知識と技術は、主に家族内での口承で行われる。
2015年

❹エル・カジャオのカーニバル、メモリーと文化のアイデンティティの代表のお祭り
（Carnival of El Callao, a festive representation of a memory and cultural identity）
エル・カジャオのカーニバルは、ヴェネズエラの東部ギアナ地方ボリバル州の内陸の町エル・カジャオ市で行われる祝祭である。カリブの島の奴隷解放の祝祭に起源を持つ祭りで、1〜3月の間、歴史上・空想上の人物に扮するパレード、踊り、コンサート等が催される。ビルヘン・デル・カルメン教会で行われる伝統的な「ミサ・デ・ラス・マダマス（婦人のミサ）」を皮切りに、パレードがエル・カジャオ市のあらゆる通りを練り歩く。中心となるのはマダマス（カラフルな衣装を纏った「婦人」）、メディオピント（肌に絵の具を塗り黒人に扮した人）、悪魔の仮装集団で、陽気なカリプソの演奏に合わせて踊りながら、山車に続いてパレードする。カリブ海アンティル諸島やアフリカの黒人文化や、19世紀半ばにヴェネズエラに到着したインド人の文化が影響しあって、多様性に富んだ独特の文化を誇る。
2016年

❺洗礼者ヨハネに対する献身及び尊崇を表す一連の祭儀 *New*
（Festive cycle around the devotion and worship towards Saint John the Baptist）
洗礼者ヨハネに対する献身及び尊崇を表す一連の祭儀は、ヴェネズエラの北央部、アラグア州、カラボボ州、ミランダ州、バルガス州、ヤラクイ州で行われている。ベネズエラ人の洗礼者ヨハネの祝福は、スペイン植民地時代のアフリカ人の子孫であるベネズエラ人であるアフロ・ベネズエラの地域社会の慣習と知識が特徴である。お祭りはキリスト教のカトリックに影響されているが、サハラ以南のアフリカの言葉、音楽、肉体的表現と結びついている。彼らにとっては、祝福は、文化の抵抗と自由のシンボルであり、奴隷化された祖先を思い出す時でもある。多くのコミュニティでは、お祭りは5月の初旬に始まる。お祭りは、楽しい太鼓、踊り、語り、歌が特徴で、洗礼者ヨハネの像と共に行進する。各コミュニティは、独自の踊りと歌を演じる。お祭りは一つの地域から次へと変化するが、最も重要な日は、6月23日と24日で、お祝いは7月16日に終わる。洗礼者ヨハネに対する献身及び尊崇を表す一連の祭儀の実践と知識は、家族内それにコミュニティのグループと学校を通じて継承される。
2021年

ウルグアイ東方共和国

❶タンゴ（Tango）
アルゼンチン／ウルグアイ　2009年
→アルゼンチン

❷カンドンベとその社会・文化的空間コミュニティの　慣習
（Candombe and its socio-cultural space: a community　practice）
カンドンベとその社会・文化的空間：コミュニティの慣習は、モンテヴィデオの南部のスール、パレルモ、コルドン地区で、毎週日曜日と多くの休日の日に行われるカンドンベの太鼓の音が町を賑わす。　2009年

エクアドル共和国

❶ザパラ人の口承遺産と文化表現
（Oral heritage and cultural manifestations of the Zapara People）
ザパラ人は、アマゾン熱帯雨林のエル・オリエンテの中で生活を営んでおり、驚くほど豊かな伝統文化を備えている。戦争、病気、スペインの侵略、強制労働、キリスト教への強制的な改宗など幾多の困難な事態を乗り越え、過去400年余

りに渡って、言語、儀式、神話、芸術、伝統薬など先祖代々の知識や生活様式を守り抜いてきた。しかし、現在その人口は著しく減少しており、その貴重な文化の保護と継承が求められている。
エクアドル／ペルー
2008年 ← 2001年第1回傑作宣言

❷エクアドルのテキーラ・パナマ草の帽子の伝統的な織物
（Traditional weaving of the Ecuadorian toquilla straw hat）
エクアドルのテキーラ・パナマ草の帽子の伝統的な織物は、エクアドルのコスタ(太平洋岸地域)のマナビ県とサンタ・エレーナ県、シエラ(アンデス地域)のカニャール県とアスアイ県での椰子の木からの繊維で織られたテキーラ・パナマ草の帽子で、農家で代々受け継がれてきた伝統的な織物技術である。
2012年

❸コロンビアの南太平洋地域とエクアドルのエスメラルダス州のマリンバ音楽、伝統的な歌と踊り
（Marimba music, traditional chants and dances from Colombia's South Pacific region and Equador's Esmeraldas Province）
エクアドル／コロンビア
2010年＊／2015年 →コロンビア
＊ 2010年にコロンビアで登録、2015年にエクアドルのエスメラルダ州が拡張され、登録名も変更、新規登録となった。

❹パシージョ、歌と詩 New
（Pasillo、song and poetry）
パシージョ、歌と詩は、エクアドルの全土で行われている伝統音楽で、エクアドル人のアイデンティティを象徴するものである。パシージョは、19世紀の南アメリカの独立戦争時にエクアドルに出現した音楽と舞踊である。パシージョは、ヨーロッパから伝わったオーストリア・ワルツが南米の土着のメロディと融合して生まれた南米のワルツである。パシージョは、最初は、バンドラ、ティプレ、ギターなどの弦楽器を使って演奏される器楽曲であったが、20世紀以降は、恋愛、失恋、生、死、家族、祖国、日常生活などについての歌詞がつけられ、南米の大衆音楽として広く歌われるようになった。特に、エクアドルでは、哀愁のあるメロディや歌詞がつけられた人気曲が数多く生まれ、国民的な音楽として広がった。エクアドルでは、10月1日はパシージョの日に定められており、エクアドルのシンボル的な音楽として大衆の間に根づいている。パシージョは、家族内、訓練センター、ストリート・ミュージシャンなどを通じて、世代間で継承されている。
2021年

キューバ共和国

❶トゥンバ・フランセサ （La Tumba Francesa）
トゥンバ・フランセサは、活気に満ちたダンス、歌、ドラムで構成される、キューバの東部、オリエンテ地方のアフロ・ハイチの遺産に連なる最も古い無形文化遺産である。トゥンバ・フランセサは、フランスのドラムという意味で、西アフリカのコンゴとダホメの伝統的な音楽とフランスのダンスが融合したもので、1792年に蜂起したハイチの黒人奴隷によってキューバに持ち込まれ、19世紀初期に、サンティアゴやグアンタナモの都市の近くのコーヒー農園で最初に演じられた。30分の歌と踊りのシリーズで、夜遅くまで続けられる。トゥンバ・フランセサは、世紀を越えて、キューバの伝統芸能の一つに育った。
2008年 ← 2003年第2回傑作宣言

❷キューバのルンバ、祝祭の音楽、ダンス、すべての関連する慣習の結合
（Rumba in Cuba, a festive combination of music and dances and all the practices associated）
キューバのルンバは、最初は、ハバナとマタンサスの郊外で行われ、後に全土へと広がった。キューバのルンバの知識は、家族や近隣者の間で模倣することで伝わる。ルンバとは、キューバのアフリカ系住民から生まれたラテン音楽で、アフリカの神々にささげる黒人の宗教音楽から派生した郷土の娯楽音楽である。それがアメリカやヨーロッパに渡って社交ダンスのルンバが生まれた。当時は、リズムの1拍目から踊り始めるスクエア・ルンバと、2拍目から動き始めるキューバン・ルンバに分かれていたが、1962年に英国教師協会が正式にキューバン・ルンバをルンバの基礎として採用したのをきっかけに、社交ダンスのルンバは暗黙のうちにキューバン・ルンバと認識されるようになった。
2016年

❸プント（Punto）

プントは、キューバの農夫の詩と、曲、或はメロディからなるスペイン発祥の郷土音楽で、キューバ人が即興で詩をつけて歌う伝統的なキューバのカルチャーである。ユニークで同時に多様な特徴を有する各地域を通じて、キューバの国中で行われている。プント・グアヒーロ、プント・クバーノとも呼ばれる。マタンサス、ハバナ、キューバの島の中央部、ピナール・デル・リオの4つの街ではプント・クバーノが受け継がれており、キューバ国内には30000人以上の実演者がいる。そのほか、この文化的表現は、キューバゆかりの世界各地でも見られる。
2017年

❹キューバ中央部におけるラス・パランダスの祭り
（Festivity of Las Parrandas in the centre of Cuba）

キューバ中央部におけるラス・パランダスの祭りは、キューバの中央部、ビジャ・クララ州のカイバリエン、カマフアニー、プラセータスなど18の町で毎年12月24日のクリスマスイブから、翌日のクリスマスにかけて行われるお祭りで、カリブ海で最大級の伝統的な祭典である。ラス・パランダスとは「どんちゃん騒ぎ」という意味で、この祭りは、1820年に、キューバの中部、ビジャ・クラーラ州の町レメディオスの町で最初に開催されたことに始まる。
2018年

グアテマラ共和国

❶ガリフナの言語、舞踊、音楽
（Language, dance and music of the Garifuna）
ベリーズ／グアテマラ／ホンジュラス／ニカラグア
2008年　←　2001年第1回傑作宣言
→ベリーズ

❷ラビナルの勇士、舞踊劇の伝統
（Rabinal Achi dance drama tradition）
ラビナルの勇士、舞踊劇は、15世紀からの躍動的なマヤ神話に基づく伝統的な舞踊劇で、神話、ラビナル地方の住人に関する大衆的、政治的な話題を、仮面踊り、劇、音楽で表現する。語りは、14世紀にマヤの村落、特にラビナル地方で始まった。主役は2人の王子のラビナルの勇士とキチェの勇士で、他の役柄はラビナル王の仕事人と使用人である。16世紀の植民地化以降、ラビナルの勇士は、1月25日の聖ポールの日に演じられている。ラビナル県とキチェ県の武力紛争で、この舞踊劇はほとんど消滅、若者の都会や海外への移住などで、マヤの貴重なノ

ハウや価値の継承が危ぶまれている。
2008年　←　2001年第1回傑作宣言

コスタリカ共和国

❶コスタ・リカの牛飼いと牛車の伝統
（Oxherding and oxcart tradition in Costa Rica）
コスタ・リカの牛飼いと牛車の伝統は、コスタ・リカの最も有名な工芸の形態である牛車或は荷車に関わる祭事や社会的な慣習である。19世紀の半ばから、牛車は、コスタ・リカの中央部の渓谷から太平洋岸のプンタレナスまで、10〜15日間要するコーヒー豆の輸送の旅が行われていた。牛車に絵を描き装飾する伝統は、12世紀の初期に始まった。もともとは、コスタ・リカの各地方が夫々のデザインを持ち、車輪に描いた絵柄によって運転手の出身がわかった。12世紀初期までは、花、顔、景観などが描かれていた。牛車自体が輸送手段として使われなくなった為、牛車への装飾は減ると同時に老若を問わずこの伝統工芸の職人も減少している。
2008年　←　2005年第3回傑作宣言

コロンビア共和国

❶バランキーラのカーニバル
（Carnival of Barranquilla）
バランキーラのカーニバルは、毎年2月の4日間、コロンビア北部の都市バランキーラで開催される。華やかな民族衣装をまとった舞踊、リズミカルな音楽が、熱狂的、それに劇場的に繰り広げられる。バランキーラは、スペインの植民地時代に、コロンビア北部のカリブ海沿岸の貿易都市として創建された。このカーニバルは、ヨーロッパ、アフリカ、そして原住民の文化が混交して、豊かで多様な文化遺産に発展した。
2008年　←　2003年第2回傑作宣言

❷パレンケ・デ・サン・バシリオの文化的空間
（Cultural space of Palenque de San Basilio）
パレンケ・デ・サン・バシリオの文化的空間は、カルタヘナの南東にあるマリア山の山麓にある人口約3500人の村の社会的慣習である。パレンケ・デ・サン・バシリオは、17世紀に隠れ家として逃亡奴隷によって創られたパレンケ（スペイン語で、「柵に囲まれた砦」という意味）と呼ばれる閉鎖社会の一つであった。先の時代の多くの砦のうち、サン・バシリオだけが、現在まで生き

残り、ユニークな文化的空間に発展した。パレンケ・デ・サン・バシリオの文化的空間は、多くがアフリカを先祖に持つ独特の社会的、薬学的、宗教的な慣習や音楽、口承による伝統を包含している。

2008年 ← 2005年第3回傑作宣言

❸黒と白のカーニバル
（Carnaval de Negros y Blancos）

黒と白のカーニバルは、コロンビアの南西部、ナリーニョ県の県都サン・フアン・デ・パスト、カウカ県南部のアマゾン山麓で、毎年12月28日から1月6日まで続くアンデス・ヒスパニックの伝統が起源の大規模な文化・社会イベントである祝賀行事である。祝賀は、28日に家に水を投げ入れる水のカーニバルと共に始まり、通りにはお祭りのムードが始まる。大晦日には、行進者が有名人や時事を代表する風刺的人物を運ぶパレードが行われる、そして、行く年の燃え盛る儀式で最高潮に達する。祭りの主たる日は最後の2日で、初日には、すべての民族の人々は黒色の化粧品を、翌日には、白い石膏で平等を象徴し民族と文化の違いの祝福を通じてすべての市民を統合する。黒と白のカーニバルは、親交の期間で、個人宅が、お祭りの飾りの展示と継承の為の集団的なワークショップになり、広範な人々が彼らの人生観を表現し交流の場となる。祭りは、寛容と敬意の未来を相互に願う表現の場として特に重要である。2009年

❹ポパヤンの聖週行列
（Holy Week processions in Popayán）

ポパヤンは、コロンビアの南西部カウカ県の歴史の古い文化都市で、16世紀中期にスペイン植民者の大農園主の居住地として建設され、文化、宗教の中心地として発展した。旧市街は全体がコロニアル様式の建物からなり国の史跡に指定されている。聖週行列は、植民地時代から行われているコロンビア最古の伝統行事の行列である。聖週間とは、キリストの受難と死とを偲び、復活祭への準備として罪を反省する週間で、復活祭の前日までの1週間をいう。復活祭の前の火曜日から土曜日の午後8時から11時まで、タウンセンターから約2kmのルートを、聖メアリー、イエス・キリスト、十字架、墓、復活の5つの行列が行われる。
2009年

❺プッチプ（パラブレロ）によって行われるワユー族の規範システム
（Wayuu normative system, applied by the Pütchipü'üi (palabrero)）

プッチプ（パラブレロ）によって行われるワユー族の規範システムは、コロンビアの北部、ヴェネズエラとの国境を接するグアヒラ半島のカリブ海岸に住む先住民族のワユー族の規範システムである。その法制度は、コミュニティの社会的、精神的な行為を統治する、原則、手続き、儀礼を包含している。賠償と補償の原則に触発される体系は、地元の母系氏族間の紛争や論争を解決する専門家である地元の道徳的な当局であるプッチプ、或は、パラブレロ（雄弁家）によって適用される。 2010年

❻ユルパリのジャガー・シャーマンの伝統的知識
（Traditional knowledge of the jaguar shamans of Yurupari）

ユルパリのジャガー・シャーマンの伝統的知識は、コロンビアの南東部、ヴァウペス県のピラパラナ川沿いに住む多くの民族の文化遺産を代表するもので、神話的であり宇宙的である。ピラパラナは、ユルパリのジャガーの領域と呼ばれる広大な地域の中心部を形成する。彼らによれば、この地はすべての生物を生み出した活力ある精神的なエネルギーを持ったジャガーの聖地であり、人間と自然との共生に関する伝統的知識が今に受け継がれている。 2011年

❼キブドのアッシジの聖フランシス祭り
（Festival of Saint Francis of Assisi, Quibd）

キブドのアッシジの聖フランシス祭りは、コロンビアの西部、チョコ県の県都キブドの12地区で、毎年9月3日から10月5日にかけて行われる守護神、聖フランシスを祝う祭りで、通称サン・パチョ祭り（パチョは、聖人のニックネーム）と呼ばれている。聖フランシスの死後100年にあたる1926年から始まった。キブドは、密林地帯の中にあり、アフリカがルーツの人が多い。この祭りは、カトリックとアフリカの宗教とが習合したもので、伝統的な衣装、舞踊、音楽で町をグループで進行する。祭りの終盤には、アトラト川をボートで遡行し、人々は夜明けを祝福する。
2012年

代表リスト

代表リスト

❽コロンビアの南太平洋地域とエクアドルの エスメラルダス州のマリンバ音楽、伝統的な 歌と踊り
（Marimba music and traditional chants from Colombia's South Pacific region）

コロンビアの南太平洋地域とエクアドルのエスメラルダス州のマリンバ音楽、伝統的な歌と踊りは、コロンビアの南西部のバジェ・デル・カウカ県、カウカ県、ナリーニョ県と、エクアドルのエスメラルダス県にまたがる地域で行われている。マリンバ音楽、伝統的な歌と踊りは、アフリカ系コロンビア人やエクアドル人の子孫の部族の人たちに継承された音楽遺産で、彼らの故郷の町や村のコミュニティ・アイデンティの重要な拠所になっている。女性と男性による歌は、椰子の木のマリンバ、木と皮の低音の鼓、竹と種子のガラガラなど地元の素材を使って手づくりされる音響楽器と一緒になる。「コロンビアの南太平洋地域のマリンバ音楽と伝統的な歌」は、2010年にコロンビアによって代表リストに登録されたが、2015年に連続するエクアドルのエスメラルダス州が拡張され、登録遺産名も、「コロンビアの南太平洋地域とエクアドルのエスメラルダス州のマリンバ音楽、伝統的な歌と踊り」に変更された。

エクアドル／コロンビア　2010年*／2015年
＊ 2010年にコロンビアで登録、2015年にエクアドルのエスメラルダ州が拡張され、登録名も変更、新規登録となった。

ジャマイカ

❶ムーアの町のマルーン遺産
（Maroon heritage of Moore Town）

ムーアの町は、ジャマイカ東部のブルー・マウンテン山麓にある人口約1,000人の町。ムーアの町は、島では数少なくなったマルーンとして知られている逃亡奴隷のふるさとで、かつては、ニュー・ナニーと呼ばれていた。マルーンは、17〜18世紀に、アフリカの西部、或は、中央部の先祖の地から、当時スペイン統治下にあったカリブ諸島に砂糖プランテーションなどで働く奴隷として連れて来られた。マルーンの名前はスペイン語を語源とし、1600年代初期に過酷な労働から逃れ、ジャマイカ東部のブルー・ジョンクロウ山脈に定住した逃亡奴隷の人達のことをいう。彼等は、多様な言語や文化の慣習を有するアフリカの先祖の精神的伝統を受け継ぎ、この地で、踊り、歌、太鼓を演じるクロマンティ・プレーと名付けた新しい宗教儀式を生みだした。

2008年 ← 2003年第2回傑作宣言

❷ジャマイカのレゲエ音楽
（Reggae music of Jamaica）

ジャマイカのレゲエ音楽は、ジャマイカ島の南東部のリリー郡、主にウェスタン・キングストンの貧しいスラム街であるトレンチタウンが発祥で、カリブ、北米、ラテンなど数多くの音楽の影響を受けた混合である。「レゲエ」と言う呼称の語源には諸説あるが、「ぼろ、ぼろ布、または口げんか、口論」という意味を表すジャマイカ英語のスラング、パトワ語で「レゲレゲ」が転じたものという説が有力である。レゲエは、狭義においては1960年代後半ジャマイカで発祥し、1980年代前半まで流行したポピュラー音楽である。広義においてはジャマイカで成立したポピュラー音楽全般のことをいう。4分の4拍子の第2・第4拍目をカッティング奏法で刻むギター、各小節の3拍目にアクセントが置かれるドラム、うねるようなベースラインを奏でるベースなどの音楽的特徴を持つ。

2018年

チリ共和国

❶バイレ・チノ（Baile Chino）

バイレ・チノは、チリの北部、アタカマ州、コキンボ州、バルパライソ州で行われているノルテ・チコとして知られているものから、中央地域まで広がる。バイレ・チノは、音楽、舞踊、歌の形態からなり、太鼓や笛に合わせて歌い踊るチリの男性音楽家の集団である。それぞれのスタイルは、北から南まで、最も関係のある渓谷、或は、盆地に因んで、アタカマ、アンダコロ、チョアパ、ペトルカ、アコンカグアの様に名づけられている。バイレ・チノは、社会参加の為のツールであり、地域社会の統合や結束の為のモデルとしての機能しアイデンティティと連帯意識を育んでいることが評価された。

2014年

ドミニカ共和国

❶ヴィッラ・メラのコンゴの聖霊兄弟会の 文化的空間
（Cultural space of the Brotherhood of the Holy Spirit of the Congos of Villa Mella）

ヴィッラ・メラのコンゴの聖霊兄弟会の文化的空間は、何千人もの人々が参加する聖霊とロザリオを祝福する伝統的儀式。儀式の間に彼等は21曲の伝統音楽を打楽器で演奏し、その儀式を

より一層、荘厳なものにしている。アフリカ系カリブ人である彼等の伝統は、古くはスペインに根差しているが、植民地時代の奴隷によって取り入れられ、家族の結束は、きわめて強い。劇的な社会、文化、経済の変化が、聖霊兄弟会の遺産の保護・継承に存続の阻害要因をもたらしている。
2008年 ← 2001年第1回傑作宣言

❷ココロの舞踊劇の伝統
（Cocolo dance drama tradition）
ココロの舞踊劇の伝統は、19世紀半ばにドミニカ共和国に来たカリブの英語を話す移民労働者の間で発展した伝統芸能である。ココロという言葉は、ドミニカ共和国があるイスパニョーラ島の英国の砂糖のプランテーションで働く移民労働者を軽蔑する言葉であった。これらの移民者は、彼ら自身の教会、学校、相互扶助の慈善社会と小屋を設立し、サンペドロ・デ・マコリス市で、ココロ舞踊劇の様な文化的なイベントを組織した。ココロ舞踊劇では、アフリカを起源とする音楽、舞踊、手振りが中世ヨーロッパと聖書から取った劇作、伝説、人物とが混合する。ココロの文化は、アフリカと英国の伝統が結合したドミニカ共和国の歴史の特殊性の証左でもある。ココロの舞踊劇の伝統は、他の地域にも普及したが、そのオリジナリティの保持、演技者の高齢化、若者への継承などが課題になっている。　2008年 ← 2005年第3回傑作宣言

❸ドミニカ・メレンゲの音楽・舞踊
（Music and dance of the merengue in the Dominican Republic）
ドミニカ・メレンゲの音楽・舞踊は、ドミニカ共和国が発祥のアフリカとヨーロッパの要素が融合した音楽・舞踊である。アコーディオン、ドラム、サクソフォンなどの楽器を使い、男女2人のパートナーが、2拍子が基本の速いテンポのリズムに乗ってステップを踏む。毎年6月にはサント・ドミンゴで、10月には、北部プエルトプラタでメレンゲ・フェスティバルが開催され、メレンゲの音楽に乗って、街中でダンスが繰り広げられる。
2016年

❹ドミニカン・バチャータの音楽と舞踊
（Music and dance of Dominican Bachata）
ドミニカン・バチャータの音楽と舞踊は、ドミニカ共和国の全土、他のアフロ・アンティリア

ンのジャンルと共にリズミカルなボレロの音楽と結びついている。一般的に、心からの恋、情熱、郷愁を表現するバチャータの歌詞は、伝統的に、ギターや打楽器を伴奏する小さな音楽家グループによって演じられる。舞踊は、官能的な腰の動きな情熱的で、ドミニカ共和国の伝統的な祝祭行事の時に演じられる。
2019年

ニカラグア共和国

❶ガリフナの言語、舞踊、音楽
（Language, dance and music of the Garifuna）
ベリーズ／グアテマラ／ホンジュラス／ニカラグア
2008年 ← 2001年第1回傑作宣言
→ベリーズ

❷エル・グエグエンセ（El Gueguense）
エル・グエグエンセは、中央アメリカ、ニカラグアのカラソ県ディリアンバ市の守護聖人であるサン・セバスティアンの犠牲祭である毎年1月17～27日に演じられる有名な風刺劇である。エル・グエグエンセは、劇、舞踊、音楽が一緒になったスペインと土着の文化とが融合したラテン・アメリカの植民地時代の面影を留める伝統芸能の一つで植民地支配に抗議する力強い表現である。エル・グエグエンセは、植民地支配をするスペイン人と原住民のアメリカン人、なかでも中心人物のエル・グエグエンセとの出会いを巡る物語が、木製の仮面に帽子をかぶり衣装を守った8人の役柄によって、踊り子、バイオリン、ギター、太鼓の奏者を伴いながら演じられる。エル・グエグエンセは、ニカラグアの有力な人物であるグエグエというナワトル語の名前が由来である。しかし、ニカラグアの厳しい経済状況、演技者への国や地方の支援が十分でないこと、若者の無関心などで斜陽化し、消滅の危険にさらされている。
2008年 ← 2001年第1回傑作宣言

ハイチ共和国

❶ジューム・スープ New
（Joumou soup）
ジューム・スープは、カリブ海にある国ハイチの北部、アルティボニト県の県都ゴナイーヴなどで独立記念日の1月1日の新年などの祝日に食されるハイチ料理である。ニンジン、玉ねぎ、キャベツなどの野菜、プランテン、牛肉、パス

タ、香料で作られた伝統的なカボチャ・スープである。ハイチがフランスの植民地時代にジューム・スープを食すことは奴隷の所有者の特権であったことから、フランスからの独立を通じて、ハイチ人は、ジューム・スープを自由を勝ち得た化身にした。植民地時代には、奴隷はカボチャ・スープを食べることを禁止されていたからである。1804年1月1日、ハイチは、ラテンアメリカで最初の独立国として、フランスの植民地支配から脱した。従って、1月1日のカボチャスープは、誰もが平等に好きな物を食べられる独立国ハイチを象徴する料理になった。今日、この象徴的な料理は、ハイチの伝統的なメニューになっている。ジューム・スープは、伝統的に、毎週日曜日の朝食としても供されている。ハイチ語では、スプ・ジュム（Soup joumou）である。
2021年

パナマ共和国

❶ピンタオ・ハットを織る為の職人の工程とタルコス、クリネハス、ピンタスの植物繊維の製造技術
（Artisanal processes and plant fibers techniques for talcos, crinejas and pintas weaving of the pinta'o hat）
ピンタオ・ハットを織る為の職人の工程とタルコス、クリネハス、ピンタスの植物繊維の製造技術は、パナマの中南部、コクレ県のピンタダ、ペノノメ、アントンの3つの地区で主に行われている。ピンタオ・ハットを作る為に使われるタルコス、クリネハス、ピンタスの植物繊維を得る為の職人の工程は、5つの植物と沼の泥を使って行われる。パナマの伝統的な帽子ソンブレロ・ピンタオの特性は、植物の繊維を斑点の模様作りに利用し、ハットの編み込み作業は手作業で行われ、その過程では5種類の植物の繊維と泥が使われている。また、このソンブレロ・ピンタオは、パナマ国内の全地域の民謡や祭典で利用する衣装の一部を形成している。また、パナマのコクレ県ピンタダ市のハット職人の手工を紹介するソンブレロ・ピンタオ博物館や、例年10月9日に祝われるソンブレロ・ピンタオ・デーなど、この文化の普及活動についても高く評価されている。
2017年

❷コンゴ文化の儀式と祝祭表現
（Ritual and festive expressions of the Congo culture）
コンゴ文化の儀式と祝祭表現は、パナマの北部、コロン県、植民地時代に奴隷にされたことに反逆した先祖の黒人を祝福する「Devils and Congos祭」や「Pollera Congo祭」が開催されるコンゴのシーズン（1月20日のサン・セバスティアンの日から3月の灰の水曜日まで）の参加者はpalisadeで日を過ごす。この頃は、参加者はコンゴを演じ、自由と平和を祝福し快活に歌を歌い踊る。コンゴ文化の儀式と祝祭表現は、口頭で継承され、皆が参加する。コンゴの歌、踊り、音楽の行事は、学校でも催され、パナマ文化の必須になっている。
2018年

❷聖体祭の舞踊と表現 *New*
（Dances and expressions associated with the Corpus Christi Festivity）
聖体祭の舞踊と表現は、パナマの7つの県、ロス・サントス県、エレーラ県、コクレ県、西パナマ県、コロン県、パナマ県、ダリエン県で行われているキリストの聖体を祝福する宗教的な祝祭である。パナマは多くの人がカトリック教徒である。キリスト教のカトリック教会の伝統と、地元の文化的慣習、伝承が合わさったお祭りである。聖体祭では、ミサの終了後、聖体の行列を行うのが慣例で、そして聖体の祝福が続く。女性らしさがあふれるダンスが特徴的なバーレスクダンサー、劇団、女性の姿で行うパフォーマンスであるドラァグクイーン、聖職者が一緒になって祭りを盛り上げる。人々はカラフルな衣装と仮面で行進し、路上で踊ったり、互いの家を訪ねたりする。子供たちも自分の仮面を作ったり、踊りの教室に通ったりして、祭りを楽しむ。
2021年

パラグアイ共和国

❶パラグアイのグアラニー族の古来の飲み物、薬草の文化におけるテレレの慣習と伝統的知識
（Practices and traditional knowledge of Terere in the culture of Pohā Ñana, Guaraní ancestral drink in Paraguay）
パラグアイのグアラニー族の古来の飲み物、薬草の文化におけるテレレの慣習と伝統的知識は、パラグアイの全土で行われている自然及び万物に関する知識及び慣習、口承及び表現、社会的慣習、儀式及び祭礼行事、伝統工芸技術で

ある。テレレは冷水でいれるマテ茶の飲み方の一種で、グアラニー族の伝統の飲み物である。木や動物の角などで作ったカップであるグアンパに茶葉のイエルバうあ薬草のポハ・ニャナを入れ水を注いで、先に小さな穴がたくさん空いた特殊なストローであるボンビーリャを使って飲む。テレレを飲む時には、親しい人同士で回し飲みをする。1人目がジェルバを入れたグアンパに水を注いで次の人に渡す。そして渡された人は必ず飲み干してからまた水を注ぎ、次の人に渡すというふうにこれを繰り返す。パラグアイでは、毎年2月の最終土曜日が法律で「テレレの日」と定められている。
2020年

ブラジル連邦共和国

❶ワヤピ族の口承と絵画表現
（Oral and graphic expressions of the Wajapi）
ワヤピ族の口承と絵画表現は、アマゾン地方北部、アマパー州の北東部の特別指定地域の40の小さな村に580人が住んでいるインディオ、ワヤピ族の伝統的知識である。ワヤピ族は、主に幾何学的なモチーフで、身体や様々な物を装飾する植物染料を使用する長い歴史を持っている。ワヤピ族は、何世紀にもわたって、豊かな絵画と言葉とを組み合わせたユニークな言語を開発した。このグラフィック芸術は、文化人類学者にクシワとして知られ、アマゾンの染色用植物と良い香りの樹脂から抽出した赤い野菜の染料が塗られる。クシワは、社会学的、文化的、審美的、宗教的、形而上学的な意味を持っている。
2008年 ← 2003年第2回傑作宣言

❷バイア州のヘコンカヴォ地方ホーダのサンバ
（Samba de Roda of the Reconcavo of Bahia）
バイア州のヘコンカヴォ地方ホーダのサンバは、ブラジルの北東部バイア州での音楽、振付け、詩歌が結合したお祭り行事である。サンバは、バイア州、特にヘコンカヴォ地方に17世紀に出現、この地方に住んでいたアフリカ人の奴隷の舞踊と文化的な伝統を起源としている。その後、言語、特殊な詩歌の形式、楽器の様なポルトガル文化の要素が編入されて、リズムや振付けが変わった。ホーダのサンバは、自由な表現と不利益の証明と見做され奴隷解放の手段になった。サンバは、アフリカ出身のブラジル人にとって地方の人気ある文化の主要な構成要素になった。リオ・デ・ジャネイロをはじめとする

とする移住者と共に、ホーダのサンバは、20世紀にブラジルの国民のアイデンティティの象徴になった都会のサンバの進化にも影響を与えた。ホーダのサンバは、芸人の高齢化、伝統や楽器製作のノウハウの継承などの課題もあり弱体化している。
2008年 ← 2005年第3回傑作宣言

❸フレヴォ、レシフェのカーニバルの芸能
（Frevo, performing arts of the Carnival of Recife）
フレヴォ、レシフェのカーニバルの芸能は、ブラジルの北東部、主にペルナンブーコ州の州都レシフェのカーニバルの期間中に演じられる音楽と舞踊からなるブラジル人の芸術的な表現である。レシフェのカーニバルは、リオのカーニバル、サルヴァドールのカーニバルと並んでブラジル3大カーニバルの一つに数えられている。サンバとはリズムも振り付けも異なり、小さな傘を持って、飛び跳ねたり、回転させたり、しゃがんだり、熱狂的なリズムで踊りながらパレードする。
2012年

❹パラー州ベレン市でのナザレ大祭
（Cirio de Nazare (The Taper of Our Lady of Nazareth) in the city of Belem, Para）
パラー州ベレン市でのナザレ大祭は、ブラジルの北部、パラー州ベレン市で開催されるブラジル最大級のカトリック宗教祭として知られる。ナザレ大祭（シリオ・デ・ナザレ）は、1793年9月8日に初めて開催され、以来220年以上続いている。毎年10月第2日曜日に、聖母ナザレ像をセー教会からナザレ大聖堂まで運ぶ巡行が行われ、願かけや願いが叶ったことに感謝する為、パラー州の各地から何百万人もの巡礼者が集まる。ベレン市のいたる場所では一週間ほど前から飾り付けが始まり、巡礼者の中には、数百kmもの道のりを歩いて来る人もいる。聖母への信仰の起源は、18世紀初頭に、パラッシオ・デ・ソウザという漁師が、現在、ナザレ大聖堂があるムルック川の岸辺で聖母像を発見したことから始まる。彼は、その聖母像を家へ持ち帰ったが、不思議なことに翌日には元の場所へ戻っていた。その度に家に持ち帰ったが、同じ現象が何度も続いた。彼はこの現象を神からの啓示と解釈し、聖母像を見つけた場所に現在のナザレ大聖堂のもとになった礼拝堂を建設した。その話を伝え聞いた多くの人が、聖母の奇跡と恩恵を求めて信仰し訪問するようになったのが聖地巡礼の始まりだと言われている。　　2013年

❺カポエイラ（Capoeira circle）

カポエイラは、ブラジルの北東部、サルバドル市などで、植民地時代から行われている格闘技と舞踊の中間の闘技舞踊である。カポエイラの原型は、カポエイラ・アンゴラと呼ばれ、16世紀以来、アフリカからブラジルへ奴隷として連れてこられた黒人たちによる護身術の遊戯だと言われている。黒人大衆の反抗の手段となった為、法律で禁止された時期がある。現在のカポエイラの多くは、多彩で強力な足蹴り技をもつカポエイラ・レジオナウをベースにしている。カポエイラは、また、複数のコミュニティ間同士での敬意を確認する機能をも果たしている。カポエイラは、カポエラという表記もある。
2014年

❻マラニャンのブンバ・メウ・ボイの複合文化 *New*
（Cultural Complex of Bumba-meu-boi from Maranhão）

マラニャンのブンバ・メウ・ボイの複合文化は、ブラジルの北東部、マラニャン州などで行われている伝統的なフォルクローレの祭りである。物語は、一度死ぬがよみがえるオスの牛にまつわるもので、音楽や衣装、太鼓を叩きつつ語られる。登場人物は、オスの牛(演じる人は、手の込んだ衣装を着る)、カティリナ(醜い妊婦。通常は女装した男性が演じる)、牛の世話をしているが牛を死に至らしめる原因を作ってしまうカウボーイ、聖職者、牛の裕福かつ権力を持った所有者、そして音楽(牛を生き返らせる魔法)である。参加するすべてのグループがそれぞれのバージョンの「ブンバ・メウ・ボイ」を語る祭りが、ブラジルの至る所で開かれている。
2019年

ベリーズ

❶ガリフナの言語、舞踊、音楽
（Language, dance and music of the Garifuna）

ガリフナは、17世紀にセント・ヴィンセントに流刑され救われた西アフリカからの奴隷と南アメリカから移住したカリブ・インディアンの2つの民族の混血が創り出した伝統と文化。ガリフナ人は、ベリーズをはじめ、ホンジュラス、グアテラマ、ニカラグアの大西洋岸の漁村の10の共同体に11,500人が居住するユニークなガリフナ文化を共有する黒人系カリビアン。ドラム、マラカス、ギターなどを含む伝統的な楽器があらゆる機会に使われる。母国語としてのガリフナ語は、ベリーズの一村でしか教えられていない。11月19日は、1823年のガリフナ人が入植した記念日(Garifuna Day)としてベリーズの祝祭日になっており、国中からベリーズ人がガリフナ人ゆかりのダングリガとトレドに集まりカリブ料理と音楽でガリフナを祝福する。
ベリーズ／グアテマラ／ホンジュラス／ニカラグア　2008年 ← 2001年第1回傑作宣言

ペルー共和国

❶ザパラ人の口承遺産と文化表現
（Oral heritage and cultural manifestations of the Zapara People）

エクアドル／ペルー
2008年 ← 2001年第1回傑作宣言→エクアドル

❷タキーレとその繊維芸術
（Taquile and its textile art）

タキーレとその織物芸術は、ペルー南部のプーノ州、アンデス高原にあるティティカカ湖に浮かぶタキーレ島の伝統工芸で、毎日、年齢、男女の区別なく全員で営む生活が社会的な慣習になっている。タキーレ島の独特の民族衣装を纏うケチュア族の人々は、1950年代まで本島から隔離されていたので、純心でコミュニティや家族の絆も大変強い。タキーレ島の織物の伝統は、古代インカのプカラ文明やコリャ文明に遡り、アンデス文化の名残りが現在も生き続けている。観光が地域経済の発展に貢献し、繊維の伝統を継続する効果的な方法であるが、原材料、生産、意義など重要な変化を余儀なくしている。
2008年 ← 2001年第1回傑作宣言

❸ミト村の儀礼舞踊ワコナーダ
（Huaconada, ritual dance of Mito）

ミト村の儀礼舞踊ワコナーダは、ペルー中部、フニン県コンセプシオン郡のミト村で行われる儀式の踊りである。毎年1月の最初の3日間、ワコナーダとして知られるマスクをした男達が、町の中心部で、一連の振り付けの舞踊を演じる。ワコナーダは、アンデスとスペインの独特の要素が合わさり、新しさと現代の要素を組み込んでいる。ダンスは、伝統的に父親から息子に、服やマスクと共に継承される。
2010年

❹シザー・ダンス（Scissors dance）

シザー・ダンスは、ペルー南部、アンデス山中のアヤクチョ県、アプリマク県、アレキパ県、イカ

県、ワンカベリカ県のケチュア族の村や集落で行われる民俗舞踊。この競争的な儀式の舞踊は、農業暦の乾季に行われる。シザー・ダンスは、各ダンサーが右手で振り回す鋏の刃に似た対の磨かれた鉄の棒に因んでいる。シザー・ダンスは、バイオリン、ハープ、ダンサーで、村やコミュニティを代表するチームを形成する。
2010年

❺コイヨリッティ首長の聖地巡礼
（Pilgrimage to the sanctuary of the Lord of Qoyllurit' i）

コイヨリッティ首長の聖地巡礼は、クスコの南部、ペルー・アンデス最高峰のアウサンガテ山の山中の岩に現れたキリストの姿に巡礼する祭りで、毎年コルプス・クリスティというイースターの58日後に始まり、ペルーの各地から巡礼者が集まる。コイヨリッティ首長の聖地巡礼は、カトリックの教義と自然崇拝を融合した聖地巡礼の儀式で、舞踊、音楽、儀式に興じる。クスコ周辺のウルバンバなど8つの村を代表する人々がそれぞれの役割を演じながら、聖地であるシンカラ渓谷をめざして、聖地巡礼を行う。この宗教的な行事は、24時間以上にわたって行われる。
2011年

❻ケスワチャカ橋の毎年の架け替えに関連した知識、技量、儀式
（Knowledge, skills and rituals related to the annual renewal of the Q'eswachaka bridge）

ケスワチャカ橋は、アンデス山脈の南部を流れるアプリマック川の峡谷に架かるロープの吊り橋である。ケスワチャカ橋は、伝統的なインカの技術と麦わらなどの原材料を使って毎年架け替えられる。ケチュア語を話す地元の小さな農村群は、この橋を単なる交通手段だけではなく、架け替えの作業を通じてコミュニティの絆を強める手段にしている。橋は、自然、伝統、歴史とコミュニティとの神聖な結束で、毎年の架け替えは祭礼儀式だと考えられている。橋の架け替えは3日間で終わるが、コミュニティの交流と絆は長く続く。ケスワチャカ橋の毎年の架け替えに関連した知識、技量、儀式は、内輪の恒例行事として代々継承されている。
2013年

❼プーノの聖母カンデラリアの祭り
（Festivity of Virgen de la Candelaria of Puno）

プーノの聖母カンデラリア祭は、ペルーの南部、アンデス山脈のほぼ中央部、チチカカ湖の西岸にある都市プーノで毎年2月2日を中心に約3週間に行われるフォルクローレの大祭典。16世紀にスペイン人が布教したカトリックは、アンデスの土着信仰と融合し独特のカトリックに進化した。ペルーの町には、その町を守ってくれる存在として、守護聖人が崇められている。守護聖人は普段、教会に奉られているが、町の人々は感謝の気持ちを込め、年に一度、守護聖人のお祭りを行い、人々は守護聖人を輿に担ぎ町中を練り歩く。祭りのハイライトは、大パレードの日、ケーナ（縦笛）などアンデス音楽の演奏でパレードは盛り上がる。グループごとに趣向を凝らした鮮やかな衣装でのディアブラーダ（悪魔）の踊りなども見ごたえ十分である。
2014年

❽コルカ渓谷のウィティティ・ダンス
（Wititi dance of the Colca Valley）

コルカ渓谷のウィティティ・ダンスは、ペルーの南部、アンデス高地のアレキパ県カイロマ郡の海抜2,000～3,867mにあるコルカ渓谷で行われている大人の始まりと共に行われる民俗舞踊である。典型的には、雨季の間の宗教的な祭事で、若者によって演じられ、伝統的な衣装のカップルがバンドの演奏で音楽に合わせて列になって踊る。ダンスは、農業循環の始まりに合わせて、自然と社会の再生を象徴する。村と村との競争は、社会的結束と文化のアイデンティティを強化する一方で、演目を更新する。継承は学校や家族の集まりで行われる。
2015年

❾コロンゴ郡の水供給の伝統的システム
（Traditional system of Corongo's water judges）

コロンゴ郡の水供給の伝統的システムは、ペルーの北部、アンデス山脈のコロンゴ郡の住民によって発達した水管理の組織的な方法で歴史的なものである。このシステムの発祥は、プレインカ時代に遡り、その主な目的は、水を公平かつ持続的に住民に供給できることであった。その結果、将来世代は、水資源を良い状態で使用することができる。このシステムは、コロンゴの歴史と文化的アイデンティティの柱であり、連帯、公平、尊敬の基本原則である。その機能、重要性、価値は、家族や交友などを通じて若い世代に継承される。それに、このシステムと結びついている象徴的な踊りは、すべての学校で教えられている。
2017年

⑩ペルーの南中央部海岸線の「ハタホ・デ・ネグリトス」と「ハタホ・デ・パリタス」

（'Hatajo de Negritos' and 'Hatajo de Pallitas' from the Peruvian south-central coastline）

「ハタホ・デ・ネグリトス」と「ハタホ・デ・パリタス」は、ペルーの南部、イカ県の中央部が発祥の音楽と歌が特徴の2つの伝統的な表現である。12月と1月のクリスマスの祝賀の期間に行われ、それらは、聖書の羊飼いの新生児のイエスへの訪問と賢人の到着の描写を提供する。バイオリン、或は、ギターの伴奏で、町の広場や教会や家族の家庭で　呼び物の降誕場面の踊られる。

2019年

⑪アワフン族の陶器関連の価値観・知識・伝承及び慣習 *New*

（Pottery-related values、knowledge、lore and practices of the Awajún people）

アワフン族の陶器関連の価値観・知識・伝承及び慣習は、ペルーの北部、アマソナス県、カハマルカ県、ロレート県、サン・マルティン県で行われている。ペルーの熱帯雨林地区の先住民族であるアワフン族は、主にペルーとエクアドルの国境付近のマラニョン川やその支流付近に住んでいる。アワフン族は、この1000年間、動物、植物、山、星座などの精巧な幾何学デザインの陶器を作ることを通じて、自然界とつながってきた。陶器づくりのプロセスは、素材集め、成形、焼成、装飾、　仕上げの5段階あるが、プロセスのそれぞれの段階は、口承で伝えられる。とりわけ女性たちにとって、陶器づくりは自己表現の手段でもある。年長の女性たちが若い世代に陶器作りの技術を教えることにより、民族の文化的な価値観を伝えてきた。

2021年

ボリヴィア共和国

❶オルロのカーニバル（Carnival of Oruro）

オルロのカーニバルは、ボリヴィア西部、アンデス高原地帯（アルティプラーノ）の中にあるオルロ市で毎年定期的に行われる。このカーニバルは、プレ・コロンビア時代以来、ウル人によって祝福されたフェスティバル（17世紀にスペイン人によってウル人の儀式は禁止されたが）に起源を発する。オルロ・カーニバルは、ブラジルのリオのカーニバルに次ぐ規模を誇る南米を代表する祭りの一つで、例年、キリスト教の四旬節の前の週、すなわち2月末から3月初旬にかけて開催される。カーニバルのセレモニアル・パレードは、延々と20時間も続く4kmにもわたる2万人のダンサー、1万人の音楽家を動員して行われる。人々は、「ディアブロ（悪魔）の踊り」や「モレーノの踊り」など独特の仮面や衣装を着けて8日間に渡って踊り続ける。オルロ・カーニバルは、ボリヴィア国内最大の祭りで、ボリヴィア各地から多くの人がそれぞれの地域や村に特有の衣装を着けて参加する。オルロのカーニバルは、ブラジルのリオのカーニバル、ペルーのクスコのインティ・ライミの祭りと並ぶ南米三大カーニバルの一つで、カーニバルの間の観客数は約40万人。

2008年　←　2001年第1回傑作宣言

❷カリャワヤのアンデスの世界観

（Andean cosmovision of the Kallawaya）

カリャワヤのアンデスの世界観は、信仰、神話、儀式的と芸術的な表現とが独自の世界観を提供する。カリャワヤは、ラパスの南、山岳部のバウティスタ・サアベドラ地方に本拠を置く、インカ以前にそのルーツをもつ少数民族で、インカの国王や支配層の医者であった。カリャワヤは、原住民の言語で、医者の地、或は、聖なる薬の地からの薬草医を意味する。この癒しの芸術は、何千年もの間、南米中を歩き回り身につけた、動物、鉱物、植物の薬種の深い理解と宗教的な信仰とが組み合わさった儀式などの知識の集大成である。伝統的に、このユニークなノウハウは、父から息子へと口承される。

2008年　←　2003年第2回傑作宣言

❸イチャペケネ・ピエスタ、サン・イグナシオ・デ・モクソスの最大の祭り

（Ichapekene Piesta, the biggest festival of San Ignacio de Moxos）

イチャペケネ・ピエスタ、サン・イグナシオ・デ・モクソスの最大の祭りは、ボリヴィア北部のモホス平原、ベニ県モホス郡のサンイグナシオ・デ・モクソスに伝わる先住民族のモヘーニョ族の祭りである。モヘーニョ族は、17世紀末から約1世紀にわたりこの地域に存在したイエズス会ミッションのもとに成立した民族で、トリニタリオ、イグナシアノ、ハベリアノからなり、イエズス会時代に連なる宗教的な色彩の濃い文化を保持している。イチャペケネ・ピエスタは、イエズス会修道会の創立者である聖イグナチオ・デ・ロヨラ（1491～1556年）と先住民族の信仰と伝統とが融合したお祭りであり、インディヘナ文化の独自性が評価された。

2012年

❹プリャイとアヤリチ、ヤンパラ族の文化である音楽と舞踊
（Pujillay and Ayarichi, music and dances of the Yampara culture）
プリャイとアヤリチ、ヤンパラ族の文化である音楽と舞踊は、ボリヴィアの南部、チュキサカ県の高度2300〜3000mの渓谷にあるイクラ、プレスト、スパチュイ、タラブコ、ヤンパラエス、スダニエスの6つの村からなる集落で行われるヤンパラ文化の音楽舞踊劇と舞踊術の形態で、主に男性によって演じられる舞踊術と雨季のプリャイと乾季のアヤリチは、一体である。音楽家のグループは、フルートとホルン・クラリネットを演奏する。アヤリチは、フェスティバルの期間中、踊られる。プリャイとアヤリチは、自然と交流する好ましい方法として、ヤンパラ族の間での結束を生み出す。音楽と振付けの知識の子供への継承は、団体ゲームや観察を通じて、大人の参加なしに、しばしば行われる。

2014年

❺ラパスのアラシータの民間信仰
（Ritual journeys in La Paz during Alasita）
ラパスのアラシータの民間信仰は、ボリヴィアの西部、世界一の高所にあるアンデス山脈の盆地にある首都ラパスの歴史地区や住居地域を含む公園、広場、教会広場、街路などの多様な公共地域で、毎年1月24日から2〜3週間行われる。アラシータは、先住民族のインディヘナであるアイマラ族の人々の習慣の一つで、大地神パチャママへの信仰に基づくものである。アラシータとは、アイマラ語で「私から買ってください」という意味で、ラパスの豊穣の神である人の姿をした主役のエケコ人形と共に参加者は「繁栄」や「幸運」のミニチュア（小型模型）製品を露店や屋台で手に入れ願懸けする民芸市の縁日である。エケコとは、アイマラ語で「小人」（こびと）を意味し、エケコ人形にお金、家、自動車、楽器、食べ物など欲しいもののミニチュア製品を持たせてカテドラル（大聖堂）でお願いすると願いが叶うといわれている民間信仰である。このイベントの規模と拡張の為、行政は、2009年にアラシータの為のフェア・フィールドや展示広場を創設している。

2017年

❻ラパス市における神の子・主イエスのグラン・ポデール祭
（The festival of the Santísima Trinidad del Señor Jesús del Gran Poder in the city of La Paz）
ラパス市における神の子・主イエスのグラン・ポデール祭は、ボリビアの西部、ボリビアの事実上の首都ラパスで毎年5月または6月の第2土曜日に開催される国内最大級の祭典である。「グラン・ポデール」（偉大な力の意味）はキリストを指す言葉であるが、この祭りはキリスト教（ローマカトリック教会）の文化と、古代先住民から伝承された民俗音楽、民俗舞踏の融合を特徴としている。メインイベントは、7,000名のミュージシャン、4万名のダンサーが登場するラパス市のメインストリートを埋め尽すパレードで、ダンサー達は色鮮やかな衣装を身に纏い、市内6kmのコースを音楽に合せ踊りながら行進する。およそ60あるダンスチームは、それぞれ、奴隷のダンスのモレーノ、悪魔のダンスのディアブラーダなど踊りの種類が決まっていて、衣装も統一されている。

2019年

❼タリハ大祭 *New*
（Grand Festival of Tarija）
タリハ大祭は、ボリヴィアの南東部、タリハ県セルカド郡タリハ市のサン・ロケ地区で行われているサン・ロケ祭である。タリハ大祭は、病気と犬の守護聖人サン・ロケ（聖人ロック）に捧げられる献身的な行列のお祭りである。14世紀にペストが流行した際、サン・ロケは何人もの人々を治療し、自らも病に倒れてしまった。町から追い出され、森の洞窟で最期の時を一人静かに待っていた時に、犬が現れ毎日パンを運んできた。犬の飼主は、犬が毎日ひとかたまりのパンと共に毎日消えることに気がつき後を追う。この後、サン・ロケは無事に回復した。この由来からサン・ロケは犬と病人の守護聖人となった。サン・ロケの祝祭日は8月16日であるが、祝賀行事は8日間行われるが、各地からの巡礼者は9月1日まで受け入れられる。お祭りは、植民地時代が起源で、タリハの住民は、疫痛や病気を癒すことや愛する人を守ってもらうことを聖人に懇願した。お祭りの間、行進は、タリハの大通りを横断し、聖堂、寺院、教会を信者と共に訪ねる。チュンチョと呼ばれる顔を隠す色鮮やかな衣装と仮面の巡礼者は、音楽や踊りを演じながら、長い行列を作ってパレードをする。ドラムや管楽器による演奏、白い羽飾りのついた帽子、リボンや、スパンコールが付いた伝統衣装はとても華やかである。タリハ大祭は、地域の工芸、伝統的な料理、アルコール飲料がないのが特色である。

2021年

ホンジュラス共和国

❶ガリフナの言語、舞踊、音楽
（Language, dance and music of the Garifuna）
ベリーズ／グアテマラ／ホンジュラス／ニカラグア
2008年 ← 2001年第1回傑作宣言
→ベリーズ

メキシコ合衆国

❶死者に捧げる土着の祭礼
（Indigenous festivity dedicated to the Dead）
死者に捧げる土着の祭礼は、メキシコの原住民とメスティーソの「死者の日」（Dia de los Muertos）の死者を弔う慣習である。これらの祭りは、毎年10月31日から11月2日にかけてのとうもろこしの収穫期に行われる。家族は、きれいに磨き上げた墓場から家の祭壇までの道に、マリーゴールドや菊の花びら、死者を表わすろうそく、死者の好物であったご馳走を供えることによって、死者を暖かく迎え、もてなし、そして霊魂が土にお帰りになるのを手厚くお送りする一連の行事である。この祝日には、砂糖で出来たが骸骨や頭蓋骨を祭壇に飾ったり、家族や友人に贈ったりする。
2008年 ← 2003年第2回傑作宣言

❷トリマンのオトミ・チチメカ族の記憶と生きた伝統の場所：聖地ペニャ・デ・ベルナル
（Places of memory and living traditions of the Otomi-Chichimecas people of Toliman :the Peña de Bernal, guadian of a sacred territory）
トリマンのオトミ・チチメカ族の記憶と生きた伝統の場所：聖地ペニャ・デ・ベルナルは、メキシコ中部のケレタロ州の半砂漠地帯の先住民族オトミ・チチメカス族の地元の地形学と生態学の独自の関係を表現する伝統で、巨大な一枚岩の聖地ペニャ・デ・ベルナルでは、様々な伝統行事や神事が行われている。
2009年

❸ボラドーレスの儀式
（Ritual ceremony of the Voladores）
ボラドーレスの儀式は、ベラクルス州の東部、パパントラを発祥とするトトナク族などの異民族の5人の男性によって演じられる豊穣の神への雨乞いの儀式である。ボラドーレスは、「空を飛ぶ者」の意味で、柱の上まで登り、ロープで回転しながら地上に降りてくる自然世界と精神世界の調和を表現する。
2009年

❹チャパ・デ・コルソの伝統的な1月のパラチコ祭
（Parachicos in the traditional January feast of Chiapa de Corzo）
チャパ・デ・コルソの伝統的な1月のパラチコ祭は、メキシコの南東部、チャパス州のチャパ・デ・コルソで、毎年1月4〜23日に行われる伝統的な祭典である。チャパ・デ・コルソは、スペインのチャパスが征服、16世紀初め最初に建設された町である。パラチコ祭は、木製の仮面舞踊、音楽、手芸、美食、宗教的な儀式、祝宴は、三人のカソリックの聖人、聖アンソニー・アボット、エスキプラス、聖セバスチャンに敬意を表して行われる。 2010年

❺プレペチャ族の伝統歌ピレクア
（Pirekua, traditional song of the P'urhepecha）
プレペチャ族の伝統歌ピレクアは、メキシコの中西部、ミチョアカン州のパックアロ湖畔のオクミーチョ村などに住む先住民族プレペチャ族の男女によって歌い継がれてきた伝統的な音楽である。一般的に穏やかなリズムで歌われるピレクアは、様々な拍子を使用する非歌唱スタイルで歌われる。歌詞は、歴史的な出来事から宗教、社会・政治思想、恋愛と求愛まで、幅広い範囲をカバーしているが、本来のプレペチャ語で歌える人が数少なくなっている。 2010年

❻伝統的なメキシコ料理 − 真正な先祖伝来の進化するコミュニティ文化、ミチョアカンの規範
（Traditional Mexican cuisine - auth（tic, ancestral, ongoing community culture, the Michoacan paradigm）
伝統的なメキシコ料理は、メキシコの中西部ミチョアカン州などメキシコ国内で見られる真正な先祖伝来の進化するコミュニティ文化である。メキシコ人は食物を天と地を結ぶ媒介と見なし、料理に関する伝説も多い。トルティーヤやタマレなど伝統的なメキシコ料理は、アステカ族やマヤ族など先住民族の料理を母休とし、コンキスタドール（征服者）によるスペイン料理の影響を受けている。トウモロコシ、インゲンマメ、多様なトウガラシを用いて辛味が効いており、食物の栽培から収穫、調理、食事に至る食物連鎖の全要素からなり、人間の誕生、死、共同体の祭り、労働の終わりなどの重要行事の際に

は食事と関連した儀式が行われる。　　2010年

❼マリアッチ、弦楽器音楽、歌、トランペット
（Mariachi, string music, song and trumpet）
マリアッチ、弦楽器音楽、歌、トランペットは、使用楽器は、トランペット、バイオリン、ビウエラ、ギタロンなどで、基本編成は4人以上である。現在はメキシコの各地方に纏わるレパートリー曲を数多く持ち、幅広く聴かれる音楽となっている。マリアッチは、メキシコのお祭りに欠かせないシンボルとなっているが、演奏だけではなく、世襲財産、歴史、先住民族の言語を後世に伝える役割を果たしている。
2011年

❽チャレリア、メキシコの乗馬の伝統
（Charreria, equestrian tradition in Mexico）
チャレリアは、メキシコの全ての州で行われているメキシコの国技で、メキシコの文化、伝統の代表的なものである。馬乗りの競技の中で行われる快活で陽気なスポーツで、馬に乗ったままロープを投げて他の馬を捕まえたり、暴れる牛にまたがったりするメキシコ版のロディオのようなもので、現在は祭りの行事として行われている。その歴史はメキシコの植民地時代に遡る。牧畜や農業が盛んであった場所で、動物たちを正しく導くために行われた。チャレリアは一般的な馬術と、そして、特にメキシコにおいては伝統的な牧場で必要な技術を合わせたものである。チャレリアは、リエンソ・チャロスと呼ばれる、このスポーツのために特別に整備された場所で練習をする。
2016年

❾ロメリア（巡礼）：サボパンの聖母像を
　リェヴァダ（運送）する巡回儀礼
（La Romeria (the pilgrimage): ritual cycle of
'La llevada' (the carrying) of the Virgin of Zapopan）
ロメリア（巡礼）：サボパンの聖母像をリェヴァダ（運送）する巡回儀礼は、メキシコの西部、ハリスコ州の州都グアダラハラ地域、基本的には、グアダラハラ、サボパン、メキシコ最大の湖チャパラ湖地域で、1734年に遡るサボパンの聖母像を称える伝統で、34cmのサボパンの聖母像を伴ったバジリカの巡礼である。サボパンの聖母は17世紀に疫病や洪水からハリスコ州の住民を救ったと信じられている。毎年5月にグアダラハラ聖堂から始まり各地を巡回して10月12日にサボパンに戻ってくる約9kmのロメリア（巡礼）は、約200万人以上のカトリック

の巡礼者が歩いて参加しそれぞれ地元のダンサーが総勢で3万5千人以上が参加するメキシコでは最大級の巡礼の一つで音楽や花火が雰囲気を盛り上げる。
2018年

❿メキシコのプエブラとトラスカラの職人工芸
　のタラベラ焼きとスペインのタラベラ・デ・
　ラ・レイナとエル・プエンテ・デル・アルソ
　ビスポの陶磁器の製造工程　*New*
（Artisanal talavera of Puebla and Tlaxcala (Mexico)
and ceramics of Talavera de la Reina and El Puente
del Arzobispo (Spain) making process）
メキシコのプエブラとトラスカラの職人工芸のタラベラ焼きとスペインのタラベラ・デ・ラ・レイナとエル・プエンテ・デル・アルソビスポの陶磁器の製造工程は、メキシコの中部、プエブラ州のアトリスコ、プエブラ、チョルラ、スペインの中心部、カスティーリャ・ラ・マンチャ州のトレド県、メキシコとスペインの両国の2つのコミュニティで行われている。メキシコのタラベラ焼きは、スペインの植民地時代にもたらされた焼き物で、細かい絵付けと、叩くとキンキンと金属音に近い音が鳴る、堅い焼きが特徴で、土をこねるところから完成まで、約半年の時間をかけて製作されている。あらゆるワークショップは、形、絵柄などの装飾、色使い、絵付けの仕方など固有のアイデンティを有しており、陶磁器の生産は、両国のアイデンティの象徴になっている。
メキシコ／スペイン
2019年

代表リスト

世界無形文化遺産に登録されている世界の食文化

世界無形文化遺産に登録されている食文化	登録年	国　名
シマ、マラウィの伝統料理	2017	マラウイ
アラビア・コーヒー、寛容のシンボル	2015	アラブ首長国連邦、オマーン、カタール、サウジアラビア
クスクスの生産と消費に関する知識・ノウハウと実践	2020	アルジェリア、モーリタニア、モロッコ、チュニジア
パロフの文化と伝統	2016	ウズベキスタン
オシュ・パラフ、タジキスタンの伝統食とその社会的・文化的環境	2016	タジキスタン
フラットブレッドの製造と共有の文化：ラヴァシュ、カトリマ、ジュプカ、ユフカ	2016	アゼルバイジャン、イラン、カザフスタン、キルギス、トルコ
シンガポールのホーカー文化：多文化都市の文脈におけるコミュニティの食事と料理の慣習	2020	シンガポール
キムジャン、キムチ作りと分かち合い	2013	韓国
北朝鮮の伝統的なキムチの製造方法	2015	北朝鮮
和食：日本人の伝統的な食文化—正月を例として—	2013	日本
ケシケキの儀式的な伝統	2011	トルコ
トルコ・コーヒーの文化と伝統	2013	トルコ
イル・フティラ：マルタにおけるサワードウを使ったフラットブレッドの調理法と文化	2020	マルタ
ナポリのピザ職人「ピッツァアイウォーロ」の芸術	2017	イタリア
地中海料理	2010 2013	ギリシャ、イタリア、スペイン、モロッコ、キプロス、クロアチア、ポルトガル
フランスの美食	2010	フランス
ベルギーのビール文化	2016	ベルギー
北クロアチアのジンジャーブレッド工芸	2010	クロアチア
伝統をつくり分かち合うドルマ、文化的なアイデンティティーの印	2017	アゼルバイジャン
アルメニアの文化的表現としての伝統的なアルメニア・パンの準備、意味、外見	2014	アルメーア
伝統的なメキシコ料理—真正な先祖伝来の進化するコミュニティ文化、ミチョアカンの規範	2010	メキシコ
ジューム・スープ	2021	ハイチ

2022年1月現在

「グッド・プラクティス」に選定されている世界無形文化遺産

イラン書道の伝統芸術を保護する為の国家プログラム
（National programme to safeguard the traditional art of calligraphy in Iran）
2021年選定
イラン

「グッド・プラクティス」に選定されている世界無形文化遺産の概要

〈アフリカ〉

ケニア共和国

**(1) ケニアにおける伝統的な食物の促進と
伝統的な食物道の保護に関する成功談** *New*
（Success story of promoting traditional　foods
and safeguarding traditional　foodways in Kenya)

ケニアにおける伝統的な食物の促進と伝統的な食物道の保護に関する成功談は、ケニアの多くの地域、イスカ族のカカメガ県、ポコット族のバリンゴ県、ミジケンダ族のナイロビの都市周辺部、キシイ県、キツイ県、ケニアの海岸、文書化はロイタ平原のマサイ族のナロク県での実践事例である。ケニアでは、食物道は、歴史的な要因や現代のライフスタイルの変化が脅威であった。その土地の食物は、貧困と後進性から見下げられていた。2007年、科学者やコミュニティ・グループと共同して、2つの主な取り組みに着手した。一つは、伝統的な野菜など伝統的な食物の一覧表を作成し、約85の在来植物の地元の呼び名を記録した。二つ目のイニシアチブはユネスコ は、ケニアの文化部や国立博物館と連携し、コミュニティ・リーダーと相談して、小学生に伝統的な食物道の保護を啓発するパイロット・プロジェクトを創始したことである。2021年

〈アジア・太平洋〉

イラン・イスラム共和国

**(1) イラン書道の伝統芸術を
保護する為の国家プログラム** *New*
（National programme to safeguard the traditional art
of calligraphy in Iran)

イラン書道の伝統芸術を保護する為の国家プログラムは、イランの全土で行われている。イランの書道芸術には、書道と絵画が融合した独自の分野がある。ヨーロッパをはじめ多くの国で興味・関心を持つ人がおり、毎年その作品の鑑賞や買付けのためにイランを訪れている。書道と絵画を融合させた作品を創作する芸術家らは、自分たちのスタイルが書道（ハッターティー）と絵画（ナッカーシー）が組み合わさった

ものであることから、それをハッターシー或はハッテ・ナッカーシーとも呼んでいる。イラン歴メフル月21日にあたる10月13日は、1950年10月13日に設立されたイラン書道協会により、国民書道デーに定められている。イラン書道協会は書道芸術の質的、量的な発展に向けた大きな役割を担っており、イランの国内各都市の多く、そして一部の外国に支部を持っており、多くの芸術愛好家を育成している。イランの「伝統的芸術である書道保護計画」がこのほど、ユネスコ無形文化遺産に登録された。この計画は、この数十年間、書道というイラン・イスラム的芸術の保護のために行われてきている様々な措置を含んでいる。2021年

インドネシア共和国

(1) ペカロンガンのバティック博物館との連携による初等、中等、高等、職業の各学校と工芸学校の学生の為のインドネシアのバティック無形文化遺産の教育と研修
（Education and training in Indonesian Batik
intangible cultural heritage for elementary,
junior, senior, vocational school and polytechnic
students, in collaboration with the Batik Museum
in Pekalongan)

ペカロンガン・バティック博物館は、1972年にペカロンガン市旧市庁舎の建物を活用して、中部ジャワ州教育文化省によって設立された。この博物館には、この地域のバタン県、ペマラン県、テガル県など広範な布質、デザイン、発色のバティックが収集されており、バティックの発展の歴史、バティックの製作課程を学ぶことができるワークショップもあり、後継者の育成教育と研修に生かされている。　2009年

ウズベキスタン共和国

(1) マルギラン工芸開発センター、伝統技術をつくるアトラスとアドラスの保護
（Margilan Crafts Development Centre, safeguarding
of the atlas and adras making traditional
technologies)

マルギラン工芸開発センター(CDC)は、ウズベキスタンの東部、中央アジア有数のシルクの生

産地であるフェルガナ盆地のマルギランにある。マルギランはシルクロードのキャラバン・ルート上にあり、商業と文化交流の重要な場所であった。3世紀以降、マルギランの工芸人は絹織物を生産し、商人はヨーロッパやアジアの様々な目的地に届けた。考古学によれば、マルギランの町は2000年前に創建されたとされ、2007年の第33回ユネスコ総会の決議No. 63で、ユネスコはマルギランの2000周年を共に祝福した。マルギランの19世紀のイスラム教の神学校であるサイード・アフマド・ホジャ・メドレセにあるCDCの新しい施設は、伝統的な 100%シルクの繻子織りの「アトラス」と縦糸が絹、横糸が綿のハーフシルクの平織りの「アドラス」の生産方法を保護、再生、促進する為に、ウズベキスタン政府とユネスコの支援で2007年に落成した。 **2017年**

キルギス

(1) 遊牧民のゲーム群、遺産の再発見と多様性の祝福
New（Nomad games, rediscovering heritage, celebrating diversity）
遊牧民のゲーム群、遺産の再発見と多様性の祝福は、キルギスの北東部、イシク・クル州イシク・クル地区のチョルポン・アタなどの都市で行われている。キルギス人の文化遺産は、本質的に、羊飼いなど遊牧の生活様式と繋がっている。しかしながら、ソビエト時代の統制で多くのことが消滅したが、ワシ、鷹、馬、ヤギ、犬などを使った馬術や競馬など伝統的なスポーツやゲームも例外ではなかった。1991年に独立後、キルギスの地域社会は彼らの伝統文化の再生と祝福を始めた。こうしたことから、2007年にウラック・タルトゥシュ騎馬ゲームなど伝統的なゲームを保護する必要性について議論する会合が横断的に開催された。長い議論の末に参加者たちは、フェスティバルなど遊牧民のゲーム群、遺産の再発見と多様性の祝福に乗り出した。2021年

中華人民共和国

(1) 福建省の操り人形師の次世代育成の為の戦略
（Strategy for training coming generations of Fujian puppetry practitioners）

福建省の操り人形師の次世代育成の為の戦略は、中国の南東部の福建省の泉州市や漳州市で行われる人形劇。人形の頭部や手足部は木製であり、それ以外の身体部は布製の衣服により構成されており、演出時は手を人形衣装の中に入れて操作する。「布で作られた袋状の人形」を用いたことから布袋劇、布袋木偶戯などとも称される。しかしながら、社会経済やライフスタイルの変化、それに、人形を操る技術を習得する研修期間が長いことなどから、人形劇を学ぶ若者がいなくなった。こうした後継者問題を打開する為、関係者は、人形劇の従事者の後継者研修の為の長期戦略（2008～2020年）を策定、研修機関や展示ホールの設置、専門研修の充実、公的な人形劇グループの組成、財政支援などに努めている。**2012年**

フィリピン共和国

(1) 生きた伝統を学ぶ学校（SLT）
（The School of Living Traditions (SLT)）
生きた伝統を学ぶ学校（SLT）は、フィリピンの3つの島、ルソン島、ヴィサヤ諸島、ミンダナオ島にある28の生きた伝統を学ぶ学校である。1995年に、文化的コミュニティに関する小委員会と国家文化芸術委員会（NCCA）が中心になって、伝統的な知識などフィリピンの文化と芸術の保護、促進、発展の為、創始した。このことが、生きた伝統を学ぶ学校(SLT) プログラムを創る契機となって、コミュニティの知識、無形文化遺産のスキルや知識を若い世代に継承する為の学習センターの設立につながりコミュニティの年長者、指導者が相談役になった。この過程で、NCCA は、学習センターを設立する為の人材育成の援助を施した。SLTプログラムは、近代化によって失われていく伝統的な文化の知識や実践を保護することを目的にしたもので、NCCAは、2015年にSLT プログラムの強化を開始し、地方のコミュニティと組織と連携して無形文化遺産の継承と存続を支援した。2021年

グッド・プラクティス

〈ヨーロッパ・北米〉

グッド・プラクティス

オーストリア共和国

(1) 職人技の為の地域センター：文化遺産保護の為の戦略

（Regional Centres for Craftsmanship: a strategy for safeguarding the cultural heritage of traditional handicraft）

職人技の為の地域センター：文化遺産保護の為の戦略は、オーストリアの3つの伝統的手工芸の保護工芸センターで行われている。第一は、ヴェルクラウ・ブレゲンツァーヴァルト（WB）工芸博物館で、フォアアールベルク州のアンデルスブーフ ブレゲンツァーヴァルトで、1999年に始められた。その成功によって、2013年、ヴェルクラウ・ブレゲンツァーヴァルト協会が建設され、「仕事部屋」センターが開設された。第二は、手工業ハウス・ザルツカンマーグート（HS）である。2008年以来、約7400人のコミュニティであるバート・ゴイーザーンの中心部で、1770年代からの歴史的な建物の設備を使用してきた。第三は、ハスラッハ繊維センター（TZH）で、2500人の小さなコミュニティであるハスラッハ・アン・デア・ミュールの廃工場を改造、2012年にセンターが開設された。オーストリアの地方の伝統的な工芸人によって始められたヴェルクラウム・ブレゲンツァーヴァルト、手工業ハウス・ザルツカンマーグート、ハスラッハ繊維センターの3つのセンターは、国際的な芸術家、教育機関、工芸事業と共に、未来世代の為に協調して取り組んだ。
2016年

(2) ヨーロッパにおける大聖堂の建設作業場、いわゆるバウヒュッテにおける工芸技術と慣習：ノウハウ、伝達、知識の発展およびイノベーション

（Craft techniques and customary practices of cathedral workshops, or Bauhütten, in Europe, know-how, transmission, development of knowledge and innovation）
ドイツ／オーストリア／フランス／ノルウェー／スイス
2020年　→ドイツ

ギリシャ共和国

(1) リフォニー・キャラバン：イピロス地域の多声歌唱の調査、保護と促進

（Polyphonic Caravan, researching, safeguarding and promoting the Epirus polyphonic song）
ポリフォニー・キャラバン：イピロス地域の多声歌唱の調査、保護と促進は、ギリシャの北西部、イピロス地方の主にイオアニナ県とテスプロティア県の村々が発祥で、ギリシャの首都アテネでも長年行われてきたプロジェクトで口承及び表現、社会的慣習、儀式及び祭礼行事にかかわるものである。ポリフォニー・キャラバンは、イピロス地域の多声歌唱の調査、保護と促進は、社会環境が変化するなかにおいて、社会的な貢献度は大きい。このプロジェクトは、ギリシャの本土や島など全国のワークショップ、フェスティバルなどの活動を成し遂げている。ポリフォニー・キャラバンは、イピロス地域の多声歌唱の研究、保護、促進を目的とする長年のプロジェクトで、多様なフォークの多声歌唱をもたらすと共に継承するのに献身している。イピロス地域の多声歌唱は歌手グループ に歌われてきたが、子供時代、結婚、死、歴史的なイベント、田園生活など人生のあらゆる側面をテーマに特色ある役割を果たしてきた。1997年の最初のコンサートで、ポリフォニー・キャラバンのNGOアピロス（Apiros）を創立した。この20年間、ポリフォニー・キャラバンは変化する社会環境のなかにおいてイピロス地域の多声歌唱の持続可能な発展に貢献してきた。
2020年

クロアチア共和国

(1) ロヴィニ／ロヴィーニョの生活文化を保護するコミュニティ・プロジェクト：バタナ・エコミュージアム

（Community project of safeguarding the living culture of Rovinj/Rovigno: the Batana Ecomuseum）
ロヴィニ／ロヴィーニョの生活文化を保護するコミュニティ・プロジェクト：バタナ・エコミュージアムは、クロアチアの西部、イストリア半島のアドリア海岸の小さな中世の港町のロヴィ

ニ(クロアチア語)／ロヴィーニョ(イタリア語)にあるロヴィニの漁業の歴史の資料館。バタヤとは、古くから地元の漁師たちが漁業をしてきた平らな底の1枚帆のボートのことである。このように、バタナ・エコミュージアムは、港町の住人の誇りであり、この地方での昔からの漁業の仕方や歴史、バタヤボートの色々な形などが展示されている海と人々とを結ぶヨーロッパの国際活動を伴うローカル・プロジェクトである。
2016年

スイス連邦

⑴ヨーロッパにおける大聖堂の建設作業場、いわゆるバウヒュッテにおける工芸技術と慣習：ノウハウ、伝達、知識の発展およびイノベーション
（Craft techniques and customary practices of cathedral workshops、or Bauhütten、in Europe、know-how、transmission、development of knowledge and innovation）
ドイツ／オーストリア／フランス／
ノルウェー／スイス
2020年　→ドイツ

スウェーデン王国

⑴ 南スウェーデンのクロノベリ地方における
　ストーリー・テリングの促進と活性化の為の
　伝承プログラム
（Land-of-Legends programme, for promoting and revitalizing the art of storytelling in Kronoberg Region (South-Sweden)）
南スウェーデンのクロノベリ地方における話術の促進と活性化の為の伝承プログラムは、スウェーデンの南部、クロノベリ県のユングビー、エルムフルト、アルヴェスタの３つの市などは、ストーリー・テリングの長い伝統を有する地域である。ストーリー・テリングとは、人に何かを伝える手法の1つで、「物語＝ストーリー」を使って伝える方法である。都市化、テレビや社会メディアはストーリー・テリングの伝統的な会合場所や継承（Sagobygden）の流儀を失わせた。1990年11月にクロノベリのストーリー・テリング・ネットワークが創造され、協会は、ユングビー・ストーリーテリング・フェ

スティバルなど 伝承プログラムを創始した。
南スウェーデンのクロノベリ地方におけるストーリー・テリングの促進と活性化の為の伝承プログラムは、スウェーデン初のユネスコ無形文化遺産である。
2018年

スペイン王国

⑴ プソル教育学プロジェクトの伝統的な
　文化・学校博物館のセンター
（Centre for traditional culture-school museum of Pusol pedagogic project）
プソル教育学プロジェクトの伝統的な文化・学校博物館のセンターは、スペインのエルチェのプソルで行われている画期的なプロジェクト。地元の文化・自然遺産をカリキュラムに統合することによる価値創造教育を促進すること、教育、研修、啓発によってエルチェの遺産の保護に貢献することが目標である。1968年に創始され、正式な教育に導入したプロジェクトの成功事例である。
2009年

⑵ アンダルシア地方の石灰生産に関わる
　伝統生産者の活性化事例
（Revitalization of the traditional craftsmanship of lime-mak ing in Moron de la Frontera, Seville, Andalusia）
アンダルシア地方に伝わる伝統的な石灰生産技法は、工業的な石灰生産の影響で長く衰退していたが、石灰生産のプロセスを展示する博物館がつくられ、生産設備が復元されることなどにより、職人技術の保全・振興に寄与したことが評価された。
2011年

⑶ 生物圏保護区における無形文化遺産の
　目録作成の手法：モンセニーの経験
（Methodology for inventorying intangible cultural heritage in biosphere reserves: the experience of Montseny）
生物圏保護区における無形文化遺産の目録作成の手法：モンセニーの経験は、スペインの北東部、カタロニア自治州にあるユネスコの「人間と生物圏計画」に基づいて1978年に指定されたモンセニー生物圏保護区内で、NGOのカタロニア・

グッド・プラクティス

ユネスコ・センターによって始められた無形文化遺産に焦点をあてたプロジェクトである。このプロジェクトは、人類学や伝統的なカタロニア文化の分野で活動している地元の関係者や機関との協力のもとに実施された。その主な目的と実績は、無形文化遺産の目録を準備する為の手法の設計、地元の無形文化遺産の目録を作成すること、そして、持続可能な無形文化遺産の発展の為の書類作成の3つに集約できる。このプロジェクトとフィールド・ワークなどを通じて、地元の人の参加と無形文化遺産への認識が高まったことである。なかでも、将来世代に地元の伝統的な口承、慣習、芸能、祭礼、行事、工芸、技術など無形文化遺産を見る機会を与えることは、大切であり、こうした試みや手法は、豊かな自然環境や無形文化遺産を有する開発途上の国々においても、お手本になる実践事例である。
2013年

ドイツ連邦共和国

(1) ヨーロッパにおける大聖堂の建設作業場、いわゆるバウヒュッテにおける工芸技術と慣習：ノウハウ、伝達、知識の発展およびイノベーション

（Craft techniques and customary practices of cathedral workshops、or Bauhütten、in Europe、know-how、transmission、development of knowledge and innovation）
ヨーロッパにおける大聖堂の建設作業場、いわゆるバウヒュッテにおける工芸技術と慣習：ノウハウ、伝達、知識の発展およびイノベーションは、ドイツ、オーストリア、フランス、ノルウェー、スイスの5か国にまたがる自然及び万物に関する知識及び慣習、社会的慣習、儀式及び祭礼行事、伝統工芸技術である。
バウヒュッテとは、中世末期のドイツで教会堂の建設を専門として組織された石工を中心とする工人の組合である。その長をヒュッテンマイスターという。ドイツを中心としてスイス、フランス東部にまたがる組合で、ストラスブールに本部を置き、技術者の養成、誠実な工事、紛争の調停、職業上の秘密の保持などに関する規約を組合員に守らせた。15世紀に最もよく整備されたが、その後は同業組合からの圧迫、国王・貴族の保護をうける非組合員の建築家の発

生、宗教改革などの影響をうけて衰退し、18世紀初めに消滅した。ワークショップ組織、或はバウヒュッテ・ヴェーゼン(活動)は、ヨーロッパの聖堂の建設現場で中世に出現した。現在、聖堂の近くにあるワークショップでは、緊密な協力、保護、世代間の知識の継承などが求められている。ヨーロッパの5か国の(オーストリア、フランス、ドイツ、ノルウェー、スイス)からの18のワークショップ（アーヘン、バンベルク、バーゼル、ドレスデン、フライブルク、ケルン、リンツ、リューベック、マインツ、パッサウ、レーゲンスブルク、シュヴェービッシュ・グミュント、ゾースト、ストラスブール、トロンヘイム、ウルム、ウィーン、クサンテン）がこの登録に名を連ねた。これらは聖堂や大きな建造物群の保護、研究、記録、知識の継承に努めており、あらゆるタイプの建造物群の建設、維持に必要なお手本だと考えられている。
2020年
ドイツ／オーストリア／フランス／ノルウェー／スイス

ノルウェー王国

(1) オゼルヴァー船－伝統的な建造と使用から現代的なやり方への再構成

（Oselvar boat - reframing a traditional learning process of building and use to a modern context）
オゼルヴァー船－伝統的な建造と使用から現代的なやり方への再構成は、ノルウェーの西部、ベルゲンの南約30kmの所にある古くからの伝統的な木造のオゼルヴァー船を手掛ける小さな造船業者のワークショップである。
2016年

(2) ヨーロッパにおける大聖堂の建設作業場、いわゆるバウヒュッテにおける工芸技術と慣習：ノウハウ、伝達、知識の発展およびイノベーション

（Craft techniques and customary practices of cathedral workshops、or Bauhütten、in Europe、know-how、transmission、development of knowledge and innovation）
ドイツ／オーストリア／フランス／ノルウェー／スイス
2020年　→ドイツ

ハンガリー共和国

(1) ハンガリーの無形文化遺産の伝承モデル「ダンス・ハウス方式」

（Tanchaz method: a Hungarian model for the transmission of intangible cultural heritage）

伝統舞踊や音楽の継承のため、ライブ音楽の伴奏にあわせたダンスの教育をはじめとする「ダンス・ハウス方式」（Tanchaz method）とよばれる教育文化の継承手法が高く評価された。
2011年

(2) コダーイのコンセプトによる民俗音楽遺産の保護

（Safeguarding of the folk music heritage by the Kodaly concept）

コダーイのコンセプトによる民俗音楽遺産の保護は、ハンガリーの作曲家、民俗音楽学者、教育家、言語学者、哲学者であるコダーイ・ゾルターン（1882〜1967年）によって創案された民族音楽教育方法の保護のことでる。コダーイが作り上げた独自の音楽教育方法であるコダーイ・メソッド、或は、コダーイ・システムは、音楽は第二の母国語であるという考えから、音楽教育はまず「歌」と位置づけ、自国のわらべうたを基本においた子どもたちが合唱に至るまでのソルフェージュ教育を特徴とし、現在でも世界各国で研究され実践されている。楽譜に依存することなく、ハンドサインやトニック・ソルファなどの視覚的方法を用いたことも彼の教育用作品の特徴とも言える。このコンセプトはハンガリーの地方の習慣を促進、継承、記録することを援助すると共に同様の目的の海外の60か国以上の国のコミュニティを国際的に補助した。
2016年

フランス共和国

(1) 遺産保護のモデル：マルティニーク・ヨールの建造から出航までの実践

（The Martinique yole、from construction to sailing practices、a model for heritage safeguarding）

遺産保護のモデル：マルティニーク・ヨールの建造から出航までの実践は、中央アメリカのカリブ海の小アンティル諸島南部にあるフランス領のマルティニーク島（2017年に海洋自然公園）で行われている自然及び万物に関する知識及び慣習、社会的慣習、儀式及び祭礼行事、伝統工芸技術である。歴史都市サンピエールは美しい係留区域を、ル・マラン市は、カリブ海で最大のマリーナの一つを有している。大西洋岸の小さな漁港は貿易風にさらされており避難港になっている。マルティニーク・ヨールは大西洋の海岸とカリブ海の海岸沿いで実用されている帆船である。数世紀前に創られたマルティニーク・ヨールは地域の歴史のなかで伝統的な船の重要性を反映している。ヨールは、軽く、速く、浅喫の船である。漁師たちによって使用されるマルティニーク・ヨールは 島の海岸沿いの特有の条件下で理想的である。保護計画の主な目的は、地元の船の建造者のノウハウを保護すること、航海に関するノウハウを継承すること、ヨールの熟練家と地域社会の結束を強化すること、主要なイベントを組織できる協会を創造することなどである。
2020年

(2) ヨーロッパにおける大聖堂の建設作業場、いわゆるバウヒュッテにおける工芸技術と慣習：ノウハウ、伝達、知識の発展およびイノベーション

（Craft techniques and customary practices of cathedral workshops、or Bauhütten、in Europe、know-how、transmission、development of knowledge and innovation）

ドイツ／オーストリア／フランス／ノルウェー／スイス
2020年　→ドイツ

ブルガリア共和国

(1) コプリフシツァの民俗フェスティバル：遺産の練習、実演、伝承のシステム

（Festival of folklore in Koprivshtitsa: a system of practices for heritage presentation and transmission）

コプリフシツァの民俗フェスティバル：遺産の練習、実演、伝承のシステムは、ブルガリアの中央部、ソフィア州の歴史都市コプリフシツァで行われている。コプリフシツァは、首都ソフィアからは110km、スレドナ・ゴラ山地の中央にある小さな町で、18世紀からは商業が盛んに

行われ、経済的にも潤った。歴史的な建築の多く残る博物館都市として知られている。コプリフシツァの民俗フェスティバルは、1965年から始まり、毎年8月に数千人の世代を超えたブルガリア人や故郷を離れた人々が集い、芸術家が様々なパフォーマンスを繰り広げる。
2016年

⑵ ブルガリア・チタリシテ（コミュニティ文化センター）：
無形文化遺産の活力を保護する実践経験
（Bulgarian Chitalishte (Community Cultural Centre): practical experience in safeguarding the vitality of the Intangible Cultural Heritage）
ブルガリアのチタリシテのネットワークは、ブルガリアの全土で機能している。1856年に登場した当初は、シティ・センターに設立され、今日、チタリシテは、28の州に存在する。時間の経過の中で、それに、首尾一貫した国の政策のお陰で、チタリシテの数は、増加し国の施設の主要な部分をカバーしている。1996年のチタリシュタ法に準拠して、チタリシテは、非政府の自主規制組織である。法律では、それらは、ブルガリア人の慣習や伝統を保護する目的で、文化的、教育的な活動を行う。チタリシテは、大都市、それに、小さな集落においても稼働している。ほとんどの現代的なチタリシテは、伝統文化を守る村々に立地している。並行して、都市にあるチタリシテは、特定の都市文化の保護もめざしている。チタリシテを新たに創造した数は、地域社会の具体的な要求や国と地方政府の支援もあって、増加している。近年、チタリシテの登録数は、約3500で安定している。
2017年

ベルギー王国

⑴ ルードの多様性養成プログラム：
フランダース地方の伝統的なゲームの保護
（Programme of cultivating ludodiversity: safeguarding traditional games in Flanders）
ルードの多様性養成プログラムは、スポーツ関連遺産を保護する為に活動しているNGOのスポーティモニアム（Sportimonium）（在ホフスターデ）が中心になって実施しているフランダース地方の伝統的なゲームやスポーツを保護する為

のプログラムである。ルードとは、プレイやゲームを意味する、ラテン語のルーダスが語源で、この地方で古くから行われているボールを使うゲーム、スポーツ、体操、ダンス、曲芸などの生きた遺産の多様性が途絶えない様、保護管理や技術支援などを行う養成プログラムで、スポーティモニアムには、スポーツ・ミュージアムや文献センターも設けられている。フランダース地方の伝統的なゲームの保護策であるルード多様性プログラムは、2012年10月に、フランダース地方文化賞も受賞している。
2011年

⑵ カリヨン文化の保護：保存、継承、交流、啓発
（Safeguarding the carillon culture: preservation, transmission, exchange and awareness-raising）
ベルギーのフランドル地方とワロン地方の76の都市や村には、町の中心の広場に物見塔を兼ねた鐘楼が建っており、カリヨン文化は、5世紀もの間、多くの人々を魅了し続けている。ヨーロッパの中央部にあるベルギーの各都市は交易の要衝として栄え、13世紀〜15世紀には自治権を獲得する都市も多く、初め教会に付属していた鐘楼も、市民が自由を獲得すると共に、広場に独立して建てられるようになった。フランドル地方で26、ワロン地方で7の鐘楼が1999年に世界遺産に登録され、2005年にはフランスも加わり、合わせて56の鐘楼が世界遺産となっている。カリヨンとはフランス語の「四分の一」という意味で、数十個の組鐘のことである。今も15分ごとにカリヨンの響きが町に流れ市民に時を告げている。メヘレンには、有名なカリヨンの学校があり世界中からカリヨン演奏者がマスタークラスに集まりライブ演奏を行っている。
2014年

〈ラテンアメリカ・カリブ〉

ベネズエラ・ボリバル共和国

(1)ベネズエラにおける聖なるヤシの伝統保護のための生物文化プログラム （Biocultural programme for the safeguarding of the tradition of the Blessed Palm in Venezuela）

ベネズエラにおける聖なるヤシの伝統保護のための生物文化プログラムは、ヴェネズエラの北部、エル・アビラ国立公園とマルガリータ島国立公園の2つの国立公園で行われている。ナツメヤシは主イエスがエルサレムに入城する時に、祭りに来ていた大勢の群衆が、ナツメヤシの枝を持って迎えに出たことに由来する。ベネズエラにおける聖なるヤシの伝統保護のための生物文化プログラムと関連する活動は、特定の山脈でのいくつかのヤシの種の収集などである。宗教的な儀式に出席後、ヤシの木の植樹や伐採など多様な活動を行い、プログラムは、子供や若者にも奨励されている。
2019年

コロンビア共和国

(1)平和建設の為の伝統工芸の保護戦略 （Safeguarding strategy of traditional crafts for peace building）

平和建設の為の伝統工芸の保護戦略は、コロンビアの各地、世界遺産都市のカルタヘナ・デ・インディアス、サンタ・クルス・デ・モンポスをはじめ11都市で行われている。伝統工芸の弱体化は、師匠と「体験学習」の手法に基づく徒弟間での知識の世代間の継承の仕組みを通じて、養成は、徒弟の将来的な雇用能力を保証する仕事と結びついている。平和建設の為の伝統工芸の保護戦略は、企業家精神を培うことな

どが目的であり、地域社会が異なる伝統的な技術や工芸を保護する文化・社会的価値を認識するのを助ける。
2019年

チリ共和国

(1) ボリヴィア、チリ、ペルーのアイマラ族の集落での　無形文化遺産の保護 （Safeguarding intangible cultural heritage of Aymara communities in Bolivia, Chile and Peru）

ボリヴィア、チリ、ペルーのアイマラ族の集落での無形文化遺産の保護は、南アメリカのボリヴィア（ラパス県・オルロ県・ポトシ県）、ペルーのチチカカ湖周辺（タクナ県、プーノ県、モケグア県）、チリのアンデス地域（タラパカ州、アリカ・イ・パリナコータ州、アントファガスタ州）に住む先住民族アイマラ族の口承表現、音楽、繊維芸術や農業技術などの伝統的知識が消滅しないように保護策を講じ実行していく5か年計画のプロジェクトで、個人、コミュニティ、グループ、文化管理者、専門家などからなる国際的、地域的なネットワークを通じて、経験、情報、研修の交流を促進し人材育成や能力向上を図る。
2009年
ボリヴィア／チリ／ペルー

ブラジル連邦共和国

(1) 無形文化遺産に関する国家プログラムの公募 （Call for projects of the National Programme of Intangible Heritage）

無形文化遺産に関する国家プログラム（PNPI）の公募は、ブラジル政府による国家プログラムとしての無形文化遺産の保護政策の一環である。毎年行われるプロジェクトの公募は、現在

グッド・プラクティス

残っている無形文化遺産の保存・振興や文書化をはじめ、無形文化遺産に関する、地域社会やNPOなどの組織との連携を含めて高く評価された。プロジェクトは、ブラジル国家歴史芸術遺産研究所(IPHAN)の無形文化遺産部によって組織化された専門家の国家委員会によって評価され選定される。

2011年

(2) ファンダンゴの生きた博物館

（Fandango's Living Museum）

ファンダンゴは、スペインを起源とするダンスと音楽で、ブラジルのファンダンゴの歌は、「モダス」と呼ばれ、手づくりのビオラ、バイオリン、片面太鼓などの楽器で演奏される。ブラジル南部のパラナ州のモヘッテス、パラナグア、グアラクエカーバ、南東部のサンパウロ州のカナネイア、イグアペなど伝統的な海に面した沿岸コミュニティで盛んであったが、後継者不足による危機にあり、この博物館による情報発信や書籍出版、CD製作、ワークショップなどの活動が評価され、グッド・プラクティスに選定された。2011年

ペルー共和国

(1) ボリヴィア、チリ、ペルーのアイマラ族の集落での無形文化遺産の保護

（Safeguarding intangible cultural heritage of Aymara communities in Bolivia, Chile and Peru）

2009年

ボリヴィア／チリ／ペルー → チリ

ボリヴィア多民族国

(1) ボリヴィア、チリ、ペルーのアイマラ族の集落での無形文化遺産の保護

（Safeguarding intangible cultural heritage of Aymara communities in Bolivia, Chile and Peru）

2009年

ボリヴィア／チリ／ペルー → チリ

メキシコ合衆国

(1) タクサガッケト マクカットラワナ： メキシコの先住民族芸術センターとベラクルス州のトトナック族の無形文化遺産保護への貢献

（Xtaxkgakget Makgkaxtlawana: the Centre for Indigenous Arts and its contribution to safeguarding the intangible cultural heritage of the Totonac people of Veracruz, Mexico）

タクサガッケト マクカットラワナ：メキシコの先住民族芸術センターとベラクルス州のトトナック族の無形文化遺産保護への貢献は、メキシコの東部、メキシコ湾岸のベラクルス州のパパントラにある先住民族芸術センター(CAI)によるベラクルス州のトトナック族の無形文化遺産保護への貢献の成功事例である。パパントラは、1992年に世界遺産登録されているエル・タヒン古代都市遺跡の観光拠点として知られ、現在もトトナック族の文化や習慣が残っている。

2012年

シンクタンクせとうち総合研究機構

無形文化遺産保護のための好ましい計画、事業及び活動の実践事例 （略称：「グッド・プラクティス」）

　委員会は、締約国の提案に基づき並びに委員会が定め及び締約国会議が承認する基準に従って、また、発展途上国の特別のニーズを考慮して、無形文化遺産を保護するための国家的、小地域的及び地域的な計画、事業及び活動であってこの条約の原則及び目的を最も反映していると判断するものを定期的に選定し並びに促進する。　（条約第18条1項）

　無形文化遺産を保護する為の国家的、小地域的及び地域的な計画、事業及び活動であって、ユネスコの無形文化遺産保護条約の原則及び目的を最も反映する無形文化保護のための好ましい計画、事業及び活動の実践事例（略称：グッド・プラクティス Good Safeguarding Practices）は、諮問機関の事前審査による勧告を踏まえ、無形文化遺産委員会で選定が決定される。

「グッド・プラクティス」の選定基準

　「グッド・プラクティス」への選定申請にあたっては、次のP. 1〜P. 9までの9つの基準を全て満たさなければならない。

P. 1　計画、事業及び活動は、条約の第2条3で定義されている様に、保護することを伴うこと。
P. 2　計画、事業及び活動は、地域、小地域、或は、国際レベルでの無形文化遺産を保護する為の取組みの連携を促進するものであること。
P. 3　計画、事業及び活動は、条約の原則と目的を反映するものであること。
P. 4　計画、事業及び活動は、関係する無形文化遺産の育成に貢献するのに有効であること。
P. 5　計画、事業及び活動は、コミュニティ、グループ、或は、適用可能な個人が関係する場合には、それらの、自由、事前に同意した参加であること。
P. 6　計画、事業及び活動は、保護活動の事例として、小地域的、地域的、或は、国際的なモデルとして機能すること。
P. 7　申請国は、関係する実行団体とコミュニティ、グループ、或は、もし適用できるならば、関係する個人は、もし、彼らの計画、事業及び活動が選定されたら、グッド・プラクティスの普及に進んで協力すること。
P. 8　計画、事業及び活動は、それらの実績が評価されていること。
P. 9　計画、事業及び活動は、発展途上国の特定のニーズに、主に適用されること。

グッド・プラクティス

図表で見る世界無形文化遺産

北欧のクリンカー・ボートの伝統
（Nordic clinker boat traditions）
2021年登録
デンマーク／フィンランド／アイスランド／ノルウェー／スウェーデン

世界無形文化遺産の分布図

北 極 海

大 西 洋

インド洋

☆ 緊急保護リスト　　　　　　71件（ 38か国）
◆ 代表リスト　　　　　　　　529件（135か国）
◎ グッド・プラクティス　　　29件（ 26か国）
○ 複数国にまたがるもの　　　61件（100か国）

図表で見る世界無形文化遺産

大西洋

太平洋

赤道

2022年3月現在

図表で見る世界無形文化遺産

世界無形文化遺産の数の年次別登録数の推移

回次	開催年	登録件数				登録件数（累計）				備　考
		緊急保護	代表リスト	グッド・プラクティス	合計	緊急保護	代表リスト	グッド・プラクティス	合計	
第1回	2006年	0	0	0	0	0	0	0	0	
第2回	2007年	0	0	0	0	0	0	0	0	
第3回	2008年	0	90①	0	90	0	90①	0	90	
第4回	2009年	12	76②③④	3	91	12	166	3	181	
第5回	2010年	4	47⑤⑥⑦	0	51	16	213	3	232	
第6回	2011年	11⑨	19⑧	5	35	27	232	8	267	
第7回	2012年	4	27	2	33	31	257⑤⑧	10	298	
第8回	2013年	4	25	1	30	35	281⑥	11	327	
第9回	2014年	3	34	1	38	38	314②	12	364	
第10回	2015年	5	23	0	28	43	336⑦	12	391	
第11回	2016年	4	33	5	42	47	365③④⑤	17	429	
第12回	2017年	6	34	2	42	52⑨	399	19	470	
第13回	2018年	7	31	1	39	59	429	20	508	
第14回	2019年	5	35	2	42	64	463⑩	22	549	
第15回	2020年	3	29	3	35	67	492	25	584	
第16回	2021年	4	37	4	45	71	529	29	629	

①2001年、2003年、2005年に指定された「人類の口承及び無形遺産の傑作宣言」が、この年に登録となった。
②2009年登録された日本の「石州半紙」について、2014年、本美濃紙（岐阜県）、細川紙（埼玉県）を追加し、2014年「和紙：日本の手漉和紙技術」として、改めて登録。
③2009年登録された日本の「日立風流物」、「京都祇園祭の山鉾行事」について、新たに祭礼行事31件を加え、グルーピング化し、2016年「日本の山・鉾・屋台行事」として、改めて登録。
④「ノウルズ」アゼルバイジャンなど7か国で2009年登録。2016年、アフガニスタンなど５か国を追加し、改めて登録。
⑤「鷹狩り、生きた人間の遺産」アラブ首長国連邦など11か国で2010年登録。2012年、オーストリアとハンガリーを追加し、改めて登録。更に2016年、ドイツ、イタリアなど５か国を追加し、再登録。
⑥「地中海の健康的な食事」ギリシャ、イタリアなど４か国で2010年登録。2013年、ポルトガル、キプロス、クロアチアを追加し、改めて登録。
⑦「南太平洋地域のマリンバ音楽と伝統的な歌」コロンビアで2010年登録。2015年、エクアドルを追加し、改めて登録。
⑧「セヌフォ族のバラフォンにまつわる文化的な慣習と表現」マリとブルキナファソで2011年登録。2012年、コートジボワールを追加し、改めて登録。
⑨2011年緊急保護リストに登録されたヴェトナムの「ヴェトナム、フート省のソアン唱歌」について、2017年、代表リストへ移行し登録。
⑩リストからの初の「登録抹消」ベルギーの「アールストのカーニバル」（Aalst carnival）2010年／2019年
⑪「鷹狩り、生きた人間の遺産」クロアチア、アイルランド、キルギス、オランダ、ポーランド、スロヴァキアなど6か国を追加して2021年に再登録。

二か国以上の複数国にまたがる世界無形文化遺産

<緊急保護リスト>

① コロンビア・ヴェネズエラのリャノ地方の労働歌
コロンビア／ヴェネズエラ　2017年

<代表リスト>

① ベルギーとフランスの巨人と竜の行列
ベルギー／フランス　2008年
② バルト諸国の歌と踊りの祭典
ラトヴィア／エストニア／リトアニア　2008年
③ シャシュマカムの音楽
ウズベキスタン／タジキスタン　2008年
④ ザパラ人の口承遺産と文化表現
エクアドル／ペルー　2008年
⑤ ガリフナの言語、舞踊、音楽
ベリーズ／グアテマラ／ホンジュラス／ニカラグア　2008年
⑥ オルティン・ドー：伝統的民謡の長唄
モンゴル／中国　2008年
⑦ ゲレデの口承遺産
ベナン／ナイジェリア／トーゴ　2008年
⑧ カンクラング、或は、マンディング族の成人儀式
セネガル／ガンビア　2008年
⑨ グーレ・ワムクル　マラウイ／モザンビーク／ザンビア　2008年
⑩ ナウルーズ、ノウルーズ、ノウルーズ、ナウルズ、
ノールーズ、ノルズ、ナヴルズ、ネヴルズ、ナヴルーズ
アゼルバイジャン／インド／イラン／キルギス／ウズベキスタン／
パキスタン／トルコ／イラク／アフガニスタン／
カザフスタン／タジキスタン／トルクメニスタン　2016年
⑪ タンゴ　アルゼンチン／ウルグアイ　2009年
⑫ 鷹狩り、生きた人間の遺産
アラブ首長国連邦／オーストリア／ベルギー／クロアチア／
チェコ／フランス／ドイツ／ハンガリー／アイルランド／
イタリア／カザフスタン／韓国／キルギス／モンゴル／
モロッコ／オランダ／パキスタン／ポーランド／ポルトガル／
カタール／サウジアラビア／スロヴァキア／スペイン／シリア
2016年／2021年
⑬ 地中海料理　スペイン／ギリシャ／イタリア／モロッコ／
キプロス／クロアチア／ポルトガル　2013年
⑭ マリ、ブルキナファソ、コートジボワールのセヌフォ族
のバラフォンにまつわる文化的な慣習と表現
マリ／ブルキナファソ／コートジボワール　2012年
⑮ アル・タグルーダ、アラブ首長国連邦とオマーン
の伝統的なベドウィン族の詠唱詩
アラブ首長国連邦／オマーン　2012年
⑯ アルジェリア、マリ、ニジェールのトゥアレグ
社会でのイムザドに係わる慣習と知識
アルジェリア／マリ／ニジェール　2013年
⑰ 男性グループのコリンダ、クリスマス期の儀式
ルーマニア／モルドヴァ　2013年
⑱ アル・アヤラ、オマーン - アラブ首長国連邦の
伝統芸能　アラブ首長国連邦／オマーン　2014年
⑲ キルギスとカザフのウルト（チュルク族の遊牧民
の住居）をつくる伝統的な知識と技術
カザフスタン／キルギス　2014年
⑳ アラビア・コーヒー、寛容のシンボル
アラブ首長国連邦／オマーン／
サウジアラビア／カタール　2015年
㉑ マジリス、文化的・社会的な空間
アラブ首長国連邦／オマーン／
サウジアラビア／カタール　2015年
㉒ アル・ラズファ、伝統芸能
アラブ首長国連邦／オマーン　2015年
㉓ アイティシュ/アイティス、即興演奏の芸術
カザフスタン／キルギス　2015年
㉔ 綱引きの儀式と遊戯
ヴェトナム／カンボジア／フィリピン／韓国　2015年
㉕ ビレネー山脈の夏至の火祭り
アンドラ／スペイン／フランス　2015年
㉖ コロンビアの南太平洋沿地域とエクアドルの
エスメラルダス州のマリンバ音楽、伝統的な歌と踊り
コロンビア／エクアドル　2015年
㉗ フラットブレッドの製造と共有の文化：
ラヴァシュ、カトリマ、ジュプカ、ユフカ
カザフスタン／キルギス／イラン／
アゼルバイジャン／トルコ　2016年
㉘ ルーマニアとモルドヴァの伝統的な壁カーペット
の職人技　ルーマニア／モルドヴァ　2016年
㉙ スロヴァキアとチェコの人形劇
チェコ／スロヴァキア　2016年
㉚ カマンチェ／カマンチャ工芸・演奏の芸術、擦弦楽器
イラン／アゼルバイジャン　2017年
㉛ 3月1日に関連した文化慣習

ブルガリア／マケドニア／モルドヴァ／ルーマニア　2017年
㉜ 春の祝祭、フドゥレルレス　トルコ／マケドニア　2017年
㉝ 藍染め　ヨーロッパにおける防染ブロックプリントと
インディゴ染色　オーストリア／チェコ／
ドイツ／ハンガリー／スロヴァキア　2018年
㉞ デデ・クォルクード＜コルキト・アタ＞デデ・
コルクトの遺産、叙事詩文化、民話、民謡
アゼルバイジャン／カザフスタン／トルコ　2018年
㉟ 空石積み工法：ノウハウと技術
クロアチア／キプロス／フランス／ギリシャ／
イタリア／スロヴェニア／スペイン／スイス　2018年
㊱ 朝鮮の伝統的なレスリングであるシルム
北朝鮮／韓国　2018年
㊲ 雪崩のリスク・マネジメント
スイス・オーストリア　2018年
㊳ 移牧、地中海とアルプス山脈における家畜を
季節ごとに移動させて行う放牧
オーストリア／ギリシャ／イタリア　2019年
㊴ ナツメヤシの知識、技術、伝統及び慣習
バーレン／エジプト／イラク／ヨルダン、
クウェート／モーリタニア／モロッコ、
オマーン／パレスチナ／サウジアラビア、
スーダン／チュニジア／アラブ首長国連邦、
イエメン　2019年
㊵ ビザンティン聖歌　キプロス／ギリシャ　2019年
㊶ アルピニズム　フランス／イタリア／スイス　2019年
㊷ メキシコのプエブラとトラスカラの職人工芸の
タラベラ焼きとスペインのタラベラ・デ・ラ・
レイナとエル・プエンテ・デル・アルソビスポの
陶磁器の製造工程　メキシコ／スペイン　2019年
㊸ マラウイとジンバブエの伝統的な擦弦楽器ムビラ／
サンシの製作と演奏の芸術　マラウイ／ジンバブエ　2020年
㊹ 競駝：ラクダにまつわる社会的慣習と祭りの資産
アラブ首長国連邦／オマーン　2020年
㊺ クスクスの生産と消費に関する知識・ノウハウと実践
アルジェリア／モーリタニア／モロッコ／チュニジア　2020年
㊻ 伝統的な織物、アル・サドゥ
サウジアラビア／クウェート　2020年
㊼ 人間と海の持続可能な関係を維持するための王船の
儀式、祭礼と関連する慣習　中国／マレーシア　2020年
㊽ パントゥン　インドネシア／マレーシア　2020年
㊾ 聖タデウス修道院への巡礼　イラン／アルメニア　2020年
㊿ 伝統的な知的戦略ゲーム：トギズクマラク、
トグズ・コルゴール、マンガラ／ゲチュルメ
カザフスタン／キルギス／トルコ　2020年
51 ミニアチュール芸術　アゼルバイジャン／イラン／
トルコ／ウズベキスタン　2020年
52 機械式時計の製作の職人技と芸術的な仕組み
スイス／フランス　2020年
53 ホルン奏者の音楽的芸術：歌唱、息のコントロール、
ビブラート、演奏と雰囲気の共鳴に関する楽器の技術
フランス／ベルギー／ルクセンブルク／イタリア　2020年
54 ガラスビーズのアート　イタリア／フランス　2020年
55 木を利用する養蜂文化　ポーランド／ベラルーシ　2020年
56 アラビア書道：知識、技術及び慣習
サウジアラビア／アルジェリア／バーレン、
エジプト／イラク／ヨルダン／クウェート、
レバノン／モーリタニア／モロッコ／オマーン、
パレスチナ／スーダン／チュニジア、
アラブ首長国連邦／イエメン　2021年
57 コンゴのルンバ　コンゴ民主共和国／コンゴ　2021年
58 北欧のクリンカー・ボートの伝統　デンマーク／
フィンランド／アイスランド／ノルウェー／
スウェーデン　2021年

<グッド・プラクティス>

(1) ボリビア、チリ、ペルーのアイマラ族の集落
での無形文化遺産の保護
ペルー／ボリビア／チリ　2009年
(2) ヨーロッパにおける大聖堂の建設作業場、
いわゆるバウヒュッテにおける工芸技術と慣習：
ノウハウ、伝達、知識の発展およびイノベーション
ドイツ／オーストリア／フランス／ノルウェー／スイス
2020年

図表で見る世界無形文化遺産

索　引

アル・ナオールの伝統工芸の技術と芸術
（Traditional craft skills and arts of Al-Naoor）
2021年
イラク

国名　地域別

★緊急保護リスト　　●代表リスト　　◎グッド・プラクティス
New　初出国

シンクタンクせとうち総合研究機構

合計140か国（★71　●529　◎29 合計 629）
※複数国にまたがるもの61件

シンクタンクせとうち総合研究機構　　★緊急保護リスト　●代表リスト　◎グッド・プラクティス
New 初出国

＜参考＞　世界無形文化遺産のキーワード

※http://www.unesco.org/culture/ich/index

- 無形遺産　Intangible Heritage
- 保護　Safeguarding
- 人類、人間　Humanity
- 口承による伝統及び表現　Oral traditions and expressions
- 芸能　Performing arts
- 社会的慣習、儀式及び祭礼行事　Social practices, rituals and festive events
- 自然及び万物に関する知識及び慣習
  Knowledge and practices concerning nature and the universe
- 伝統工芸技術　Traditional craftsmanship
- 条約　Convention
- 締約国　State Party
- 事務局　Secretariat
- 運用指示書　Operational Directives
- エンブレム　Emblem
- 倫理原則　Ethical principles
- 登録申請書類の書式　Nomination forms
- 多国間の登録申請　Multi-national nomination
- 定期報告　Periodic reporting
- 総会　General Assembly
- 政府間委員会　Intergovernmental Committee（IGC）
- 認定された非政府組織　Accredited NGO
- 評価　Evaluation
- 非政府組織、機関、専門家　NGO, institutions and experts
- 無形文化遺産　Intangible Cultural Heritage
- 無形遺産リスト　Intangible Heritage Lists
- 緊急保護リスト　Urgent Safeguarding List（USL）
- 代表リスト　Representative List（RL）
- 登録基準　Criteria for inscription
- 文化の多様性　Cultural Diversity
- グッド・プラクティス（好ましい実践事例）　Good Safeguarding Practices
- 選定基準　Criteria for selection
- 啓発　Raising awareness
- 能力形成　Capacity building
- 地域社会　Community
- ファシリテーター（中立的立場での促進者・世話人）　Facilitator
- 国際援助　International Assistance
- 適格性　Eligibility
- 資金提供者とパートナー　Donors and partners
- （役立つ情報）資源　Resources
- 持続可能な発展　Sustainable Development

＜参考文献：URL＞
□Convention for the Safeguarding of the Intangible Cultural Heritage Basic Texts
□http://www.unesco.org/culture/ich/index.

＜資料・写真　提供＞

ギニア共和国大使館、Commission nationale guineenne pour l'UNESCO, Mamoudou Conde /President World Music Productions, Incand Managing Director of Les Percussions de Guinee,Le Ballet National Djoliba, Les Ballets Africains of Guinee, Malawi National Commission for UNESCO、コートジボワール共和国大使館、Commission nationale ivoirienne pour l'UNESCO, Africa Direct, Commission nationale beninoise pour l'UNESCO (CNBU)、中央アフリカ共和国在東京名誉領事館、www.morocco-travel-agency.com、モロッコ文化省文化遺産局、モロッコ王国大使館、モロッコ政府観光局、アルジェリア文化省、エジプト大使館エジプト学・観光局、モーリタニア大使館、モーリタニア文化・青年・スポーツ省文化遺産部、イエメン共和国大使館、オマーン・ユネスコ国内委員会、オマーン大使館、Jordan Tourism Board, ドバイ政府観光・商務局、サウジアラビア文化情報省／Dr. Mohammed Albeialy、ユネスコ・タシケント事務所、ウズベク国家観光局(ウズベク・ツーリズム)、在日ウズベキスタン大使館、Tourism Iran、Alisher Ikramov/Secretary-General,National Commission of Uzbekistan for UNESCO, The Committee of the Ministry of tourism and sports of the Republic of Kazakhstan、在日キルギス共和国名誉総領事館、Department of Tourism, BHUTAN、印度総領事館、インド政府観光局、ラジャスタン州観光局、Department of Tourism Government of Kerala, District Magistrate & District Collector／Purulia District, Manasvi（Heinz J. Paul）'Nalukkettu'、カンボジア大使館、カンボジア政府観光局、ヴェトナムスクエア、ヴェトナム・フート省文化・スポーツ・観光部、フィリピン政府観光省、フィリピン政府観光省大阪事務所、Dr. Jesus T. Peralta／Intangible Heritage Committee, Philippines National Commission for Culture and the Arts、日本アセアンセンター、インドネシア大使館、インドネシア政府観光局、ビジットインドネシア ツーリズム オフィス、Ministry of Education and Culture of Indonesia, Adrien Scole, Nomadic Journeys, Mongolia、モンゴルユネスコ国内委員会、モンゴル・無形文化遺産部門文化遺産セクター、Ts.Tsevegsuren (2010)、中国国家観光局東京駐在事務所、中国国家観光局大阪駐在事務所、中国国際旅行社、中国国家旅游局、中国国際旅行社（CITS JAPAN）、マルキト県人民政府、Mr. Wan Jian/Hangzhou, China Agricultural Museum／Zhou, Jianhua, Wintergreen Kunqu Society, Hsi-i Wang/the Society of Kunqu Arts, Inc.、Seoul Metropolitan Government、Seoul Culture & Tourism、Seoul Metropolitan Government、韓国観光公社東京支社・福岡支社、八戸市観光課、高山市教育委員会文化財課、高岡市、（公社）福岡県観光連盟、（一社）佐賀県観光連盟、金沢市観光協会、岐阜県白川村役場、Vanuatsu Tourism, Vanuatsu Cultural Centre、トルコ共和国大使館・文化広報参事官室(トルコ政府観光局)、トルコ文化観光省、キプロス・ユネスコ国内委員会、キプロス・インフォメーションサービス、イタリア政府観光局(ENIT)、Sicilian Puppet Theatre of the Fratelli Pasqualino、イタリア・カンパニア州政府観光局、スペイン政府観光局、スペイン馬術学校／Karin Nakhai, MINISTERIO DE COMERCIO Y TURISMO, Ministerio de Comercio y Turismo, Tourspain, CYBERCLARA、ポルトガル大使館文化部、ポルトガル政府観光局、Secrétaire générale de la Confrérie des Vignerons/Sabine Carruzzo, Courtesy of Na Píobairí Uilleann、クロアチア政府観光局、Tourist Association of City of Sinj, Vitesko alkarsko drustvo Sinj、http://www.dubrovnikpr.com、イェルサ観光局、イストラ観光局、オランダ政府観光局、ベルギー大使館、ベルギー観光局、ベルギー・フランダース政府観光局、Luc Rombouts,beiaardier / carillonneur @ KU Leuven & Tienen、cel fotografie Stad Brugge、Toerisme Oostduinkerke, Westtoer　www.visitflanders.jp、Stad Aalst、Dienst markten en feestelijkheden,Dienst Lokale economie en evenementen、フランス観光開発機構、www.tourismebretagne-photos.com、Vereinigung der Orgelsachverstandigen Deutschlands (VOD)／Prof. Dr. Michael G. Kaufmann, HAEMUS - Center for scientific research and promotion of culture、オーストリア・ユネスコ国内委員会、Mauro Gambicorti、Service Communication de la Ville d'Alencon、www.mugham.org、Parliament of Georgia、駐日ジョージア政府観光局、アゼルバイジャン文化・観光省、ハンガリー政府観光局、ルーマニア政府観光局、モルドヴァ・ユネスコ国内委員会（Prof Varvara BUZILA）／ICOM Moldova（Mrs Valeria)、Jana Stassakova Slovak Tourist Board、シュコーフィア・ロカ観光局、エストニア大使館、駐日リトアニア共和国大使館文化部、Lithuanian State Department of Tourism, VILNIUS TOURIST INFORMATION CENTRE、アルメニア大使館、Institute for Folklore "Marko Cepenkov" - Skopje／Mrs Velika Stojkova Serafimovska、Hanak Miroslav <miroslav.hanak@sluk.sk>、モルドヴァ・ユネスコ国内委員会、在大阪ロシア総領事館、Centre of Adventure Travel, baikal・eastsibelia/Andrey Suknev、メキシコ大使館観光部、メキシコ政府観光局、Mexico Tourism、ミチョアカン州政府観光局、チャパス州政府観光局、ハリスコ州政府観光局、ドミニカ共和国大使館、Yacine Khelladi/Santo Domingo、Dominican Republic、ベリーズ名誉総領事館、ベリーズ政府観光局、Belize Net, BELIZE TOURISM BOARD、キューバ大使館、Cubanacan,S.A.、cubasolar.cu、ジャマイカ大使館、ジャマイカ政府観光局、コスタリカ政府観光局、コロンビア大使館、TURISTICA PROEXPORT COLOMBIA, CORPORACION NATCIONAL DE TURISMO COLOMBIA、エクアドル大使館、ANAZPPA、ヴェネズエラ文化多様性センター、ペルー大使館、ボリヴィア大使館、ブラジル連邦政府商工観光省観光局、Brazilian Embassy in London, Fundacion Centro de la Diversidad Cultural Caracas-Venezuela, SECRETARIA NACIONAL DE TURISMO, FREMEN TOURS ANDES & AMAZONIA, Carlos Barron/Milwaukee,U.S.A.、ブラジル大使館、ブラジル連邦政府商工観光省観光局、ヴァリグ・ブラジル航空広報部、IPAAM、アルゼンチン大使館、シンクタンクせとうち総合研究機構／古田陽久

〈著者プロフィール〉

古田 陽久（ふるた・はるひさ　FURUTA Haruhisa）
世界遺産総合研究所 所長

1951年広島県生まれ。1974年慶応義塾大学経済学部卒業、1990年シンクタンクせとうち総合研究機構を設立。アジアにおける世界遺産研究の先覚・先駆者の一人で、「世界遺産学」を提唱し、1998年世界遺産総合研究所を設置、所長兼務。毎年の世界遺産委員会や無形文化遺産委員会などにオブザーバー・ステータスで参加、中国杭州市での「首届中国大運河国際高峰論壇」、クルーズ船「にっぽん丸」、三鷹国際交流協会の国際理解講座、日本各地の青年会議所（JC）での講演など、その活動を全国的、国際的に展開している。これまでにイタリア、中国、スペイン、フランス、ドイツ、インド、メキシコ、英国、ロシア連邦、アメリカ合衆国、ブラジル、オーストラリア、ギリシャ、カナダ、トルコ、ポルトガル、ポーランド、スウェーデン、ベルギー、韓国、スイス、チェコ、ペルーなど68か国、約300の世界遺産地を訪問している。
HITひろしま観光大使(広島県観光連盟)、防災士(日本防災士機構)現在、広島市佐伯区在住。

【専門分野】世界遺産制度論、世界遺産論、自然遺産論、文化遺産論、危機遺産論、地域遺産論、日本の世界遺産、世界無形文化遺産、世界の記憶、世界遺産と教育、世界遺産と観光、世界遺産と地域づくり・まちづくり。

【著書】「世界の記憶遺産60」(幻冬舎)、「ユネスコ遺産ガイド−世界編−総合版」、「ユネスコ遺産ガイド−日本編−総集版」、「世界遺産ガイド−未来への継承編−」、「世界遺産データ・ブック」、「世界無形文化遺産データ・ブック」、「世界の記憶データ・ブック」、「誇れる郷土データ・ブック」、「世界遺産ガイド」シリーズ、「ふるさと」「誇れる郷土」シリーズなど多数。

【執筆】連載「世界遺産への旅」、「世界記憶遺産の旅」、日本政策金融公庫調査月報「連載『データで見るお国柄』」、「世界遺産を活用した地域振興−『世界遺産基準』の地域づくり・まちづくり−」（月刊「地方議会人」）、中日新聞・東京新聞サンデー版「大図解危機遺産」、「現代用語の基礎知識2009」(自由国民社) 世の中ペディア「世界遺産」など多数。

【テレビ出演歴】TBSテレビ「ひるおび」、「NEWS23」、「Nスタニュース」、テレビ朝日「モーニングバード」、「やじうまテレビ」、「ANNスーパーJチャンネル」、日本テレビ「スッキリ!!」、フジテレビ「めざましテレビ」、「スーパーニュース」、「とくダネ!」、「NHK福岡ロクいち！」など多数。

【ホームページ】「世界遺産と総合学習の杜」http://www.wheritage.net/

世界無形文化遺産事典 －2022年版－

2022年（令和4年）3月31日　初版 第1刷

著　　　者	古　田　陽　久
企画・編集	世界遺産総合研究所
発　　　行	シンクタンクせとうち総合研究機構 Ⓒ

〒731-5113
広島市佐伯区美鈴が丘緑三丁目4番3号
TEL＆FAX　082-926-2306
郵 便 振 替　01340-0-30375
電子メール　wheritage@tiara.ocn.ne.jp
インターネット　http://www.wheritage.net
出版社コード　86200

Complied and Printed in Japan, 2022　ISBN978-4-86200-258-7 C1539 Y2727E

発行図書のご案内

世界遺産シリーズ

世界遺産データ・ブック 2022年版 [新刊] 978-4-86200-253-2 本体 2727円 2021年9月発行
最新のユネスコ世界遺産1154物件の全物件名と登録基準、位置を掲載。ユネスコ世界遺産の概要も充実。世界遺産学習の上での必携の書。

世界遺産事典-1154全物件プロフィール- [新刊] 978-4-86200-254-9 本体 2727円 2021年9月発行
2022改訂版 世界遺産1121物件の全物件プロフィールを収録。 2020改訂版

世界遺産キーワード事典 2020改訂版 [新刊] 978-4-86200-241-9 本体 2600円 2020年7月発行
世界遺産に関連する用語の紹介と解説

世界遺産マップス -地図で見るユネスコの世界遺産- 978-4-86200-232-7 本体 2600円 2019年12月発行
2020改訂版 世界遺産1121物件の位置を地域別・国別に整理

世界遺産ガイド-世界遺産条約採択40周年特集- 978-4-86200-172-6 本体 2381円 2012年11月発行
世界遺産の40年の歴史を特集し、持続可能な発展を考える。

世界遺産フォトス -写真で見るユネスコの世界遺産- 4-916208-22-6 本体 1905円 1999年8月発行
第2集-多様な世界遺産- 4-916208-50-1 本体 2000円 2002年1月発行
世界遺産の多様性を写真資料で学ぶ。 第3集-海外と日本の至宝100の記憶- 978-4-86200-148-1 本体 2381円 2010年1月発行

世界遺産入門-平和と安全な社会の構築- 978-4-86200-191-7 本体 2500円 2015年5月発行
世界遺産を通じて「平和」と「安全」な社会の大切さを学ぶ

世界遺産学入門-もっと知りたい世界遺産- 4-916208-52-8 本体 2000円 2002年2月発行
新しい学問としての「世界遺産学」の入門書

世界遺産学のすすめ-世界遺産が地域を拓く- 4-86200-100-9 本体 2000円 2005年4月発行
普遍的価値を顕す世界遺産が、閉塞した地域を拓く

世界遺産概論<上巻><下巻> 世界遺産の基礎的事項 上巻 978-4-86200-116-0 2007年1月発行
をわかりやすく解説 下巻 978-4-86200-117-7 本体 各2000円

世界遺産ガイド-ユネスコ遺産の基礎知識-2022改訂版 [新刊] 978-4-86200-256-3 本体 2727円 2021年9月発行
混同しやすいユネスコ三大遺産の違いを明らかにする

世界遺産ガイド-世界遺産条約編- 4-916208-34-X 本体 2000円 2000年7月発行
世界遺産条約を特集し、条約の趣旨や目的などポイントを解説

世界遺産ガイド -世界遺産条約と オペレーショナル・ガイドラインズ編- 978-4-86200-128-3 本体 2000円 2007年12月発行
世界遺産条約とその履行の為の作業指針について特集する

世界遺産ガイド-世界遺産の基礎知識編- 2009改訂版 978-4-86200-132-0 本体 2000円 2008年10月発行
世界遺産の基礎知識をQ&A形式で解説

世界遺産ガイド-図表で見るユネスコの世界遺産編- 4-916208-89-7 本体 2000円 2004年12月発行
世界遺産をあらゆる角度からグラフ、図表、地図などで読む

世界遺産ガイド-情報所在源編- 4-916208-84-6 本体 2000円 2004年1月発行
世界遺産に関連する情報所在源を各国別、物件別に整理

世界遺産ガイド-自然遺産編- 2020改訂版 [新刊] 978-4-86200-234-1 本体 2600円 2020年4月発行
ユネスコの自然遺産の全容を紹介

世界遺産ガイド-文化遺産編- 2020改訂版 [新刊] 978-4-86200-235-8 本体 2600円 2020年4月発行
ユネスコの文化遺産の全容を紹介

世界遺産ガイド-文化遺産編-
1. 遺跡 4-916208-32-3 本体 2000円 2000年8月発行
2. 建造物 4-916208-33-1 本体 2000円 2000年9月発行
3. モニュメント 4-916208-35-8 本体 2000円 2000年10月発行
4. 文化的景観 4-916208-53-6 本体 2000円 2002年1月発行

世界遺産ガイド-複合遺産編- 2020改訂版 [新刊] 978-4-86200-236-5 本体 2600円 2020年4月発行
ユネスコの複合遺産の全容を紹介

世界遺産ガイド-危機遺産編- 2020改訂版 [新刊] 978-4-86200-237-2 本体 2600円 2020年4月発行
ユネスコの危機遺産の全容を紹介

世界遺産ガイド-文化の道編- 978-4-86200-207-5 本体 2500円 2016年12月発行
世界遺産に登録されている「文化の道」を特集

世界遺産ガイド-文化的景観編- 978-4-86200-150-4 本体 2381円 2010年4月発行
文化的景観のカテゴリーに属する世界遺産を特集

世界遺産ガイド-複数国にまたがる世界遺産編- 978-4-86200-151-1 本体 2381円 2010年6月発行
複数国にまたがる世界遺産を特集

シンクタンクせとうち総合研究機構

世界遺産ガイド-地形・地質編-	978-4-86200-185-6 本体 2500円 2014年5月発行 世界自然遺産のうち、代表的な「地形・地質」を紹介
世界遺産ガイド-生態系編-	978-4-86200-186-3 本体 2500円 2014年5月発行 世界自然遺産のうち、代表的な「生態系」を紹介
世界遺産ガイド-自然景観編-	4-916208-86-2 本体 2000円 2004年3月発行 世界自然遺産のうち、代表的な「自然景観」を紹介
世界遺産ガイド-生物多様性編-	4-916208-83-8 本体 2000円 2004年1月発行 世界自然遺産のうち、代表的な「生物多様性」を紹介
世界遺産ガイド-自然保護区編-	4-916208-73-0 本体 2000円 2003年5月発行 自然遺産のうち、自然保護区のカテゴリーにあたる物件を特集
世界遺産ガイド-国立公園編-	4-916208-58-7 本体 2000円 2002年5月発行 ユネスコ世界遺産のうち、代表的な国立公園を特集
世界遺産ガイド-名勝・景勝地編-	4-916208-41-2 本体 2000円 2001年3月発行 ユネスコ世界遺産のうち、代表的な名勝・景勝地を特集
世界遺産ガイド-歴史都市編-	4-916208-64-1 本体 2000円 2002年9月発行 ユネスコ世界遺産のうち、代表的な歴史都市を特集
世界遺産ガイド-都市・建築編-	4-916208-39-0 本体 2000円 2001年2月発行 ユネスコ世界遺産のうち、代表的な都市・建築を特集
世界遺産ガイド-産業・技術編-	4-916208-40-4 本体 2000円 2001年9月発行 ユネスコ世界遺産のうち、産業・技術関連遺産を特集
世界遺産ガイド-産業遺産編-保存と活用	4-86200-103-3 本体 2000円 2005年4月発行 ユネスコ世界遺産のうち、各産業分野の遺産を特集
世界遺産ガイド-19世紀と20世紀の世界遺産編-	4-916208-56-0 本体 2000円 2002年7月発行 激動の19世紀、20世紀を代表する世界遺産を特集
世界遺産ガイド-宗教建築物編-	4-916208-72-2 本体 2000円 2003年6月発行 ユネスコ世界遺産のうち、代表的な宗教建築物を特集
世界遺産ガイド-仏教関連遺産編- 新刊	4-86200-223-5 本体 2600円 2019年2月発行 ユネスコ世界遺産のうち仏教関連遺産を特集
世界遺産ガイド-歴史的人物ゆかりの世界遺産編-	4-916208-57-9 本体 2000円 2002年9月発行 歴史的人物にゆかりの深いユネスコ世界遺産を特集
世界遺産ガイド-人類の負の遺産と復興の遺産編-	978-4-86200-173-3 本体 2000円 2013年2月発行 世界遺産から人類の負の遺産と復興の遺産を学ぶ
世界遺産ガイド-未来への継承編 新刊	4-916208-242-6 本体 3500円 2020年10月発行 2022年の「世界遺産条約採択50周年」に向けて
ユネスコ遺産ガイド-世界編- 総合版 新刊	4-916208-255-6 本体 3500円 2022年2月発行 日本のユネスコ遺産を特集
ユネスコ遺産ガイド-日本編- 総集版 新刊	4-916208-250-1 本体 3500円 2021年4月発行 日本のユネスコ遺産を特集

世界の文化シリーズ

世界遺産の無形版といえる「世界無形文化遺産」についての希少な書籍

世界無形文化遺産データ・ブック 新刊 2022年版	978-4-86200-257-0 本 2727円 2022年3月 世界無形文化遺産の仕組みや登録されているものを地域別・国別に整理。
世界無形文化遺産事典 2022年版 新刊	978-4-86200-258-7 本体 2727円 2022年3月 世界無形文化遺産の概要を、地域別・国別・登録年順に掲載。

世界の記憶シリーズ

ユネスコのプログラム「世界の記憶」の全体像を明らかにする日本初の書籍

世界の記憶データ・ブック 新刊 2017〜2018年版	978-4-86200-215-0 本体 2778円 2018年1月発行 ユネスコ三大遺産事業の一つ「世界の記憶」の仕組みや427件の世界の記憶など、プログラムの全体像を明らかにする日本初のデータ・ブック。

ふるさとシリーズ

書籍名	ISBN・価格・発行	内容
誇れる郷土データ・ブック 新刊 ー世界遺産と令和新時代の観光振興ー**2020年版**	978-4-86200-231-0 本体2500円 2019年12月発行	令和新時代の観光振興につながるユネスコの世界遺産、世界無形文化遺産、世界の記憶、それに日本遺産などを整理。
誇れる郷土データ・ブック ー2020東京オリンピックに向けてー**2017年版**	978-4-86200-209-9 本体2500円 2017年3月発行	2020年に開催される東京オリンピック・パラリンピックを見据えて、世界に通用する魅力ある日本の資源を都道府県別に整理。
誇れる郷土データ・ブック ー地方の創生と再生ー　**2015年版**	978-4-86200-192-4 本体2500円 2015年5月発行	国や地域の創生や再生につながるシーズを都道府県別に整理。
誇れる郷土ガイドー日本の歴史的な町並み編ー	978-4-86200-210-5 本体2500円 2017年8月発行	日本らしい伝統的な建造物群が残る歴史的な町並みを特集
誇れる郷土ガイド ー北海道・東北編ー　新刊	978-4-86200-244-0 本体2600円 2020年12月 北海道・東北地方のユネスコ遺産を生かした地域づくりを提言	
ー関東編ー　新刊	978-4-86200-246-4 本体2600円 2021年2月 関東地方のユネスコ遺産を生かした地域づくりを提言	
ー中部編ー　新刊	978-4-86200-247-1 本体2600円 2021年3月 中部地方のユネスコ遺産を生かした地域づくりを提言	
ー近畿編ー　新刊	978-4-86200-248-8 本体2600円 2021年3月 近畿地方のユネスコ遺産を生かした地域づくりを提言	
ー中国・四国編ー　新刊	978-4-86200-243-3 本体2600円 2020年12月 中国・四国地方のユネスコ遺産を生かした地域づくりを提言	
ー九州・沖縄編ー　新刊	978-4-86200-245-7 本体2600円 2021年2月 九州・沖縄地方のユネスコ遺産を生かした地域づくりを提言	
誇れる郷土ガイドー口承・無形遺産編ー	4-916208-44-7 本体2000円 2001年6月発行	各都道府県別に、口承・無形遺産の名称を整理収録
誇れる郷土ガイドー全国の世界遺産登録運動の動きー	4-916208-69-2 本体2000円 2003年1月発行	暫定リスト記載物件はじめ全国の世界遺産登録運動の動きを特集
誇れる郷土ガイドー全国47都道府県の観光データ編ー 2010改訂版	978-4-86200-123-8 本体2381円 2009年12月発行	各都道府県別の観光データ等の要点を整理
誇れる郷土ガイドー全国47都道府県の誇れる景観編ー	4-916208-78-1 本体2000円 2003年10月発行	わが国の美しい自然環境や文化的な景観を都道府県別に整理
誇れる郷土ガイドー全国47都道府県の国際交流・協力編ー	4-916208-85-4 本体2000円 2004年4月発行	わが国の国際交流・協力の状況を都道府県別に整理
誇れる郷土ガイドー日本の国立公園編ー	4-916208-94-3 本体2000円 2005年2月発行	日本にある国立公園を取り上げ、概要を紹介
誇れる郷土ガイドー自然公園法と文化財保護法ー	978-4-86200-129-0 本体2000円 2008年2月発行	自然公園法と文化財保護法について紹介する
誇れる郷土ガイドー市町村合併編ー	978-4-86200-118-4 本体2000円 2007年2月発行	平成の大合併により変化した市町村の姿を都道府県別に整理
日本ふるさと百科ーデータで見るわたしたちの郷土ー	4-916208-11-0 本体1429円 1997年12月発行	事物・統計・地域戦略などのデータを各都道府県別に整理
環日本海エリア・ガイド	4-916208-31-5 本体2000円 2000年6月発行	環日本海エリアに位置する国々や日本の地方自治体を取り上げる

シンクタンクせとうち総合研究機構

事務局　〒731-5113　広島市佐伯区美鈴が丘緑三丁目4番3号

書籍のご注文専用ファックス　082-926-2306　電子メールwheritage@tiara.ocn.ne.jp